RECUEIL GÉNÉRAL
ET COMPLET
DES
FABLIAUX
DES XIIIe ET XIVe SIÈCLES

IMPRIMÉS OU INÉDITS

Publiés avec Notes et Variantes d'après les Manuscrits

PAR MM.

ANATOLE DE MONTAIGLON

ET

GASTON RAYNAUD

TOME CINQUIÈME

PARIS
LIBRAIRIE DES BIBLIOPHILES
Rue Saint-Honoré, 338

M DCCC LXXXIII

RECUEIL

DES FABLIAUX

FABLIAUX

· CX

D'AUBERÉE

LA VIELLE MAQUERELLE

Paris, Bibl. nat., Mss. fr. 837, fol. 24 r° à 27 r°; 1553,
fol. 501 v° à 504 r°; 1593, fol. 213 v° à 217 v°;
12603, fol. 245 r° à 249 v°, et 19152, fol. 80 r° à 82 v°;
Bibl. de Berne, Mss. 354, fol. 52 v° à 55 v°.

Ui près de moi se vorroit traire,
.I. beau conte m'orroit retraire
Dont ge me sui mult entremis,
Qu'autresi l'ai en rime mis,
Com il avint trestot à ligne
Dedenz la vile de Compigne.
En la vile avoit .I. borjois
Qui mult ert sages et cortois
Et riches et de grant affaire;
Ententis ert à honor faire

Ausi au povre com au riche,
Et cil qui n'ert avers ne chiche,
Il avoit .1. vallet à fill,
Qui maint denier mist à essill
Tant com il fu en sa joenece.
De sa valor, de sa largesce
Palloit l'en jusqu'en Beauvoisin.
Cil avoit .1. povre voisin
Qui une fille avoit mult cointe ;
Et li vallez de lui s'acointe :
Si la proia mult longuement.
Cele li dist apertement
Que mielz le venroit reposer
S'il ne la voloit espouser :
Mais se lui plaisoit qu'il l'eüst
A feme, si com il deüst,
El en avroit au cuer grant joie,
Et mult volentiers le vorroie.
Fait li vallez : « Ice me plaist. »
Ce li pramist, atant se test,
Et cil revint à sa maison.
Son pere en a mis à raison,
Si li a son affaire dit ;
Mais li peres li contredit,
Et mult l'en blasme, et mult l'en chose .
« Beaus filz, » fait il, « de ceste chose
Te deüsses tu mult bien taire ;
Cele n'est pas de ton affaire
Ne digne de toi deschaucier.
Ge te vorrai plus sozhaucier,

Que que il me doive couster,
Que ge te vorrai ajoster
As meillors genz de cest païs.
De ta folie m'esbahis
Qui tel garce vels espouser :
Certes on te devroit tuer
Se jamais jor m'en aparoles. »
Li vallez voit que cez paroles
Li met li peres au noient ;
Si nel vait de riens otroiant,
Quar Amors, qui les siens justise,
Le vallet esprant et atise ;
El cuer li met une estincele
Qu'il ne pense qu'à la pucele.
  Trois jors enprès issi avint
Qu'an la vile morir covint,
La feme à .i. riche borjois ;
Mais encor que passast .i. mois
Puis que la dame ot esté morte,
Li borgois, qui bien s'en deporte,
Par le conseil à ses amis
En a son pere à raison mis
De la pucele bele et gente
Où cil avoit mise s'entente
Que ge amentui en mon conte.
Et li borgois dont ge vos conte
A tant la besoigne avancie
La pucele a en sa baillie.
A l'endemain l'a espousée ;
Et au vallet nient n'agrée

Qui i penssoit et jor et nuit.
Ne voit riens qui ne li enuit;
Mult het le solaz de la gent,
Mult het son or et son argent
Et la grant richece qu'il a,
Et jure que mult s'avilla
De ce que onques crust son pere.
Sa grant richece tost compere :
Longuement fu en tel pensser
Qu'il ne savoit aillors pensser
De quoi il eüst nul confort.
Il avoit robe d'estanfort,
Taint en graine, de vert partie,
Si a fait chascune partie
A longues queues coercil.
Li surcoz fu toz à porfil
Forrez de menuz escureaus.
Mult soloit estre genz et beaus
Qui ore a le vis taint et pale.
.I. jor de son ostel avale ;
Son chief afuble d'un mantel,
Deduisant va lés le chastel,
Tant qu'il vint devant la maison
S'amie ; et fu en la saison
Qu'il fait chalt tens com en aost.
Que que li griet, que que li cost,
Enging li covient porpensser
Qu'à s'amie puisse paller.
Mult s'i entent, mult s'i prant garde.
Atant une maison esgarde

A une vielle costuriere.
Maintenant passe la charriere,
Si est assis sor la fenestre ;
Cele li enquist de son estre,
Qui de maint barat mult savoit ;
Si li demande qu'il avoit,
Qui si soloit estre envoisiez,
Et des autres li plus proisiez.
La vielle avoit non Auberée :
Ja ne si fust feme anserrée
Qu'à sa corde ne la traisist.
Et li vallez lez lui s'asist ;
Si li conte tot mot à mot
Comment cele borgoise amot
Qui mult estoit près sa voisine.
S'ele l'en puet faire saisine,
.L. livres en avra.
Cele li dit : « Ja n'i faudra ;
Ja ne la savra si garder
Que ne vos face lui paller
Par tens entre l'uis et la terre :
Alez moi tost les deniers querre,
Et ge pensserai de cest huevre. »
Cil cort à une huche et oevre,
Où il avoit deniers assez
Que ses peres ot amassez.
Les deniers prant et si s'entorne :
Chiés Auberée tantost torne.
Si li monstre .L. livres ;
Mais il n'est mie tost delivres

Encor i metra son escot.
« Or me donez votre surcot, »
Fait la vielle, « delivrement. »
Et cil, qui son commandement
Volt faire, sanz nul contredit
Fist ce que la vielle li dit,
Tant l'a Amors en son destroit.
Et ele ploie mult estroit
Le surcot, et met soz s'aissele,
Et puis se lieve de sa sele
Et si afuble .I. mantel cort.
Ainsi vers la maison s'en cort;
Et fu a .I. jor de marchié
Que la vielle ot bien agaitié
Que li sires n'ert pas laienz :
« Et Dieus, » fait ele, « soit caienz !
Dieus soit a vos, ma douce dame !
Ausi ait Dieus merci de l'ame
De l'autre dame qui est morte,
Dont mult mes cuers se desconforte ;
Maint jor m'a çaienz honorée !
— Bien vignoiz vos, dame Auberée, »
Fet la dame, « venez seoir.
— Ma dame, ge vos vieng veoir,
Quar de vos acointier me vueill ;
Ge ne passai ainc puis ce sueil
Que l'autre dame morte fu,
Qui onques ne me fist refu
De riens que ge li demandasse.
Certes, se ge li commandasse

A faire une chose mult grief,
Ele en feïst ençois meschief,
Tant ert raemplie de biens.
— Dame Auberée, faut vos riens?
Se riens vos faut, dites le nos.
— Dame, » fist el, « ge vieg à vos,
C'une goute a ma fille el flanc.
Si voloit de vostre vin blanc
Et .i. seul de voz pains faitiz;
Mais que ce soit des plus petiz.
Dieus merci, ge sui si honteuse,
Mais ainsi m'engosse la teuse
Que le me covient demander.
Ge ne soi onques truander,
Ainc ne m'en soi aidier, par m'ame.
— Et vos en avrez, » dit la dame,
« Quant g'iere à privée maignie. »
Cele, qui ert bien enseignie,
Delez la borgoise s'assiet :
« Certes, » fait ele, « mult me siet
Que j'oi de vos si grant bien dire.
Comment se contient vostre sire?
Vos fait il point de bele chiere?
Ha! com il avoit l'autre chiere!
El avoit mult de son delit!
Bien vorroie veoir vo lit :
Si verroie certainement
Se gisiez ausi richement
Com faisoit la premiere feme. »
Maintenant se lieve la dame,

Et puis dame Auberée après,
Qu'en une chambre ilueques près
Enmedeus ensanble en entrerent.
De plusors choses iluec erent :
Assez i ot et vair et gris,
Et dras de soie et de samis.
Enprès li monstre une grant cosche ;
Puis dist la dame : « Ci se couche
Misires, et ge lez ses flancs.
Li liz si est de fuerre blans ;
S'ot desoz une coute pointe. »
La vielle ot une aguille pointe
En .i. deel en son sercot,
Que ele desoz s'aissele ot.
Mult le tint près de son costé
Que que la dame de l'osté
Li monstroit sa besoigne tote,
Et la vielle maintenant boute
Le sercot par desoz la coute :
« Certes, » fait ele, « dès Pentecoste
Ne vi ge mais si riche lit.
Plus as assez de ton delit
C'onques n'ot l'autre, ce me sanble. »
Atant issirent de la chambre,
Et la vielle toz dis sarmone.
Maintenant la dame li done
Plain pot de vin et une miche,
Et une piece d'une fliche,
Et de pois une grant potée.
Bien est la borgoise gabée

Par Auberée, nel set pas,
Ne sa guile, ne ses baraz.
Vers son ostel tost s'en revient.
　Du borgois dire me covient,
Qui seus de la vile repaire,
Si s'en venoit de son affaire.
.I. petit dormir se voloit :
Desoz la coute en cel endrot
Senti le surcot boçoier.
Lors se commence à sozpeser,
Quar ne set que c'est qui li grieve;
Maintenant la coute sozlieve,
Si en a tret le sorcot fors.
Qui li boutast dedenz le cors
.I. coutel trés par mi le flanc,
N'en traisist il goute de sanc,
Tant durement fu esbahis :
« Halas ! » fait il, « ge sui trahiz,
Par cele qui ainz ne m'enma ! »
Lors cort à l'uis, si le ferma,
Maintenant a le sercot pris ;
Quar jalousie l'a espris,
Qui est pire de mal de denz.
Dehors le remire et dedenz,
Qu'il sanble qu'achater le vueille ;
Mais il n'a menbre ne li dueille,
Tant plains est de corroz et d'ire :
« Et las ! » fait il, « que porrai dire
De ce surcot ? » Et dit par s'ame
Que il fu à l'ami sa feme,

Qui son solaz ainz consanti
Que ele son costé senti.
Lors le prist et si l'estoia,
Et puis sor le lit s'apoia,
Et pense que il porra faire.
Mais com plus pensse à tel affaire,
Et plus li double ses ennuiz.
Ainsi fu tant que il fu nuiz
Qu'il vit les huis clos de la rue.
Si prist sa femme et si la rue
Par .I. huis fors de la maison.
Cele, qui ne sait l'achoison,
A poi n'est de duel acorée.
Atant ez vos dame Auberée,
Qui de lui se donoit regart :
« Ma bele fille, Dieus te gart! »
Fait la vielle; « que fais tu ci ?
— Ha! dame Auberée, merci!
Mes sires est mellez à moi,
Mais ge ne sai dire por quoi;
Ne sai que l'en li a conté.
Quar me faites tant de bonté
Qu'avuec moi venez chiés mon pere.
— Avoi, » fait ele, « par saint Pere,
Ge nel feroie por grant chose!
Vels tu que tes peres te chose?
Si cuideroit aucun mesfait
Qu'eüsses à ton mari fait,
Ou vilenie de ton cors,
Ou qu'il t'eüst gitée fors

Ou qu'il t'eüst prise prouvée
Et o ton lecheor trovée.
Or est, espoir, li vilains yvres,
Il en sera demain delivres ;
Mais ge te lou en bone foi
Que tu t'en viegnes avuec moi,
Quar de genz sont les rues vuides.
Mielz enploias que tu ne cuides
Le pain, le vin, la char, les pois :
Ge te vueil rendre tot à pois
Le guerredon et le servise,
Que tot ert fait à ta devise
Quanque tu savras demander ;
Et ne te faut que commander,
Que tu seras mult à celée
En une chanbre destornée,
Où ja ame ne te savra,
Jusqu'à tant que tes sire avra
Trespassée tote l'ivresce. »
Maintenant la dame s'adrece,
Et la vielle à l'ostel l'enmaine.
« Bele, » fait ele, « une semaine
Porras si seürement estre,
Que ja nus ne savra ton estre. »
Adonc s'asistrent au mengier ;
Et la borgoise en fist dangier,
Et dit que ja Dieu ne pleüst
Qu'ele menjast, dès que seüst
Por quoi a ceste honte eüe.
Dame Auberée s'est teüe

A cest mot de lui preeschier.
Lors l'a menée por couchier
En une chanbre iluec de joste ;
Sor blans dras et sor bone coste,
Mult l'a bien la vielle coverte.
Ne laisse pas la chanbre ouverte,
Ainz ferme bien l'uis à la clef.
De son ostel s'en ist soëf,
Et s'en vait plus tost que le pas
Au vallet qui ne dormoit pas,
Ainz torne et retorne en son lit.
Mult crient que la vielle n'oublit
Ce qu'ele li ot en couvent.
Au cuer soupire durement,
Et s'assiet en son lit toz nus ;
Puis est levez, et est venuz
A une fenestre apoier.
Et la viele, qui son loier
Volt de chief en chief deservir
Et le vallet à gré servir,
Ne guenchist destre ne senestre.
Le vallet trueve à sa fenestre,
Qui li demande qués noveles :
« G'en dirai ja bones et beles,
Quar j'ai si t'amie en mes laz
Qu'avoir en porras tes solaz
Jusqu'à demain enprès ceste eure. »
Et li vallez plus n'i demeure,
Que la vielle ot servi à gré :
Soëf avale le degré,

Et puis s'en vont andui ensanble.
N'avoit gaires, si com moi sanble,
Que la borgoise ert endormie;
Et cil, qui desirre s'amie,
Se deschauce et si se despoille :
« Dame, » fait il, « et s'el s'orgueille,
Et s'el crie, que dirai gié?
Ouvrer vueil par vostre congié,
Quar bien m'avez rendu mon droit.
— Ge te conseillerai à droit, »
Fait la vielle : « Va, si te couche ;
Et se el est vers toi reborse,
Que ele crie, et tu, .ii. tanz
Lieve les dras, si te bout enz :
Tantost com el te sentira,
La borgoise autrement ira :
Maintenant la verras taisir,
S'en porras faire ton plaisir. »
Li vallez est au lit alez,
Si s'est lez la dame coulez,
Et mult soëf à lui adoise.
Atant s'esveille la borgoise,
Qui durement est travaillie.
Quant el le sent, si est saillie
Fors du lit ; et cil l'enbraça,
Et dist : « Bele, traez vos ça,
Quar ge sui vostre doz amis
Que vos avez en dolor mis.
Mais tant ai fet, la Dieu merci,
Que tote seule vos ai ci

Dedenz ceste chanbre enserrée :
Mult vos avoie desirrée.
— Par foi! » fet ele, « rien ne valt,
Que ge crierai ja si haut
Que tost sera ci acorue
Tote la gent de ceste rue.
—Certes, » fait il, « rien ne vos monte ;
Quar ne seroit fors vostre honte,
Quant la grant gent et la menue
Vos verroit lez moi tote nue.
Si est ja près de mienuit :
N'en i a .I. seul qui ne cuit
Que j'aie fait ma volonté
De vostre cors et tot mon gré ;
Mult vient or mielz que soit anblée
A ceus defors nostre assanblée,
Que nus fors que nos trois le saiche. »
Atant devers lui la resaiche ;
Si l'enbraça par mi les flans
Qu'el avoit deliez et blans ;
La bouche li baise et la face.
La borgoise ne set qu'el face :
Mielz li vient il estre en repos,
Qu'ele puet acueillir tel los
Par les voisins et tel renom
Qu'el n'i avroit se honte non.
Mult asoaige, mult apaise,
Et li vallez l'acole et baise.
Or sont ensanble et si i font
Ce por quoi assanblé i sont.

Au matin, quant l'aube est crevée,
S'est mult tost levée Auberée;
Si atorne au mielz qu'ele pot
Char de porc et chapons en rost.
Atant sont assis au mengier,
N'i a nul qui face dangier :
Ainz menguent assez et burent;
Et anbedui en gré reçurent
Le servise dame Auberée.
Et quant ce vint à l'enserée,
Que li solaus à son droit torne,
Dame Auberée lor atorne
Ce qu'ele sot que lor est bon,
Qui tot n'estoit mie du son.
Cele nuit ont assez soulaz :
Ambedui jurent braz à braz,
Onques de veillier ne finerent,
Tant que les matines sonnerent
A Saint Cornil en l'abaïe.
Tantost com ot la cloche oïe
Dame Auberée, si s'esveille,
Puis si se vest et apareille,
Et vint au lit où cil se gisent,
Qui lor amor entredevisent :
« Or sus, » fait ele, « bele fille,
Si en irons à Seint Cornille,
Entre moi et toi au mostier :
Dès or avroies tu mestier
Que tes sire à toi s'acordast. »
Li vallez mult l'en destornast,

Mais il ne l'ose contredire,
Et la vielle li prant à dire :
« Lai moi à mon talent ovrer :
Encor i porras recouvrer
A t'amie et à ton deduit. »
Auberée ot chandoiles uit,
Dont chascune ont plus d'une toise :
Entre Auberée et la borgoise
Se sont issues de l'ostel.
Au mostier vont devant l'autel
Nostre Dame et devant l'ymage.
Auberée, qui mult fu sage,
Fait la dame couchier à terre,
Et li desfent que de sa guerre
Ne li soit à vaillant .III. noiz.
La vielle ot faites .IIII. croiz;
En une lanpe où feu ardoit
Les chandoiles que el avoit
A alumé de chief en chief.
L'une des croiz li met au chief,
Et l'autre as piez, et l'autre à destre,
Et la quarte mist à senestre ;
Puis vient à lui, si l'aseüre :
« N'aiez de paor nule cure,
Et gardez comment qu'il aviegne,
Ne vos movez tant que reviegne,
Ainz gisez ci endementiers.
— Dame, » dit ele, « volentiers. »
Ainsi la dame iluec s'atorne,
Et la vielle sa voie torne

A l'ostel au borgois tot droit,
Qui dolenz por sa feme estoit,
Si qu'il ne se set conseillier.
Et cele, por lui esveillier,
Vint cele part et hurte et boute ;
Et cil, qui oreille et escoute,
Qui mult vosist tel chose oïr
Dont il se poïst esjoïr,
Tantost son huis ovrir commande.
Et dame Auberée demande
Maintenant qu'ele entra laienz :
« Où est, » dist ele, » li noienz,
Li failliz, li mal ensaigniez?
— Dame Auberée, bien viegnoiz, »
Fait il ; « que volez à ceste eure ? »
Cele a respondu : « Ne demeure :
Ge te dirai, lasse, mon songe.
Anuit songai .I. mult grief songe,
Que de peor m'en esveillai ;
Vesti moi et aparellai,
Que du songe fui esbaïe.
Au mostier, dedenz l'abeïe,
Trés devant l'autel Nostre Dame,
Ilueques vi gesir ta feme
Devant l'autel tote estandue.
Tote en ai esté esperdue,
Quar ge ne sai que ce puet estre.
Au chief, au pié destre, au senestre,
Vi chandoiles iluec ardant ;
Iluec vit ta fame gisant

Devant l'autel à oroison.
Trop en as fait grant mesprison ;
Si en batras encor ta goule :
I deüst ele estre si seule
Feme qui si bele forme a ?
De la mein Dieu qui te forma
Soies tu seignie, Auberée !
G'en sui tote desesperée.
Si le tieng à mult grant merveille
De cest affaire qu'ainsinc veille
De ce tendrun qui hier fu née,
Qui deüst la grant matinée
Çaienz dormir soz sa cortine ;
Et tu l'envoies as matines !
As matines ! lasse pechable !
De la mein Dieu esperitable
Soie ge, » dit ele, « saignie
Et beneoite et porseignie !
Vielz la tu faire papelarde ?
Mal feu et male flamme l'arde,
Qui juesne feme ainsi envoie ! »
Ainsi la vielle le desvoie
Du mal pensser que ses cuers ot ;
Se ne fust ce por le sercot,
Ja n'i penssast mais se bien non,
Mais toz jors ert en soupeçon.
Fait le borgois : « Dites vos voir ?
— Levez sus, si porrez veoir, »
Fait li vielle, « se ge vos ment. »
Cil se lieve delivremen t,

Que n'a cure que plus i gise.
Andoi s'en vienent à l'yglise ;
Iluec a sa fame trouvée,
Si comme l'ot dit Auberée,
Et li borgois vers lui se trait,
Que la vielle li ot retrait.
Par la mein contremont la drece,
Puis li a dit que par yvrece
A il fait tele mesprison.
Endui en vienent en maison ;
Si se couchierent de rechief.
La borgoise cuevre son chief,
Qui de dormir avoit talent.
Mult li est poi du maltalent
Que ses sires avoit eü,
Quant il n'en a riens plus seü ;
Et li mariz d'autre part cuide
Que sa feme ait la teste vuide
Et de veillier et de plourer,
Et que puis ne fina d'ourer
Devant l'autel et nuit et jor,
Et depria por son seignor.
Ainsi lez sa feme se jut
Li borgois tant que jor parust.
Quant li soulaus en haut se hauce,
Li borgois se vest et se chauce,
Et laist sa feme qui se gist.
Maintenant de son ostel ist
Et saigne son vis et son cors,
Et dame Auberée saut fors,

Et si s'escrie à haute voiz :
« .Xxx. sols ! la veraie croiz !
Or ne me chalt que ge plus vive !
.Xxx. sols ! dolente chaitive !
.Xxx. sols, lasse ! que ferai ?
.Xxx. sols ! et où les prandrai ?
Dieus ! ge sui trop maleüreuse !
.Xxx. sols, lasse doleruse !
Or m'est il trop mesavenu ! »
Estes vos le borgois venu.
Dame Auberée veü l'a ;
Si crie encor et ça et là :
.Xxx. sols, lasse ! .xxx. sols !
Or venra çaienz li prevoz,
Si prandera ce pou que g'ai :
C'est le songe que je songai.
— Dites moi, se Dieu vous aïst, »
Faist li borgois qui s'esbahist,
« Por quoi vos faites si grant duel.
— Par mon chief, » fait ele, « mon vuel, »
Fait ele, « ge le vos dirai ;
Ja de mot ne vos mentirai.
.I. vallet vint ci avant hier ;
Por recoudre et por affaitier
Si me bailla .i. sien sercot,
Que rompu ot à un escot
Ne sai .iii. escureus ou quatre.
Ge le pris, si m'alai esbatre
A tot le sercot recousant,
C'un poi me sentoie pesant.

Ainsi à tote ma couture
M'en issi par mesaventure
Celui jor fors de mon ostel;
Mais cheü m'est de mon chetel,
Quant ge ai mon surcot perdu,
Dont j'ai si mon cuer esperdu
Que ge ne sai où ge me sui.
Que ferai se ge ne m'enfui,
Que ge n'en sai nul autre ensaigne
Ne ge ne truis qui le m'ensaingne?
S'en le me velt ainsi noier,
G'en ferai escommenier
Diemanche à toz les mostiers.
Il ne m'estoit or nus mestiers
De recevoir si laide perte.
Beaus sire, or oez chose aperte :
Se Dieus me doint veoir Noël,
G'ai laissié pendre mon deel
Avuec l'aguille en cel surcot
Dont ge sui, lasse! à tel escot,
S'ainsi rendre le me covient.
Et li vassaus chascun jor vient,
Si m'angoisse et si me demande
.Xxx. sols et le surcot rende ;
Mais de rendre sui esgarée.
— Or me dites, dame Auberée :
Fustes vos pieça en maison?
— Oïl, sire, par achoison
D'avoir .i. petit de relief,
Que ma fille avoit mal el chief

Ce fut avant hier, or me menbre :
La dame trouvai en sa chanbre,
Qui ilueques pignoit son chief.
En .I. lit vi de chief en chief
Estandue une coute pointe ;
Onc de mes elz ne vi si cointe.
Tant i musai iluec de joste
Que m'endormi sor cele coste,
Et que la dame se leva,
Qui volentiers m'apareilla
Ce que demandé li avoie ;
Et lors si me mis à la voie.
Ainsi icelui jor avint ;
Mais ne sai, lasse ! que devint
Le sercot, fors tant que je fuse
Que ge l'oubliai sur la cousche. »
 Quant li borgois ot les noveles,
Mult li furent plaisanz et beles ;
Mais se il trueve le deel
Onc n'ot tel joie en son aé
Com il avoit se il le trueve.
Tart li est qu'il voie la prueve.
Atant à son ostel s'en vait ;
Une huche oevre, fors l'en trait
Le surcot que il ot charchié ;
Et quant il trova atachié
Le deel à tote l'aguille,
Qui li donast trestote Puille
N'eüst il pas joie graignor :
« Por Dieu, » fait il, « le mien Seignor,

Or sai ge bien certainement
Que la vielle de riens ne ment,
Que j'ai trouvée la costure. »
Ainsi fu liez de s'aventure
Li borgois, et bel s'en deporte;
Et dame Auberée raporte
Son surcot, si s'en delivra.
Ainsi la vielle delivra
Le borgois de mauvais pensser,
Que puis ne se pot apensser.
Quant il du surcot fu delivres,
Et cele ot les .L. livres,
Bien ot son loier deservi :
Tot .III. furent en gré servi.
 Par cest flabel vos vueil monstrer
Por poi puet on feme trouver
Qui de son cors face mesfait,
Se par autre feme nel fait.
Tele est bien en sa droite voie,
Se feme velt qui la desvoie,
Qu'el seroit nete, pure et fine.
Ainsi nostre flabeaus define.

Explicit.

CXI

DE LA DAMOISELE

QUI N'OT PARLER DE FOTRE QU'I N'AUST MAL AU CUER

Bibl. de Berne, Mss. 354, fol. 58 r° à 59 v°.

En iceste fable novele
Vos conte d'une damoisele
Qui mout par estoit orgoilleuse
Et felonesse et desdaigneuse,
Que, par foi je dirai tot outre,
Ele n'oïst parler de foutre
Ne de lecherie à nul fuer,
Que ele n'aüst mal au cuer;
Et trop en faisoit male chiere.
Et ses peres l'avoit tant chiere,
Por ce que plus enfans n'avoit,
Q'à son voloir trestot faisoit :
Plus ert à li que ele à lui.
Tuit sol estoient enbedui,
N'orent beasse ne serjent;
Et si estoient riche gent.
Et savez por quoi li prodom
N'avoit serjent en sa maison?
La damoisele n'avoit cure,
Por ce qu'ele ert de tel nature,

Que en nul sen ne sofrist mie
Sergent qui nomast lecherie :
Vit ne coille ne autre chose.
Et por ce ses peres ne ose
Avoir sergent un mois entier,
S'en aüst il mout grant mestier,
A ses blez batre et à vener,
Et à sa charrue mener,
Et à faire s'autre besoigne.
Mais sergent à prandre resoigne
Por sa fille qui trop endure,
Tant c'uns vallez par avanture,
Qui mout savoit barat et guile,
Herbergiez fu en cele vile,
Qui aloit gueaignier son pain,
Oï parler de ce vilain
Et de sa fille qui aoit
Les homes, et cure n'avoit
Ne de lor faiz ne de lor diz.
   Icil vallez ot non Daviz;
Si aloit toz seus par la terre,
Comme preuz, avanture querre.
Qant il sot veraie novele
De l'orgoilleuse damoisele,
Qui estoit de si mal endroit,
A la maison en vint tot droit
O ele estoit avec son pere;
O li n'avoit seror ne frere
Ne clo ne droit ne mu ne sort.
Li vilains estoit en la cort;

Ses bestes atire et atorne
Et sa busche au soloil retorne :
De sa besoigne s'antremet.
    Atant estes vos Daviet
Qui lo vilain a salué;
Si li a l'ostel demandé
Por Deu et por saint Nicolas.
Li vilains ne l'escondist pas
Ne otroier ne li parose ;
Ainz li demande au chief de pose
Qeus hom il est et de coi sert.
Daviez li dist en apert
Que mout volantiers serviroit
.I. prodome, s'il le trovoit;
Que bien set arer et semer,
Et bien set batre et bien vaner,
Et tot ce que vallez doit faire.
« J'aüsse bien de toi afaire, »
Fait li vilains, « par saint Alose,
Ne fust sans plus por une chose!
J'ai une fille donjereuse
Qui vers homes est trop honteuse,
Qant parolent de lecherie.
Onques n'oi sergent en ma vie
Qui longues me poïst durer,
Que, dès que ma fille ot nomer
Foutre, si li prent une gote
Qui encontre lo cuer la bote
Que de morir fait grant sanblant,
Et por ce n'os avoir sergent,

Biau frere, qui sont lecheor
Et trop sont vilain parleor,
Que ma fille craindroie perdre! »
Daviez prist sa boche à terdre,
Et puis crache autresi et moche,
Con s'il aüst mangiée moche;
Au vilain dist : « Ostez, biaus sire ;
Si vilain mot ne devez dire !
Taisiez por Deu l'esperitable,
Que ce est li moz au deiable :
N'en parlez mais là o je soie !
Por .c. livres je ne veldroie
Veoir home qui en parlast
Ne qui lecherie nomast,
Que grant dolor au cuer me prant! » .
   Qant la fille au vilain l'antant
Lo vassal qui dist tel raison,
Si issi fors de la maison ;
A son pere maintenant dit :
« Sire, » fait el, « se Deus m'aït,
Cestui vallet retandroiz vos
Que il sera boens avec nos :
Cist a trestote ma meniere.
Se vos m'amez ne tenez chiere,
Retenez lo, gel vos comant.
— Doce fille, à vostre talant ! »
Fait li vilains, qui mout ert beste.
Ensi retindrent à grant feste
   Daviet et mont l'orent chier.
   Qant il fu ore de couchier,

Li vilains sa fille en apele :
« Or me dites, ma damoisele,
O porra Daviez gesir.
— Sire, s'il vos vient à plaisir,
Il puet bien gesir avoc moi :
Mout me sanble de boene foi
Et que en boen lou ait esté.
— Ma fille, à vostre volanté
Faites do tot! » fait li prodon.
   Près do feu, en mi la maison
Se cocha li vilains dormir,
Et Daviez s'ala gesir
En la chanbre o la damoisele,
Qui mout ert avenanz et bele.
Blanche ot la char con flor d'espine;
S'ele fust fille de raïne,
Si fust ele bele à devise.
Daviez li a sa main mise
Sor les memeletes tot droit,
Et demanda ce que estoit.
Cele dit : « Ce sont mes memeles,
Qui mout par sont blanches et beles;
N'en i a nul orde ne sale. »
Et Daviez sa main avale
Droit au pertuis desoz lo vantre
Par o li vis el cors li entre;
Si santi les paus qui cressoient :
Soués et coiz encor estoient.
Bien taste tot o la main destre,
Puis demande que ce puet estre.

« Par foi, » fait ele, « c'est mes prez,
Daviet, là où vous tastez;
Mais il n'est pas encor floriz.
— Par foi, dame, » ce dit Daviz,
« N'i a pas d'erbe encor planté.
Et que est ce en mi cest pré
Ceste fosse soéve et plaine?
— Ce est, » fait ele, « ma fontaine,
Qui ne sort mie tot adès.
— Et que est ce ici après, »
Fait Daviez, « en ceste engarde?
— C'est li corneres qui la garde, »
Fait la pucele, « por verté :
Se beste entroit dedanz mon pré
Por boivre en la fontaine clere,
Tantost corneroit li cornerre
Por faire li honte et peor.
— Ci a deiable corneor, »
Fait Daviez, « et de put ordre,
Qui ensi vialt les bestes mordre
Por l'erbe qu'i ne soit gastée!
— Tu m'as ore bien porcacée, »
Fait la pucele, « Daviet! »
Tantost sor lui sa main remet
Qui n'estoit mal faite ne corte
Et dit qu'ele savra qu'il porte.
Lors li reprist à demander
Et ses choses à detaster,
Tant qu'el l'a par lo vit saisi,
Et demande : « Que est ici,

Daviet, si roide et si dur,
Que bien devroit percier .i. mur?
— Dame, » fait il, « c'est mes polains,
Qui mout est et roides et sains;
Mais il ne manja dès ier main. »
Cele remest aval sa main.
Si trove la coille velue;
Les .ii. coillons taste et remue :
« Sire, » demande, « Daviet,
Que est or ce, en ce sachet? »
Fait ele, « sont ce .ii. luisiaus? »
Daviz fu de respondre isniaus :
« Dame, ce sont dui mareschal
Qui ont à garder mon cheval,
Qant pest en autrui conpeignie.
Tot jorz sont en sa conpeignie :
De mon polain garder sont mestre.
— Davi, met lou en mon pré pestre,
Ton biau polain, se Deus te gart. »
Et cil s'an torne d'autre part;
Sor lo paignil li met lo vit,
Puis a à la pucele dit,
Qu'il ot tornée desoz soi :
« Dame, mes polains muert de soi;
Mout en aane et a grant poine.
— Va si l'aboivre à ma fontaine, »
Fait cele, « mar avras peor.
— Dame, je dot lo corneor, »
Fait Daviz, « que il n'en groçast,
Se li polains dedanz entrast. »

Cele respont : « S'il en dit mal,
Bien lo batent li mereschal! »
Daviz respont : « Ce est bien dit! »
Atant li met el con lo vit;
Si fait son boen et son talant
Si qu'ele nel tient pas à lant
Que .IIII. fois la retorna,
Et se li cornerres groça
Si fu batuz de .II. jumaus.
A icest mot faut li fabliaus.

CXII

DE .III. DAMES

QUI TROVERENT .I. VIT

Paris, Bibl. nat., Mss. fr. 1593, fol. 147 v° à 148 v°.

Ma paine metrai et m'entente,
Tant com je sui en ma jovente,
A conter .I. fabliau par rime
Sanz colour et sans leonime ;
Mais s'il i a consonancie,
Il ne m'en chaut qui mal en die,
Car ne puet pas plaisir à touz
Consonancie sanz bons moz ;
Or les oiez teus comme il sont.
   Trois dames aloient au Mont,
Mès je ne sai de quel païs ;
Puis oï conter, ce m'est vis,
Que .II. coiz et .I. vit mout gros
Troverent, où il n'ot point d'os.
Icele qui aloit devant
Le prist et muça maintenant,
Quar bien savoit que ce estoit ;
Mès l'autre qui après venoit
Dit que ele en avroit sa part.
« Certes, vous l'avez dit trop tart, »

Fet l'autre; « ja part n'i avrez.
— Coment? » fet ele, « dis tu droit?
Ne dis je tantost : « Part i aie » ?
Et nos somes en ceste voie
Compaignes et bones amies.
— Il ne m'en chaut que que tu dies :
Ja n'i avras ne part ne preu. »
L'autre ne le tint mie à geu :
Jure son chief qu'ele en avra,
Tant con jugement le donra.
« Certes, » ce dit l'autre, « jel gré;
Mès or soit ici acordé
Qui en fera le jugement.
— Par foi, » fet ele, « ci devant
A une maison de nonains,
Saintes dames et chapelains
Qui i sont por servir le jour;
L'abaesse por ceste honour
N'en voudroit ele avoir menti.
— Et je l'otroi, » fet l'autre, « einsi. »
  Tant ont fet qu'eles sont venues,
Ce m'est vis, à l'entrer des rues,
Là où l'abeesse seoit.
Tant ont alé et tort et droit
Qu'eles sont en la cort entrées;
Tot maintenant ont demandées
Les noveles de l'abaesse,
Et l'en leur dit que ele ot messe,
Et s'els vuelent à li parler,
Un poi les covient sejorner.

Eles dient qu'els atendront.
Aïtant assises se sont
Ou parleoir lez .I. degré ;
Mès mout i ont petit esté
Qu'il virent venir l'abaesse,
Et delez li la prioresse,
De l'autre part la celeriere.
   Icele qui estoit premiere
Se leva, et si la salue :
« Dame, bien soiez vous venue, »
Fet l'autre après, « de maintenant ! »
Assises se sont aïtant.
Icele qui aloit darriere
Conta la parole premiere,
Et dit : « Dame, de noz maisons
En proieres et oroisons
Alions, moi et ma compaigne.
Mès droiz est que de li me plaingne,
Car ele a tel chose trovée,
Dont ne m'a pas ma part donée ;
Et por ce si la li demant.
— Par foy, » fet l'abaesse, « avant
Iert l'avoir mis, et le verron :
Et en après en jugeron.
— Par foi, » fet soi l'autre, « jel gré ! »
Cele qui ot le vit trové
Le prist et mist hors de son sain ;
Sel mist devant une nonain
Qui mout l'esgarda de bon oil.
   De l'abaesse dire vueil,

Qui mout l'esgarda volentiers;
Trois souspirs fist lons et entiers,
Et dit après : « Or oi biau plait,
Que volez que ci vos soit fait
Jugement de ce qui est nostre !
Certes, dame, il ne sera vostre,
Ce sachiez, n'a cele quel porte :
C'est le toraill de nostre porte
Qui l'autre jour fu adiré.
Je comant qu'il soit bien gardé,
Come nostre chose demaine.
Alez, » fet el, « ma dame Elaine, »
Qui ert delez la celeriere,
« Alez, et si soit mis arriere ;
Là dont il fu osté et pris
Je voil qu'il soit arriere mis. »
Et ma dame Helaine le prent,
Ce sachiez vos, isnelement ;
L'avoit lancié dedenz sa manche
Qui mout estoit deugiée et blanche.
  Atant departent, si s'en vont,
Celes retornent, perdu ont,
Onques nule rien prist congie.
Assez a ore bien jugié
Ici ma dame l'abaesse ;
Mout fist que fausse tricherresse
Qui leur toli par covoitise ;
Assez tost se fu ore mise,
En li si fet ele en plusors.
Autresi font les jugeours :

Covoiteus sont, jel sai de voir ;
Ja povres hons qui n'a avoir
N'avra par eus droit en sa vie.
Je di que cele fist folie
Qui par covoitise perdi.
    Por ce, seignor, je vos chasti ;
Par essample vos mostre et preuve
Que se nul de vos avoir treuve,
S'il i a compaing ne compaigne,
N'atende pas que il s'en plaigne,
Mès rende l'en toute sa part.
Je di : *Cil se repent trop tart,*
Qui se repent quant a perdu ;
Je di qu'il a trop atendu,
Et si vous revoil fere entendre
Que *L'en pert bien par trop atendre ;*
Mès en la fin fin di en apert :
Cil qui tot covoite, tout pert.

Explicit.

CXIII

DO PRESTE

QUI MANJA MORES

Bibl. de Berne, Mss. 354, fol. 143 r° à 143 v°.

D'un preste conte qui s'esmut
A un marchié o aler dut.
Sa jumant a fait enseler
Et son erre tot aprester;
Il i voloit estre premiers,
Qu'i avoit mestier de deniers.
Por cest essanple me remanbre
Que tot aoust et tot setanbre
En icel tans estoyent mores.
 Li prestes vait disant ses ores;
En un boisson avoit gardé :
Mores i vit à grant planté.
Mout errent noires et meüres,
Et li prestes tot à droiture
Sa jumant i a fait ganchir,
Mais il n'i pot pas avenir.
Sor la sele monta en piez.
Li prestes fu messaaisiez :

Il se tint à la main senestre,
Les mores cuilloit à la destre.
   Qant il en ot assez mangié,
Mout fu li prestes bien haitiez;
D'une folie est porpansez :
« Deus, » fait il, « qui or diroit : Hez ! »
Il lo pansa et dist ensanble,
Et la jumant tote trestranble;
La jumant fuit a esperon :
Et li prestes jut el sablon.
Qui d'or fin li donast .c. onces,
Li prestes jut entre les ronces,
Ne se poïst il remuer.
Iluec lo covint sejorner
Tote la nuit jusqu'au demain.
   La jumant traïne son frain ;
Chiés lo preste s'an est alée,
La sele de travers tornée.
La maisniée au preste saillirent
Contre la jumant que il virent
Errant, s'esmurent por lui querre.
Sel quistrent par tote la terre
Tote la nuit jusqu'al matin,
Qu'il sont venu tot lo chemin ;
Par lo chemin vindrent errant :
Le preste i ont trové gisant.
Maintenant li ont demandé :
« Sire, qui vos a là gité ? »
Dit li prestes, qui escota :
« Grant pechié qui m'i aporta.

Je aloie ier disant mes ores;
Si me prist si grant fain de mores,
Bien sai ice, se n'an manjasse,
Que ja lo jor ne trespassasse.
Qant je en oi assez mangié,
Et je fui bien resadiez,
El cuer me vint .i. fol pansez,
Par quoi je sui si mal menez! »
Lo preste ont trait de ce ronçoi :
Mout a esté en grant effroi.

 Por cest essanple voil mostrer
S'aucuns avoit .i. fol panser,
Mout tost puet dire tel parole :
Miauz li valdroit, s'ele estoit fole,
Taire, san qu'il en deïst mot.
De ce fist li prestes que sot,
Qui fist lo pansé et lo dire,
Par quoi il fu en grant martire.

CXIV

DU VILAIN ASNIER

Paris, Bibl. nat., Mss. fr. 19152, fol. 56 rº.

I L avint ja à Monpellier
C'un vilein estoit costumier
De fiens chargier et amasser
A .II. asnes terre fumer.
.I. jor ot ses asnes chargiez ;
Maintenant ne s'est atargiez :
El borc entra, ses asnes maine,
Devant lui chaçoit à grant paine,
Souvent li estuet dire : « Hez ! »
Tant a fait que il est entrez
Devant la rue as espiciers.
Li vallet batent les mortiers,
Et quant il les espices sent,
Qui li donast .c. mars d'argent
Ne marchast il avant .I. pas,
Ainz chiet pasmez isnelepas,
Autresi com se il fust morz.
Iluec fu granz li desconforz

Des genz qui dient : « Dieus, merci !
Vez de cest home qu'est morz ci ! »
Et ne sevent dire por quoi.
Et li asne esturent tuit quoi
En mi la rue volentiers,
Quar l'asne n'est pas costumiers
D'aler se l'en nel semonoit.
   .I. preudome qu'iluec estoit
Qui en la rue avoit esté,
Cele part vient, s'a demandé
As genz que entor lui se nul veoit :
« Seignor, » fait il, « se nul voloit
A faire garir cest preudom,
Gel gariroie por du son. »
Maintenant li dit .i. borgois :
« Garissiez le tot demenois ;
.Xx. sous avrez de mes deniers. »
Et cil respont : « Mout volantiers ! »
Dont prent la forche qu'il portoit,
A quoi il ses asnes chaçoit :
Du fien a pris une palée,
Si li a au nés aportée.
Quant cil sent du fiens la flairor,
Et perdi des herbes l'odor,
Les elz oevre, s'est sus sailliz,
Et dist que il est toz gariz ;
Mout en est liez et joie en a,
Et dit par iluec ne vendra
Jamais, se aillors puet passer.
   Et por ce vos vueil ge monstrer

Que cil fait ne sens ne mesure
Qui d'orgueil se desennature :
Ne se doit nus desnaturer.

Explicit du Vilein asnier.

CXV

DE L'ESPERVIER

Paris, Bibl. nat., Mss. fr. nouv. acq., 1104,
fol. 30 v° à 32 r°.

Une aventure molt petite
Qui n'a mie esté sovent dite
Ai oï dire, tot por voir,
Que je vos voil ramentevoir ;
Nes puet en mie toutes dire,
Ne tretier en romanz, n'escrire ;
De plusors en ot en conter
Qui trés bien font a remembrer :
Car qui bien i voudroit entendre,
Maint bon essample i porroit prendre.
 Dui chevalier jadis estoient
Qui molt durement s'entramoient :
Onques entre eus n'ot point d'envie,
Molt par menoient bele vie :
Chevalerie maintenoient,
Et ensemble toz jors erroient ;
Li uns n'eüst sanz l'autre rien.
Par tout et au mal et au bien

Partissoient ensemble andui :
Li uns n'eüst sanz l'autre anui;
Lor avoir ert entre eus communs
Il avint chose que li uns
Espousa fame molt vaillant,
Preuz et cortoise et molt sachant,
Par le conseil son compaingnon,
Qui Ventilas avoit à non ;
Mès n'oï pas l'autre nommer.
Einsi con je l'oï conter
Le vous dirai assez briément.
Molt ert de grant afetement
La dame et de biauté proisie,
Riant et preuz et envoisie;
Mès nus n'i vit mesproiseüre
En son gieu n'en s'envoiseüre,
Car bien vous puis dire et conter
Que plus puet on de mal noter
En fame qui trop se fet coie
Qu'en celle qui demainne joie,
Et qui parlanz est et haitiée.
La dame estoit molt afaitiée;
Ses sire ot vers li grant amor,
Por sa biauté, por sa valor;
Et Ventilas molt l'ennoroit,
Molt sovent o li sejornoit,
Molt par li mostroit bel semblant,
Envers li ot amor molt grant :
Mès n'ert amor se bone non,
Car fame estoit son compaingnon.

Li sire esgarda son aler
Et son venir et son parler,
Dont cremi qu'entre eus deus n'eüst
Tel chose qu'avoir n'i deüst :
Atant la mescreï li sire.
Par verité puet en bien dire
Qu'en sordit tele par envie
Qui n'a corage de folie.
Mès par tout sont molt mal parlant ;
Et teus remostre bel semblant
Por los et por ennor atrere,
Qui n'a cure de folor fere.
   Li sire ne tint pas à gas :
Avint .1. jor que Ventilas
Ert o sa fame, où il parloit,
Si com sovent parler soloit.
Molt durement en fu iriez :
« Ventilas », dit il, « ce sachiez
Que de cest jeu ne m'est pas bel :
C'est la compaignie Tassel
Que vos me fetes, bien le voi.
— Mar le dites, biau sire, avoi !
Mieux vodroie perdre la vie.
— Tesiez ; ne vos creroie mie
Por serement ne por jurer.
— Bien voi que trop porroit durer
Entre nos .11. la compaingnie :
Dès or veil que soit departie. »
A ces paroles s'en torna.
Adonc à la dame pensa,

Et ele à lui, mainte fiée,
Tant qu'amors li a aliée.
A une liue menant erent;
Par tel achoison s'entramerent :
Ja se desfendu ne lor fust,
Puet estre entre eus amors n'eüst ;
Que c'est de plusors la costume,
Qui les chastie ses alume ;
Et s'est bien droiz, que plusors sont,
Que ce c'on lor desfent ce font,
Et qui lor proieroit del fere,
Tot tens feroient le contrere.
Il s'entramerent molt andui :
Cil ama li et ele lui ;
Et molt sovent à lui parloit.
.I. jor avint qu'alez estoit
Li sire por esbanoier,
Ne sai em bois ou en rivier ;
Li chevaliers ne s'atarja,
A la dame tost envoia
Savoir s'il i porra parler.
Cil monta, s'esploita d'aler ;
Là vint où la dame manoit ;
Il descendi, si ala droit
En la chambre où ele estre seut.
Bel li dist, plus tost que il puet,
Que ses sire venoit à li.
La dame de son lit sailli :
Baignie estoit, si s'atorna
Molt richement et acesma ;

De bel semblant estoit et simple ;
Adonc voloit lier sa guimple :
« Biau sire », dit ele, « ça vien ;
Pren cest mireor, si me tien
Ça devant moi, que je le voie,
Qu'afublée belement soie. »
Cil le prent, si s'agenoilla :
Bele la vit, si l'esgarda
Que plus l'esgarde plus s'esprist ;
Sa biauté de li le sorprist
Que plus près de li s'aproucha,
La dame prist, si l'enbraça :
« Fui, fol, » dit ele, « fui de ci !
Es tu desvez ? — Dame, merci !
Soufrez .i. poi ! » Oz du musart,
Que plus li desfent et plus art !
Car pire est, ce dient les genz,
I tel maus que n'est mal des denz.
 Einsi con la dame tenoit
Et si fierement la menoit,
Atant es vos .i. chevalier,
Qui sire estoit à l'escuier :
« Fui, fous, » dit ele, « fui lechierre :
Oz ton seignor ? — Et las pechierre !
Quel deable l'amainnent ore ?
Mon veul ne venist il encore !
— Fui, » dist la dame, « isnelement ;
Si te repon hastivement. »
Cil se repont, mès molt li grieve.
Et la dame bien tost se lieve.

Es vos son ami aïtant :
Ne s'aperçut ne tant ne quant ;
La dame prent et si l'acole,
A li joe, rit et parole,
Et fet son bon comme il soloit.
Tot ainsi comme à li parloit,
Es vos son seignor aïtant :
Le chevalier saut pié estant :
« Dame, » dist il, « que porrons fere ?
Ne sai à quel chief puissons trere.
Je ne sai nul conseil de nos ;
De moi ne me chaut fors de vos.
— De moi, » fet ele, « n'en doutez ;
Ja en doute mar en serez :
Se Deu plet, bien eschaperai.
Mès fetes ce que vos dirai :
Traiez vostre espée erramment,
Si dites itant seulement :
« Par le cuer bieu ! s'or le tenisse,
N'eüst garant, ainz l'oceïsse ; »
Se vos en alez à esploit :
De moi que estre puet si soit ;
Ice dites que je vos ruis ;
Mal direz el. » Cil vient à l'uis,
L'espée tret, et va jurant :
« Par le cuer beu ! n'eüst garant,
Por tot le mont, se le trovasse,
Que la teste ne li coupasse ! »
Li sire l'ot, si s'arestut,
Tret soi ariere, ne se mut.

Dont cuida qu'il le menaçast,
Ainz n'ot talent qu'il l'aprochast.
Quant il vit qu'alez s'en estoit,
A sa fame vint lors tot droit,
L'espée trete, toz irez :
« Par le cuer beu ! or i morrez !
— Dieu ! sainte croix ! *nomini* Dame !
Qu'avez vos, sire ? » dist la dame.
— Que j'ai ? c'or ne savez ? ahi !
Mar m'i avez certes trahi.
— Traï, sire ? Sainte Marie !
Avoi ! por Deu, nu dites mie !
— Ne die ce que j'ai veü ?
Vostre chanlant qui ici fu
Pis me fasoit, que il disoit,
S'il me tenist, il m'ocirroit.
— Biau sire, se Deus me sequeure,
A tort me metez rage seure.
Mès por ce que estes irez
Direz tout ce que vos vorrez ;
Et se parler me lessiez,
La verité en orriez.
— Verité ? ce vos ert mestiers.
Or dites. — Sire, volentiers.
Li chevaliers qui de ci va
Orendroit en riviere ala :
Baillié avoit son escuier,
Si comme il dit, son espervier,
Et cil, quant il li ot baillié,
Si le geta sanz son congié,

Ainz puis nu vit ne puis ne l'ot.
Li chevaliers quant il le sot.....
Ne sai comment vint çaienz droit
Ses escuiers qui le cremoit,
Si se repost triers ce lit là.
Biau frere, » dist ele, « vien ça;
Si soiez tout asseüré. »
Et cil qui tout ot escouté
Saut sus; grant joie dut avoir :
« Certes, dame, vos dites voir.
De Deu soiez vos onnorée;
Car la vie ai or recovrée,
Bele douce dame, par vos.
Certes trop est mes sire iros,
Qui me voloit ocirre ainsi
Por son oisel que je perdi :
N'i eüst gueres gaaingnié,
Se mort m'eüst ou mahaingnié
— Ostés ! avoi ! » ce dit li sire ;
« Dahez ait ore la seue ire !
Puis n'i eüst nul recovrier.
Biau frere, pren mon esprevier
Si li porte de moie part. »
Cil l'en mercie, si s'em part,
Et son seignor ainsi conta,
Einsi con l'aventure ala.

    Ceste aventure si fu voire :
Avoir le doit on en memoire;
Tot ainsi avint, ce dit l'on :
Li lays de l'Esp revier a non

Qui trés bien fet à remembrer.
Le conte en ai oï conter,
Mès onques n'en oï la note
En harpe fere ne en rote.

CXVI

DE BOIVIN DE PROVINS

Paris, Bibl. nat., Mss. fr. 837, fol. 66 v° à 68 v°,
et 24432, fol. 49 v° à 52 r°.

Mout bons lechierres fu Boivins;
Porpenssa soi que à Prouvins
A la foire voudra aler,
Et si fera de lui parler.
Ainsi le fet con l'a empris :
Vestuz se fu d'un burel gris,
Cote, et sorcot, et chape ensamble,
Qui tout fu d'un, si com moi samble ;
Et si ot coiffe de borras ;
Ses sollers ne sont mie à las,
Ainz sont de vache dur et fort ;
Et cil, qui mout de barat sot,
.I. mois et plus estoit remese
Sa barbe qu'ele ne fu rese ;
.I. aguillon prist en sa main,
Por ce que mieus samblast vilain :
Une borse grant acheta,
.XII. deniers dedenz mis a,
Que il n'avoit ne plus ne mains ;
Et vint en la rue aus putains
Tout droit devant l'ostel Mabile
Qui plus savoit barat et guile

Que fame nule qui i fust.
Iluec s'assist desus .I. fust
Qui estoit delez sa meson;
Delez lui mist son aguillon,
.I. poi torna son dos vers l'uis.
Huimès orrez que il fist puis.
« Par foi, » fet il, « ce est la voire,
Puisque je sui hors de la foire,
Et en bon leu, et loing de gent,
Deüsse bien de mon argent
Tout seul par moi savoir la somme;
Ainsi le font tuit li sage homme.
J'oi de Rouget .XXXIX. saus,
.XII. deniers en ot Giraus
Qui mes .II. bues m'aida à vendre.
A males forches puist il pendre,
Por ce qu'il retint mes deniers !
.XII. en retint li pautoniers,
Et se li ai je fet maint bien.
Or est ainsi, ce ne vaut rien,
Il me vendra mes bues requerre,
Quant il voudra arer sa terre,
Et il devra semer son orge;
Mal dehez ait toute ma gorge,
S'il a jamès de moi nul preu !
Je lui cuit mout bien metre en leu,
Honiz soit il et toute s'aire !
Or parlerai de mon afaire.
J'oi de Sorin .XIX. saus ;
De ceus ne fui je mie faus,

Quar mon compere dans Gautiers
Ne m'en donast pas tant deniers
Con j'ai eü de tout le mendre :
Por ce fet bon au marchié vendre ;
Il vousist ja creance avoir,
Et j'ai assamblé mon avoir,
.XIX. saus et .XXXIX.
Itant furent vendu mi buef.
Dieus ! c'or ne sai que tout ce monte,
Si meïsse tout en .I. conte,
Je ne le savroie sommer ;
Qui me devroit tout assommer,
Ne le savroie je des mois,
Se n'avoie feves ou pois,
Que chascun pois feït .I. sout.
Ainsi le savroie je tout.
Et neporquant me dist Sirous
Que j'oi des bues .L. sous,
Qui les conta, si les reçut ;
Mès je ne sai s'il m'en deçut,
Ne s'il m'en a neant emblé,
Qu'entre .II. sestiere de blé,
Et ma jument et mes porciaus,
Et la laine de mes aigniaus
Me rendirent tout autrestant.
.II. fois .L., ce sont cent,
Ce dist un gars qui fist mon conte ;
.V. livres dist que tout ce monte.
Or ne lerai, por nule paine,
Que ma borse qu'est toute plaine,

Ne soit vuidie en mon giron. »
　Et li houlier de la meson
Dient : « Ça vien, Mabile, escoute,
Cil denier sont nostre sanz doute,
Se tu mes ceenz ce vilain.
— Il ne sont mie à son oes sain, »
Dist Mabile, « lessiez le en pès,
Lessiez le conter tout adès ;
Lessiez le conter tout en pès
Qu'il ne me puet eschaper mès.
Toz les deniers je les vous doi ;
Les ieus me crevez, je l'otroi,
Se il en est à dire uns seus. »
Mès autrement ira li geus
Qu'ele ne cuide, ce me samble ;
Quar li vilains conte et assamble
.XII. deniers, sanz plus, qu'il a.
Tant va contant et çà et là
Qu'il dist : « Or est .xx. sols .v. foiz,
Dès ore mès est il bien droiz
Que je les gart ; ce sera sens.
Mès d'une chose me porpens :
S'or eüsse ma douce niece,
Qui fu fille de ma suer Tiece,
Dame fust or de mon avoir.
El s'en ala par fol savoir
Hors du païs en autre terre,
Et je l'ai fete maint jor querre
En maint païs, en mainte vile !
Ahi ! douce niece Mabile,

Tant estiiez de bon lingnage,
Dont vous vint ore tel corage?
Or sont tuit troi mort mi enfant,
Et ma fame dame Siersant!
Jamès en mon cuer n'avrai joie
Devant cele eure que je voie
Ma douce niece en aucun tans.
Lors me rendisse moine blans;
Dame fust or de mon avoir,
Riche mari peüst avoir. »
Ainsi la plaint, ainsi la pleure,
Et Mabile saut en cele eure;
Lés lui s'assist et dist : « Preudon,
Dont estes vous et vostre non?
— Je ai non Fouchier de la Brouce;
Mès vous samblez ma niece douce
Plus que nule fame qui fust. »
Cele se pasme sor le fust.
Quant se redrece, si dist tant :
« Or ai je ce que je demant. »
Puis si l'acole et si l'embrace,
Et puis li bese bouche et face,
Que ja n'en samble estre saoule,
Et celui qui mout sot de boule,
Estraint les denz et puis souspire :
« Bele niece, ne vous puis dire
La grant joie que j'ai au cuer.
Estes vous fille de ma suer?
— Oïl, sire, de dame Tiece.
— Mout ai esté por vous grant piece, »

Fet li vilains, « sanz avoir aise. »
Estroitement l'acole et baise,
Ainsi aus .ii. mainent grant joie.
Et .ii. houliers en mi la voie
Issirent fors de la meson.
Font li houlier : « Icist preudon
Est il or nez de vostre vile ?
— Voir, c'est mon oncle, » dist Mabile,
« Dont vous avoie tant bien dit. »
Vers aus se retorne .i. petit,
Et tret la langue et tuert la joe,
Et li houlier refont la moe.
« Est il donc vostre oncle ? — Oïl voir.
— Grant honor i poez avoir,
Et il en vous sans nul redout.
Et vous, preudom, du tout en tout, »
Font li houlier, « sommes tuit vostre.
Par saint Pierre le bon apostre,
L'ostel avrez saint Julien.
Il n'a homme jusqu'à Gien
Que plus de vous eüssons chier. »
Par les braz prenent dant Fouchier,
Si l'ont dedenz lor ostel mis.
« Or tost, » ce dist Mabile, « amis,
Achatez oes et chapons.
— Dame, » font il, « venez ça dons,
Ja n'avons nous goute d'argent.
— Tesiez, » fet el, « mauvese gent,
Metez houces, metez sorcos,
Sor le vilain ert li escos.

Cis escos vous sera bien saus :
Sempres avrez plus de .c. saus. »
　　Que vous iroie je contant ?
Li dui houlier de maintenant,
Comment qu'il aient fet chevance,
.II. cras chapons sanz demorance
Ont aporté avoec .II. oes ;
Et Boivin lor a fet les moes
En tant comme il se sont tornez.
Mabile lor dist : « Or soiez
Preus et vistes d'appareillier ! »
Qui donc veïst con li houlier
Plument chapons et plument oies,
Et Ysane fit toutes voies
Le feu et ce qu'ele ot à fere ;
Et Mabile ne se pot tere
Qu'el ne parlast à son vilain :
« Biaus oncles, sont ores tuit sain
Vostre fame, et mi dui neveu ?
Je cuit qu'il sont ore mout preu. »
Et li vilains si li respont :
« Bele niece, tui troi mort sont,
Par pou de duel n'ai esté mors ;
Or serez vous toz mes confors
En mon païs, en nostre vile.
— Ahi ! lasse ! » ce dist Mabile,
« Bien deüsse or vive enragier ;
Lasse ! s'il fust après mengier,
Il n'alast pas si malement.
Lasse ! je vi en mon dormant

Ceste aventure en ceste nuit.
— Dame, li chapon sont tout cuit,
Et les .ii. oies en .i. haste, »
Ce dist Ysane qui les haste.
« Ma douce dame, alez laver,
Et si lessiez vostre plorer. »
Adonc font au vilain le lorgne,
Et voit li vilains, qui n'ert borgne,
Qu'il le moquent en la meson.
Font li houlier : « Sire preudon,
N'estes pas sages, ce m'est vis ;
Lessons les mors, prenons les vis. »
Adonc sont assis à la table,
Mès du mengier ne fu pas fable,
Assez en orent à plenté :
De bons vins n'orent pas chierté,
Assez en font au vilain boivre
Por enyvrer et por deçoivre ;
Mès il ne les crient, ne ne doute.
Desouz sa chape sa main boute,
Et fet semblant de trere argent.
Dist Mabile : « Qu'alez querant,
Biaus douz oncles, dites le moi?
— Bele niece, bien sai et voi
Que mout vous couste cis mengiers :
Je metrai ci .xii. deniers. »
Mabile jure, et li houlier,
Que il ja n'i metra denier.
La table ostent quant ont mengié ;
Et Mabile a doné congié

Aux .II. houliers d'aler là hors :
« Si vous sera bons li essors,
Que bien avez eü disner ;
Or prenez garde du souper. »
Li dui houlier s'en sont torné ;
Après aus sont li huis fermé.
 Mabile prist à demander :
« Biaus douz oncles, ne me celer
S'eüstes pieça compaignie
A fame, nel me celez mie,
Puis que vostre fame fu morte :
Il est mout fols qui trop sorporte
Talent de fame, c'est folie,
Autressi comme de famie.
— Niece, il a bien .VII. ans toz plains.
— Tant a il bien ? — A tout le mains,
Ne de ce n'ai je nul talant.
— Tesiez, oncles, Dieus vous avant !
Mès regardez ceste meschine. »
Adonc bat .III. fois sa poitrine :
« Oncles, je ai mout fort pechié,
Qu'à ses parenz l'ai fort trechié.
Por seul son pucelage avoir,
Eüsse je mout grant avoir ;
Mès vous l'avrez, que je le vueil. »
A Ysane cluingne de l'ueil,
Que la borse li soit copée.
Li vilains ot bien en penssée
De coper la avant qu'Isane :
La borse prent et si la trenche

Dans Fouchiers, et puis si l'estuie :
En son sain, près de sa char nue,
La mist, et puis si s'en retorne.
Vers Ysane sa chiere torne,
Et s'en vindrent li uns vers l'autre :
Andui se vont couchier el piautre ;
Ysane va avant couchier,
Et mout pria à dant Fouchier
Por Dieu que il ne la bleçast.
Adonc covint que il ostast
La coiffe au cul por fere l'uevre.
De sa chemise la descuevre,
Puis si commence à arecier,
Et cele la borse à cerchier :
Que qu'ele cerche, et cil l'estraint,
De la pointe du vit la point ;
El con li met jusqu'à la coille,
Dont li bat le cul, et rooille
Tant, ce m'est vis, qu'il ot foutu.
Ses braies monte ; s'a veü
De sa borse les deux pendanz :
« Hai las ! » fet il, « chetiz dolanz,
Tant ai hui fet male jornée !
Niece, ma borse m'est copée ;
Ceste fame le m'a trenchie. »
Mabile l'ot ; s'en fut mout lie,
Qui bien cuide que ce soit voir,
Qu'ele covoitoit mout l'avoir.
Maintenant a son huis desclos :
« Dant vilain, » fet ele, « alez hors.

— Dont me fetes ma borse rendre.
— Je vous baudrai la hart à pendre !
Alez tost hors de ma meson,
Ainçois que je praingne .I. baston. »
Cele .I. tison prent à .II. mains ;
Adonc s'en va hors li vilains
Qui n'ot cure d'avoir des cops.
   Après lui fu tost li huis clos ;
Tout entor lui chascuns assamble,
Et il lor monstre à toz ensamble
Que sa borse li ont copée.
Et Mabile l'a demandée
A Ysane : « Baille ça tost,
Que li vilains va au provost.
— Foi que je doi saint Nicholas, »
Dist Ysane, « je ne l'ai pas ;
Si l'ai je mout cerchie et quise.
— Par .I. poi que je ne te brise,
Pute orde vieus, toutes les danz !
Enne vi je les .II. pendanz
Que tu copas ? jel sai de voir ;
Cuides les tu par toi avoir ?
Se tu m'en fez plus dire mot.....
Pute vieille, baille ça tost.
— Dame, comment vous baillerai, »
Dist Ysane, « ce que je n'ai ? »
Et Mabile aus cheveus li cort,
Qui n'estoient mie trop cort,
Que jusqu'à la terre l'abat ;
Aux piez et aus poins la debat,

Qu'ele le fet poirre et chier :
« Par Dieu, pute, ce n'a mestier.
— Dame, or lessiez ; je les querrai
Tant, se puis, que les troverai,
Se de ci me lessiez torner.
— Va, » fet ele, « sanz demorer. »
Mès Mabile l'estrain reborse,
Qu'ele cuide trover la borse :
« Dame, or entent, » ce dist Ysane ;
« Perdre puisse je cors et ame,
S'onques la borse soi ne vi :
Or me poez tuer ici.
— Par Dieu, pute, tu i morras. »
Par les cheveus et par les dras
L'a tirée jusqu'à ses piez ;
Et ele crie : « Aidiez ! aidiez ! »
Quant son houlier de hors l'entent,
Cele part cort isnelement ;
L'uis fiert du pié sanz demorer,
Si qu'il le fet des gons voler.
Mabile prist par la chevece,
Si qu'il la deront par destrece ;
Tant est la robe derompue
Que dusqu'au cul en remest nue.
Puis l'a prise par les chevols,
Du poing li done de granz cops
Par mi le vis, en mi les joes,
Si qu'eles sont perses et bloes.
Mès ele avra par tens secors
Que son ami i vient le cors,

Qui au crier l'a entendue ;
Tout maintenant, sanz atendue,
S'entreprennent li dui glouton.
Lors veïssiez emplir meson
Et de houliers et de putains ;
Chascuns i mit adonc les mains.
Lors veïssiez cheveus tirer,
Tisons voler, draps deschirer,
Et l'un desouz l'autre cheïr ;
Li marcheant corent veïr
Ceus qui orent rouge testée,
Que mout i ot dure meslée,
Et se s'i mistrent de tel gent
Qui ne s'en partirent pas gent :
Teus i entra à robe vaire
Qui la trest rouge et à refaire.
 Boivin s'en vint droit au provost :
Se li a conté mot à mot
De chief en chief la verité.
Et li provos l'a escouté,
Qui mout ama la lecherie ;
Sovent li fist conter sa vie
A ses parens, à ses amis,
Qui mout s'en sont joué et ris.
Boivin remest .III. jours entiers ;
Se li dona de ses deniers
Li provos .x. sous à Boivins,
Qui cest fablel fist à Provins.

  Explicit le fablel de Boivin.

CXVII

DE SAINT PIERE

ET DU JOUGLEUR

Paris, Bibl. nat., Mss. fr. 837, fol. 19 r° à 21 r°,
et 19152, fol. 45 r° à 47 r°.

Qui de biau dire s'entremet,
N'est pas merveille s'il i met
Aucun biau mot selonc son sens.
Il ot un jougleor à Sens
Qui mout ert de povre riviere,
N'avoit pas sovent robe entiere.
Ne sai comment on l'apela,
Mais sovent as dez se pela ;
Sovent estoit sanz sa viele,
Et sanz chauces et sanz cotele,
Si que au vent et à la bise
Estoit sovent en sa chemise.
Ne cuidiez pas que ge vos mente,
N'avoit pas sovent chaucemente ;
Ses chauces avoit forment chieres,
De son cors naissent les lasnieres,
Et quant à la foiz avenoit
Que il uns solleres avoit
Pertuisiez et deforetez,
Mout i ert grande la clartez,

FABL. V.

Et mout ert povres ses ators.
En la taverne ert ses retors,
Et de la taverne au bordel ;
A ces .II. portoit le cembel.
Mais ne sai plus que vos en die ·
Taverne amoit et puterie,
Les dez et la taverne amoit,
Tout son gaaing i despendoit,
Toz jors voloit estre en la boule,
En la taverne ou en la houle.
.I. vert chapelet en sa teste,
Toz jors vousist que il fust feste ;
Mout desirroit le diemenche,
Onques n'ama noise ne tence,
En fole vie se maintint.
Or orrez ja con li avint.

  En fols peschiez mist son usage ;
Quant ot vescu tout son eage,
Morir l'estut et trespasser.
Deables, qui ne puet cesser
Des genz engingnier et sousprendre,
S'en vint au cors por l'ame prendre ;
.I. mois ot fors d'enfer esté,
Ainz n'avoit ame conquesté.
Quant vit le jougleor morir,
Si en corut l'ame sesir ;
Por ce que morut en pechié,
Ne li a on pas chalengié.
A son col le geta errant,
Vers enfer s'en vint acorant.

Si compaignon par le païs
Avoient mout de gent conquis ;
Li uns aporte champions,
L'autre prestres, l'autre larrons,
Moines, evesques et abez,
Et chevaliers et genz assez,
Qui en pechié mortel estoient,
Et en la fin pris i estoient ;
Puis s'en reperent à enfer ;
Lor mestre truevent Lucifer.
Quant les voit venir si chargiez :
« Par ma foi », fet il, « bien veigniez !
Vous n'avez pas toz jors festé.
Cist seront ja mal ostelé. »
En la chaudiere furent mis.
« Seignor, » fet il, « il m'est avis,
A ce que je en ai veü,
Que vous n'estes pas tuit venu.
— Si sommes, sire, fors uns seus,
Uns chetiz, uns maleüreus,
Qui ne set ames gaaignier,
Ne ne set les genz engignier. »
  Atant voient celui venir
Qui aportoit tout par loisir
De sor son col le jougleor,
Qui mout estoit de povre ator.
En enfer est entrez toz nus ;
Le jougleor a geté jus.
Li mestres si l'aresona :
« Vassal, » dist il « entendez ça,

Fus tu ribaus, trahitre ou lere?
— Nenil, » fet il, « ainz fui jouglere;
Avoec moi ai trestout l'avoir
Que li cors seut au siecle avoir.
Li cors soffri mainte froidure,
S'oï mainte parole dure ;
Or sui ça dedenz ostelez :
Si chanterai se vous volez.
— De chanter n'avons nous que fere,
D'autre mestier vous covient trere;
Mès, por ce que tu es si nus
Et si trés povrement vestus,
Feras le feu souz la chaudiere.
— Volentiers, » fet il, « par saint Piere,
Quar de chaufer ai grant mestier. »
Atant s'assist lez le fouier,
Si fet le feu delivrement,
Et chaufe tout à son talent.
　Un jor avint que li maufé
Furent leenz tuit assamblé ;
D'enfer issirent por conquerre
Les ames par toute la terre.
Li mestres vint au jougleor,
Qui le feu fist et nuit et jor :
« Jouglere, » fet il, « or escoute.
Je te commant ma gent trestoute,
Garde ces ames sor tes ieus,
Quar je tes creveroie andeus,
S'une en perdoies toute seule :
Je te pendroie par la gueule.

— Sire, » dist il, « alez vous ent !
Je les garderai leaument :
Trestout au mieus com je porrai,
Toutes voz ames vous rendrai.
— Et je sor tant le te recroi ;
Mès ce saches tu bien en foi,
Se une seule en desmanoies,
Que trestoz vis mengiez seroies.
Mais ce saiches tu sanz mentir,
Quant nos revenron à loisir,
Ge te ferai mout bien servir
D'un gras moine sor .i. rotir,
A la sauxe d'un userier
Ou à la sauxe d'un hoilier. »
  Atant s'en vont, et cil remaint
Qui du feu fere ne se faint.
Or vous dirai comme il avint
Au jougleor que enfer tint,
Et con sainz Pieres esploita.
Droitement en enfer entra,
Mout estoit bien appareilliez :
Barbe ot noire, grenons trechiez.
En enfer est toz seus entrez,
.I. berlenc aporte et .III. dez ;
Delez le jougleor s'assist
Tout coiement, et se li dist :
« Amis, » fet il, « veus tu jouer ?
Vois quel berlenc por haseter !
Et s'ai .III. dez qui sont plenier,
Tu pues bien à moi gaaingnier

Bons esterlins privéement. »
Lors li moustre delivrement
La borse où li esterlin sont.
« Sire, » li jougleres respont,
« Je vous jur Dieu, tout sanz faintise,
Que n'ai el mont fors ma chemise.
Sire, por Dieu, alez vous ent,
Certes, je n'ai goute d'argent. »
Dist saint Pieres : « Biauz dous amis,
Met de ces ames .v. ou sis.
— Sire, » fet il, « je n'oseroie,
Quar se une seule en perdoie,
Mon mestre me ledengeroit
Et trestout vif me mengeroit. »
Dist saint Pieres : « Qui li dira ?
Ja por .xx. ames n'i parra ;
Voiz ci l'argent qui toz est fins :
Gaaigne à moi ces esterlins
Qui tuit sont forgié de novel.
Je te doins .xx. sous de fardel :
Si met des ames au vaillant. »
Quant cil vit qu'il i en ot tant,
Les esterlins mout couvoita,
Les dez prist, si les manoia ;
A saint Piere dist à droiture :
« Juons or, soit en aventure
Une ame au cop tout à eschars.
— Mès .ii., » dist il, « trop est coars,
Et qui bon l'a, si l'envit d'une,
Ne m'en chaut quele, ou blanche ou brune ! »

Dist le jougleres : « Je l'otri. »
Et dist saint Pieres, « Je l'envi.
— Devant le cop, » fet il, « deable !
Metez donc l'argent sus la table.
— Volentiers, » fet il, « en non Dieu. »
Lors met les esterlins au gieu ;
Assis se sont au tremerel
Lui et saint Pieres au fornel.
« Gete, jougleres, » dist saint Pieres,
« Quar tu as mout les mains manieres. »
Cil gete aval. « Si con je cuit,
Par foi, » dist saint Pieres, « j'ai huit ;
Se tu getes après hasart,
J'avrai .III. ames à ma part. »
Cil gete .III. et .II. et as,
Et dist saint Pieres : « Perdu l'as.
— Voire, » dist il, « par saint Denis,
Ces .III. avant si vaillent sis. »
Et dist saint Pieres : « Jel creant. »
Lors a geté de maintenant
.XII. poins à icele voie :
« Tu me dois .IX., or çroist ma joie.
— Droiz est, » dist il, « je l'ai perdu,
Se je l'envi; tendras le tu ?
— Oïl, » dist sainz Pieres, « par foi.
— Ces .IX. avant que je te doi,
Et .XII. vaille qui qui l'ait.
— Dehait, » fet saint Pieres, « qui l'ait. »
Dist li jougleres : « Or getez.
— Volentiers, » fet il, « esgardez,

Je voi hasart, si con je cuit :
Tu me dois .III. et .X. et huit.
— Vois, » dist il, « por la teste Dieu,
Ce n'avint onques mès à gieu.
Par la foi que vous me devez,
Jouez me vous de .IIII. dez?
Ou vous me jouez de mespoins.
Or vueil je jouer à plus poins.
— Amis, de par le saint Espir,
Toz tes voloirs vueil acomplir :
Or, soit ainsi comme tu veus!
Veus tu à .I. cop ou à deus?
— A .I. cop, soit, » fet il, « adès
Ces .XX. avant et .XX. après. »
Et dist sains Pieres : « Dieus m'aït! »
Lors a geté sanz contredit,
.XVII. poins, et si se vante
Qu'il le fera valoir quarante.
Dist li jougleres : « C'est à droit,
Je get après vous orendroit. »
Lors gete deseur le berlenc :
« Cis cops ne vaut pas .I. mellenc. »
Dist saint Pieres : « Perdu l'avez,
Quar je voi quisnes en .III. dez;
Huimès n'ere je trop destrois,
Vous me devez quarante et trois.
— Voire, » fet il, « par le cuer bieu,
Je ne vi onques mès tel gieu;
Par toz les sainz qui sont à Romme,
Je ne croiroie vous ne homme,

Que ne m'asseïssiez toz cops.
— Getez aval, estes vous fols?
— Je cuit vous fustes uns fors lerres,
Quant encore estes si guilerres,
Qu'encor ne vous poez tenir
Des dez chengier et asseïr. »
Saint Pieres l'ot, si en ot ire,
Par mautalent li prist à dire :
« Vous i mentez, se Dieus me saut;
Mès c'est coustume de ribaut,
Quant on ne fet sa volenté,
Si dist c'on li change le dé;
Mal dahaiz qui sus le me mist,
Et mal dahez qui les assist !
Mout a en toi mauvès bricon,
Quant tu me tenis por larron;
Mout s'en faut poi, par saint Marcel,
Que je ne vous oing le musel.
— Certes, » fet cil, qui de duel art,
« Lerres estes, sire vieillart,
Qui mon geu me volez noier;
Ja voir n'en porterez denier,
Ba ! non, quar vous me les toudrez,
Venez avant, si les prenez. »
Cil saut sus por les deniers prendre,
Et sains Pieres, sanz plus atendre,
Le vous aert par les illiers,
Et cil lest cheoir les deniers,
Qui mout avoit le cuer mari ;
Si l'a par la barbe saisi,

Mout forment à lui le tira,
Et sains Pieres li deschira
Toz ses dras jusques el braiel.
Or n'ot il onques mès tel duel
Qu'il ot quant il vit sa char nue
Paroir jusques à la çainture;
Mout se sont entrechapingnié,
Batu et feru et sachié.
Or voit le jouglere mout bien
Que sa force ne li vaut rien,
Qu'il n'est ne si fors ne si granz
Con saint Pieres, ne si poissanz;
Et s'il maintient plus la meslée
Sa robe ert ja si deschirée
Qu'il n'en porra joïr jamès :
« Sire, » dist il, « or fesons pès,
Bien nous sommes entressaié,
Or rejuons par amistié,
Se il vous plest et atalente. »
Dist sains Pieres : « Moult m'est à ente
Que vous de mon geu me blasmastes,
Ne que vous larron m'apelastes.
— Sire, » fet il, « je dis folie,
Or m'en repent, n'en doutez mie ;
Mès vous m'avez fet pis assez
Qui mes dras m'avez deschirez,
Dont je serai mout soufretous,
Or me clamez cuite, et je vous. »
Et dist sains Pieres : « Je l'otroi. »
Atant se besierent en foi.

« Amis, » dist sains Pieres, « entendez,
.XLIII. ames devez.
— Voire, » fet il, « par saint Germain,
Je commençai le geu trop main.
Or rejouons, si biau vous vient,
Si soient ou .III. tans ou nient,
Se no geu revient en tel mès.
— Par Dieu, » fet cil, « j'en sui toz près;
Mès escoutez, biaus amis chiers,
Paierez me vous volentiers?
— Oïl, » dist cil, « mout bonement,
Trestout à vo comandement :
Chevaliers, dames et chanoines,
Larrons ou champions ou moines,
Volez frans hommes ou vilains,
Volez prestres ou chapelains?
— Amis, » fet il, « tu dis reson :
Or gete aval sanz trahison. »
Sains Pieres n'ot à cele voie
Fors .V. et .IIII. et .I. seul troie.
Dist li jougleres : « .XII. i voi.
— Avoi, » dist sains Pieres, « avoi,
Se Jhesus n'a de moi merci,
Cis daarains cops m'a honi. »
Cil gete aval mout durement
Quisnes et .I. deus seulement.
« Dieus, » dist sains Pieres, « bon encontre
Encor vendra à cest rencontre.
— Or soit .XXII., fiere ou faille, »
Dist li jougleres, « bien les vaille,

Getez, .XXII. i ait bien,
Je get, de par saint Julien. »
Sains Pieres gete isnel le pas
Sisnes et puis .I. tout seul as.
Dist sains Pieres : « J'ai bien geté,
Quar je vous ai d'un point passé.
— Vois, » fet cil, « comme il m'a près point,
Qu'il m'a passé d'un tout seul point ;
Je ne fui ainc aventureus,
Mès toz jors un maleüreus,
Uns chetis, et uns mescheans,
Et ci et au siecle toz tans. »
Quant les ames qui sont el fu
Ont ce oï et entendu.
Que sains Pieres a gaaignié,
De toutes pars li ont huchié :
« Sire, por Dieu le glorious,
Nous atendons du tout à vous. »
Et dist sains Pieres : « Je l'otroi,
Et je à tous et vous à moi.
Por vos giter de cest torment,
Mis ge au gieu tot mon argent,
Mès, se j'eüsse tout perdu,
N'i eüssiez pas atendu ;
Se Dieu plest, ainz la nuit serie,
Serez tuit en ma compaignie. »
Adonc fu li joglerres mus :
« Sire, » fait il, « or n'i a plus,
Ou ge du tot m'aquiterai,
Ou ge trestot par perderai,

Et les ames et ma chemise. »
Ne sai que plus vous en devise :
Tant a sains Pieres tremelé,
Et tant le jougleor mené,
Que les ames gaaigna toutes;
D'enfer les en maine à granz routes,
Si les mena en paradis.
Et cil remest toz esbahis,
Qui est dolenz et irascuz.
 Ez vous les maufez revenuz :
Quant li mestres fu en meson,
Garda entor et environ,
Ne vit ame n'avant, n'arriere,
Ne en fornel, ne en chaudiere;
Le jougleor a appelé :
« Di va, » fet il, « où sont alé
Les âmes que je te lessai?
— Sire, » fet il, « je vous dirai.
Por Dieu, aiez de moi merci!
Uns viellars vint orains à mi,
Si m'aporta mout grant avoir;
Bien le cuidai trestout avoir,
Si jouasmes et moi et lui,
Mout me torna à grant anui.
Si me gita d'uns dez toz faus
Li traïstres, li desloiaus :
Ainc n'en ting dez, foi que doi vous,
Si ai perdu voz genz trestoz. »
Quant li maistres l'a entendu,
Par poi ne l'a gité el fu :

« Filz à putain, » fet il, « lechiere,
Vo jouglerie m'est trop chiere;
Dehait qui vous i aporta !
Par mon chief il le comparra ! »
A celui sont venu tout droit,
Qui leenz aporté l'avoit;
Tant le batent, froissent et fierent,
Et tant forment le lesdengierent,
Et si li ont fait fiancer
Que jamais ribaut ne holier
Ne jogleor n'aporteront,
N'ome qui à dez joeront;
Tant l'ont batu, tant l'ont bouté,
Que cil lor a acreanté
Que il jamès à nis .I. jor
N'i aportera jougleor.
Dist li mestres au menestrel :
« Biaus amis, vuidiez mon ostel !
Mal dehez ait vo jouglerie,
Quant j'ai perdue ma mesnie !
Vuidiez l'ostel, gel vos commant,
Ge n'ai cure de tel sergant;
Jamais jogleor ne querrai,
Ne lor ligniée ne tenrai,
Ge n'en vueil nul, voisent lor voie,
Mais Dieu les ait qui aime joie !
Alez à Dieu, je n'en ai cure. »
Et cil s'en va grant aleüre,
Que d'enfer chacent li tirant :
Vers paradiz s'en vint errant.

Quant sains Pieres le vit venir,
Se li corut la porte ouvrir ;
Richement le fist osteler.
Or facent joie li jougler,
Feste et solaz à lor talent,
Quar ja d'enfer n'avront torment :
Cil les en a treztoz getez,
Qui les ames perdi aus dez.

Explicit de Saint Piere et du Jougleur.

CXVIII

DU PRESTRE

QUI DIST LA PASSION

Paris, Bibl. nat., Mss. fr. 19152, fol. 64 v° à 65 r°.

Dire vos vueil une merveille,
A qui nule ne s'apareille,
D'un prestre sot et mal sené,
Qui le venredi aouré
Ot commencié le Dieu service.
Ja furent venu à l'yglise
La gent, et il fu revestuz;
Mais il ot perdu ses festuz.
Lor le commence à reverser
Et toz les fielz à retorner,
Mais jusqu'au jor Ascenssion
N'i trovast il la Passion;
Et li vilain molt se hastoient
Que tot ensamble s'escrioient
Qu'il les faisoit trop jeüner;
Quar il estoit tens de disner,
S'il eüst le servise fait.
    Que vos feroie plus lonc plait?
Tant huchierent et ça et là
Que li prestres lor commença

Et prist à dire isnelepas,
Primes en halt et puis en bas :
« *Dixit Dominus Domino meo.* »
Mais ge ne vos puis pas en o
Trover ici conçonancie ;
Si est bien droiz que ge vos die
Tot le mielz que ge porrai metre.
Li prestres atant lut la letre,
Si comme aventure le maine,
Qui dist vespres du diemaine.
Or sachiez que fort se travaille
Que l'offrande auques li vaille.
   Lors prist à crier : « *Barraban !* »
Un crierres n'eüst .I. ban
Si crié com il lor cria.
Chascuns de ceus qui oï l'a
Bat sa coupe, et crie merci.
Ha! Dieus qui onques ne menti,
Qui les avoit à droite voie !
Et li prestres, qui toute voie
Lisoit le cors de son sautier,
Reprent hautement à crier,
Et dit : « *Crucifige eum !* »
Si que par tot l'entendion,
Homes et fames, ce me sanble,
Et prient Dieu trestuit ensanble
Qu'il les deffende de torment.
Mais au clerc ennuia forment,
Et dist au prestre : « *Fac finis !* »
Et il li dist : « *Non fac,* amis,

Usque ad mirabilia. »
Cil tantost respondu li a
Que longue Passion n'est preuz,
Et que ce n'est mie ses preuz
De tenir longuement la gent.
Si tost con ot reçut l'argent,
Si fist la Passion finer.
  Par cest flabel vos vueil monstrer
Que, par la foi que doi saint Pol,
Ausinc bien chiet il à un fol
De folie dire et d'outraige
Con il feroit à un bien saige
D'un grant sens, se il le disoit :
Fous est qui de ce me mescroit.

  Explicit du Prestre qui lut la Passion.

CXIX

LE MEUNIER ET LES .II. CLERS

Bibl. de Berne, Mss. 354, fol. 164 v° à 167 r°.

Dui povre clerc furent jadis
Né d'une vile et d'un païs;
Conpeignon et diacre estoient
En un boschage, o il menoient,
O il orent esté norri,
Tant c'uns chiers tans lor i sailli,
Con il fait mout tost et sovant :
C'est domage à la povre gent.
Li clerc virent la mesestance;
Si en orent au cuer pesance,
Ne il ne sevent conseillier,
Car il ne sevent rien gaaignier
N'en lor pais, n'en autre terre;
Honte avroient de lor pain querre,
Tant por lor hordre, et tant por el.
Il n'avoient point de chatel
Don se poïssent sostenir,
Ne il ne sevent où ganchir.

.I. diemanche, après mangier,
Sont alé devant lo mostier ;
Illuec se sont entretrové,
Puis s'an sont de la vile alé,
Por dire .I. po de lor secroi.
Li uns dist à l'autre : « Antan moi ;
Nos ne nos savon conseillier,
Car ne savon rien gaaignier,
Et voiz là fain qui nos destraint,
C'est une chose qui tot vaint ;
Nus ne se puet de li deffandre,
Ne nos n'avon rien nule o prandre.
As tu nule rien porveü
Par quoi nos soions maintenu ? »
L'autre respont : « Par saint Denise,
Je ne te sai faire devise,
Mais que jo ai un mien ami,
Je lo que nos aillon vers li,
Por prandre .I. setier de fromant,
A la vante que l'an lo vant ;
Et il m'an querra les deniers
Mout longuemant et volantiers
Jusq'à la feste saint Johan,
Por nos giter de cest mal an. »
Li autres a lors respondu :
« Il nos est trés bien avenu ;
Car j'ai un mien frere ensemant,
Qui a une grasse jumant ;
Je la prandrai, pran lo setier,
Et si devandron bolangier.

L'an doit toute honte endosser
Por soi de cest mal an giter. »
Ensi lo font, plus n'i atant :
Au molin portent lor fromant.
Li molins si loin lor estoit,
Plus de .ii. liues i avoit.
C'estoit lo molin à choisel,
Si seoit juste un bocheel :
Il n'ot ilueques environ
Borde, ne vile, ne maison,
Fors sol la maison au munier,
Qui trop savoit de son mestier.
Li clerc ont tost l'uis desfermé,
Si ont lo sac dedanz gité :
Après ont mis en un prael
La jumant, joste lo choisel.
Li uns remest por tot garder,
L'autre ala lo munier haster,
Que il les venist avancier.
Mais il s'an fu alé mucier :
Bien ot les clers veü venir,
Je cuit à aus voldra partir.
Chiés lo munier en vient corant,
La dame a trovée filant :
« Dame, » fait il, « por saint Martin,
O est li sires do molin ?
Bien fust que il nos avançast.
— Sire clers, point ne m'an pesast ;
En ce bois lo porroiz trover,
Se il vos i plaist à aler,

Qui ci est joste ce molin. »
Et li clers se mest au chemin,
Querre lo vait mout vistemant.
A son conpeignon qui l'atant
Poise mout qu'il demore tant ;
En la maison en vient corant :
« Dame, » fait il, « por amor Dé,
O est mon conpeignon alé ?
— Sire, si aie je hanor,
Il en vait querre mon seignor
Qui orandroit issi là hors. »
Ele ot bien ce mestier amors :
L'un des clers après l'autre envoie,
Et li muniers aquiaut sa voie ;
Si vient au molin auramant,
Lo sac lieve sor la jumant
O sa fame qui li aida,
En sa maison tot enporta.
Tant a en sa maison mucié,
Puis est au molin repairiez ;
Et li clerc ont tant cheminé
Que il sont au molin torné.
« Munier, » font il, « Deus soit o vos !
Por amor Deu, avanciez nos.
— Seignor, » fait il, « et je de quoi ?
— De nostre blé qu'est ci, par foi. »
Qant durent prandre lo fromant,
Ne trovent ne sac ne jumant.
L'uns d'aus a l'autre regardé :
« Qu'est ice ? somes nos robé ?

— Oïl, » fait ce l'uns, « ce m'est vis !
Pechiez nos a à essil mis. »
Chascuns escrie : « Halas ! halas !
Secorez nos, saint Nicolas ! »
Fait li muniers : « Qu'est ce c'avez ?
Por quoi si durement criez ?
— Munier, ja avon tot perdu ;
Malemant nos est avenu,
Car n'avons ne jumant ne el :
Tot i estoit notre chatel.
— Seignor, » fait il, « n'en sai noiant.
— Sire, » font il, « ne vos apant
Fors tant que de nos asener
Quel part nos poïssiens aler
Querre et tracier nostre domage.
— Seignor, « fait il, « en cest bochage :
Ne vos sai je pas conseillier,
Mais en cel bois alez cerchier,
Qui ci est joste cest molin. »
Li clerc se mestent au chemin.
Maintenant sont el bois entré,
Et li muniers s'an est alé.
Li uns clers à l'autre parla :
« Certes, » font il, « voir dit i a,
Fous est qui en vain se travaille ;
Avoir vient et va comme paille,
Alons nos huimais herbergier.
— Nos ? en quel leu ? — Chié s lo munier,
O no alon en cel molin,
Deus nos doint l'ostel saint Martin ! »

Errant vindrent chiés lo munier.
Lor venir n'avoit il point chier,
Ainz lor demande aneslopas :
« Que vos a fait saint Nicolas ?
— Munier, » font il, « ne .I. ne el.
— Or gaaigniez autre chatel,
Car de cest estes vos trop loing ;
Ne l'avroiz pas à cest besoing.
— Munier, » font il, « ce puet bien estre :
Herbergiez nos, por saint Servestre,
Ne savon maishui o aler. »
Et li muniers prant à panser,
Or seroit il pire que chiens,
S'il ne lor faisoit aucun bien
Del lor, car il lo puet bien faire.
« Seignor, » fait il, « nient fors l'aire
Ice avroiz, se plus n'en avez.
— Munier, » font il, « ce est assez. »
Li vilains n'ot pas grant cointie :
Il n'ot que soi, cart de maisnie,
Sa fille q'an doit metre avant,
Sa fame, et un petit enfant.
La fille estoit et bele et cointe,
Et li muniers, qu'el ne fust pointe,
En une huche la metoit
Chascune nuit, o el gisoit,
Et l'anfermoit par de desus,
Et li bailloit par un pertuis
La clef, et puis s'aloit cochier.
    A noz clers devons repairier.

La nuit, qant ce vint au soper,
Li muniers lor fait aporter
Pain et lait, et eues, et fromage,
C'est la viande del bochage ;
Aus .II. clers assez en dona.
L'un o la pucele manja,
L'autre o la dame et lo munier.
En l'aitre ot un petit andier,
O il avoit un anelet,
Que l'an oste sovant et met.
Cil q'o la pucele manja
De l'andier l'anelet osta,
Bien l'a et repost et mucié.
La nuit quant il furent cochié,
Li clers de li grant garde prist :
Bien vit que li muniers li fist ;
Con en la huche la bouta,
Et par de desus l'anferma ;
Con il li a la clef bailliée,
Par un pertuis li a lanciée.
Qant il furent aseüré,
Il a son conpaignon bouté :
« Conpainz, » fait il, « je voil aler
A la fille au munier parler,
Qui est en la huche enfermée.
— Viaus tu, » fait cil « faire mellée,
Et estormir ceste maison ?
Verité est, tu ies bricon,
Tost nos en porroit mal venir.
— Je ne voldroie por morir,

Que ne m'en aille à li savoir
S'el me porroit de rien valoir. »
A la huche vient erraumant,
.I. petit grate, et el l'antant :
« Q'est ce, » fait ele, « là defors ?
— C'est celui qui por vostre cors
Est si destroiz et mal bailli,
Se vos n'avez de lui merci,
Jamais nul jor joie n'avra.
C'est celui qui o vos manja,
Qui vos aporte un enel d'or,
Onques n'aüstes tel tresor;
Bien est esprové et saü
Que la pierre en a tel vertu
Que ja fame, tant soit legiere,
Ne tant par ait esté corsiere,
Qui chaste et pucele ne soit,
S'au matin en son doi l'avoit.
Tenez, gel vos en faz presant. »
Errant cele la clef li tant,
Et il desferme errant la huche,
Dedanz se met, ele s'acluche.
Or puent faire lor deduit,
Car ne trovent qui lor anuit.
La fame o munier, ainz lo jor,
Se leva d'enprès son seignor;
Tote nue vait en la cort.
Par de devant lo lit trescort
Au clerc, qui en l'aire gisoit.
Li clerc au trespasser la voit;

Qant il la vit, si l'esgarda,
De son conpaignon li manbra,
Qui en la huche fait ses buens ;
Mout convoite faire les suens.
Pansa que il la decevroit
Au revenir, se il pooit :
Puis repansoit no feroit mie,
Tost en porroit sordre folie.
.I. autre angin li est creüz :
S'anprès est de son lit chaüz,
A l'autre lit s'an va tot droit,
Là o li muniers se gisoit ;
L'anfant à tot lo briez aporte,
Et qant la dame entre en la porte,
Li clers tire à l'anfant l'oroille,
Et l'anfes crie, si s'esvoille.
Cele ala à son lit tot droit,
Qant ele oït o cil estoit ;
Puis est erraument retornée,
Au cri de l'anfant est alée :
Lo briez trove, don s'aseüre,
Puis solieve la coverture,
Dejoste lo clerc s'est cochiée
Et cil l'a estroit enbraciée.
Vers soi l'atrait, formant l'acole,
A son deduit tote l'afole ;
Si sofre tot, si se mervoille.

Et l'autres clers si s'aparoille,
Qant il oït le coc chanter,
Car il cuidoit trop demorer.

De la huche s'an est issuz,
Puis est droit à son lit venuz :
Lo briez trove, si s'esbaïst ;
N'est pas mervoille s'il lo fist.
Il ot peor, et neporqant
.I. petit est alez avant ;
Et qant .II. testes a trovées,
Erraumant les a refusées.
A l'autre lit o se gisoit
Li muniers, s'an va cil tot droit.
Dejoste li s'estoit cochiez,
Ne s'est pas encore esveilliez,
Ne ne s'est mie aparceüz.
« Compainz, » fait li clers, « que fais tu ?
Qui toz jorz se tait rien ne valt,
Or sai je bien, se Deus me salt,
Que j'ai aü boene nuitiée :
Mout est la pucele envoisiée,
La fille à cest nostre munier ;
Mout par si fait mal anvoisier
Et si fait trop bon foutre en huche.
Conpeignon, car va, si t'i muce,
Et si pran do bacon ta part ;
Assez en a jusqu'à la hart ;
Par .VII. foiz l'ai anuit corbée,
Dès or sera boene l'asnée,
El n'a fors l'anel de l'andier ;
Si ai je bien fait mon mestier. »
Qant li muniers entant la bole,
Tantost prant lo clerc par la gole

Et li clers lui, qui s'aparçoit
Tantost lo met en si mal ploit
A po li fait lo cuer crever ;
Et la dame aquialt à boter
L'autre cler, qui o lui gisoit :
« Sire, » fait ele, « ce que doit?
Se viaus, car nos levon tost sus,
Ja s'estranglent cil cler laissus.
— Ne te chaut, » fait il, « lai ester,
Lai les musarz entretuer. »
Il savoit bien, si n'ot pas tort,
Que ses conpainz ere plus fors.
　Qant li muniers pot eschaper,
Tantost cort lo feu alumer ;
Et qant il sa fame aparçoit,
Qui avoc lo clerc se gisoit :
« Or sus, » fait il, « pute provée,
Qui vos a ici amenée ?
Certes, il est de vos tot fait.
— Sire, » fait ele, « autremant vait,
Car se je sui pute provée,
Par engin i fui atornée ;
Mais vos estes larron prové,
Qui en cez clers avez emblé
Lor sac de blé et lor jumant,
Dont vos seroiz levez au vant :
Tot est en vostre granche mis. »
Li dui clerc ont lo vilain pris ;
Tant l'ont folé et debatu
Par po qu'il ne l'ont tot molu,

Puis vont modre à autre molin.
Il orent l'ostel saint Martin,
Et ont tant lor mestier mené
Q'il se sont do mal an gité.

Explicit.

CXX

LA MALE HONTE

[PAR HUGUES DE CAMBRAI]

Paris, Bibl. nat., Mss. fr. 837, fol. 233 r° à 233 v°,
et 12603, fol. 278 r° à 279 r°.

Hues de Cambrai conte et dist,
Qui de ceste oevre rime fist,
Qu'en l'eveschié de Cantorbile
Ot .I. Englès à une vile :
Riches hon estoit à grant force.
La mort qui toute rien efforce
Le prist .I. jor à son ostel.
Partir devoit à son chatel
Li rois qui d'Engleterre ert sire,
C'est la coustume de l'empire.
Li vilains dont je di le conte,
Avoit à non ou païs Honte,
De grant avoir ert assasez;
Mès ainçois qu'il fust deviez,
Parti en .II. pars son avoir.
Ce que li rois en dut avoir
Mist l'en en une seue male.
Cil qui le vis ot taint et pale
Le charja à .I. sien compere,
Sor Dieu et sor l'ame son pere,

Que presenter l'alast au roi,
Que s'ame ne fust en effroi.
   Quant cil fu mors, il ne se targe :
La male prent et si l'encharge,
Dusques à Londres ne s'areste,
Là où li rois tenoit sa feste.
A mout grant paine entre en la sale,
A son col ot pendu la male,
Qui mout estoit grant et velue.
Le roi et ses barons salue :
« Sire, » dist il, « oiez mon conte,
Je vous aport la male Honte ;
La male Honte recevez,
Quar par droit avoir la devez
Par saint Thomas le vrai martir.
Je la vous ai fet si partir,
Que je cuit que vous en aiez
Le plus, or ne vous esmaiez. »
   Li rois s'aïre, si l'esgarde :
« Vilains, » fet il, « li maus feus t'arde,
Et Dieus te doinst mal encombrier,
Ainz que j'aie nul destorbier !
Doner me veus trop vilain mès,
Quant male honte me promès ;
Mar le penssas par saint Climent. ! »
Vuidier li fet isnelement
Le grant palais et la meson,
Et puis doner sa livroison
A .II. serjanz qui tant le batent
Par poi qu'à terre ne l'abatent.

Cil qui estoit pris à la trape,
A mout grant paine s'en eschape;
La male Honte a comparée
Où il avoit mainte denrée,
Maint anel d'or, et mainte afiche.
Et li preudon trés bien s'afiche,
Et dist qu'arriere n'en ira
De si que li rois avera
La male Honte fet reçoivre;
Quar il ne veut mie deçoivre
L'ame son compere frontel,
Qui li charja à son ostel
Sor Dieu et sor son comparage,
Mès toz cels prie mal domage
Qui tant li ont doné de cops,
Que tout li ont froissé les os.
   La nuit se herberge en la vile
Cil qui ne quiert barat ne guile,
Puis s'en vint à cort l'endemain,
Si se commande à saint Germain.
Aus fenestres du palais voit
Le roi, qui entor lui avoit
De chevaliers une grant masse;
Trestoute la cort s'i amasse,
Li vilains hautement parole :
« Rois de Londres et de Nichole,
Fai me escouter, et si m'entent :
La male Honte encor t'atent,
Je ne me vueil de ci movoir,
Si l'avrez fete recevoir.

La male Honte vous remaigne ;
Si la partez à vo compaingne,
Et aus chevaliers de vo table.
— Oiez, » fet li rois, « del deable,
Qu'il ne sera ja chastoiez,
Gardez qu'il soit pris et loiez,
Et bien tenuz qu'il ne s'en aille. »
Uns chevaliers de Cornuaille
Le roi apela maintenant :
« Sire, » fet il, « trop malemant
Fetes demener cel preudomme.
Si n'avez pas oï la somme,
Ne cuide rien vers vous mesdire :
Lessiez li desresnier son dire ;
Se sa reson ne sa parole
Est outrecuidie ne fole,
Qu'il ne sache reson moustrer,
Lessiez li, s'il vous plest, entrer ;
Quar n'affiert pas à roi d'empire,
S'uns fols se mesle de mesdire,
Que por ce soit contralieus ;
Ainz doit estre forment joieus.
Par doner et par apaier
Fetes le vilain essaier ;
S'il set bien sa reson ouvrir,
Et sa parole descouvrir,
Qu'il ait la chose por bien dite,
Si l'en rendez haute merite,
Et li amendez le meffet
Qu'en vostre cort li a l'en fet,

Quar n'a pas chiere de larron. »
Li rois l'otroie et si baron.
   Et cil recommence son conte :
« Sire, » fet il, « la male Honte
Vous aport mout plaine d'avoir :
Si m'en devez bon gré savoir.
A mout grant tort la refusastes
Ersoir quant si vous courouçastes;
La male Honte est grande et lée,
Que je vous ai ci aportée,
Toute soit vostre, biaus douz sire,
Mon compere le m'a fet dire,
Por ce, biaus douz sire, que g'ere
Et son ami et son compere.
Partir fist son avoir par mi,
Vo part vous envoie par mi
En une male qui fu siue;
N'ai mès talent que vo cort siue,
Que tant m'i ont doné de cops,
Que tout m'i ont froissié les os.
Mès toutes voies, sire rois,
Puisque ce est resons et drois,
Je vous rent ci la male Honte,
Et si tenez de l'avoir conte. »
Lors l'a de son col despendue;
Au roi l'a maintenant rendue.
Sa reson li a descouverte,
Et li rois a la male ouverte.
Assez i ot or et argent.
Li rois, voiant toute sa gent,

La male Honte au vilain done,
Et son mautalent li pardone;
Et li vilains dist coiement:
« La male praing je voirement
A tout l'avoir qui est dedenz;
Mais je pri Dieu entre mes denz
Que male Honte vous otroit,
Si fera il se il m'en croit,
Autre que celi que je port,
Quar ledengié m'avez à tort. »
Lors a li vilains reportée
La male Honte en sa contrée;
A mainte gent l'a departie,
Qui en orent mout grant partie.
Sanz la male ot il trop de honte,
Et chascun jor li croist et monte;
Mès ainz que li anz fust passez,
Ot li rois de la honte assez.

Explicit la Male Honte.

CXXI

DE L'ESCUIRUEL

Paris, Bibl. nat., Mss. fr. 837, fol. 333 r° à 334 r°,
et Bibl. de Berne, Mss. 354, fol. 39 v° à 41 r°.

Ci vous vueil conter d'une fame
Qui fu une mout riche dame;
De Roem fu, si con l'en conte
Et bien le nous dit et raconte,
Qu'ele avoit une fille bele
Qui estoit mout gente pucele,
Mout avenant et mout bien fete,
Quar nature l'avoit portrete,
Et si ot mis toute s'entente;
En former si bele jovente
Avoit mis trestoute sa cure.
Ele estoit bele à desmesure,
Son pere et sa mere l'amoient,
A son pooir la chierissoient
Plus que toz lor autres enfanz.
La pucelete avoit .xv. anz;
Sa mere forment le chastie :
Et dist : « Fille, ne soiez mie
Ne trop parlant ne trop nonciere,
Ne de parler trop coustumiere,

Quar à mal puet l'en atorner
Fame quant l'en l'ot trop parler
Autrement que ele ne doit.
Por ce chascune se devroit
Garder de parler folement;
Et une chose vous desfent
Sor toutes autres mout trés bien,
Que ja ne nommez cele rien
Que cil homme portent pendant. »
Icele respont, qui ot tant
Escouté qu'il lui anuiot,
Quant el plus tere ne se pot :
« Mere, » dist ele, « dites moi
Comment il a à non et qoi.
— Tais toi, fille, je ne l'os dire.
— Est ce la rien, qui à mon sire
Entre les jambes li pent, dame ?
— Tesiez, fille, ja nule fame,
S'ele n'est se trop male teche,
Ne doit nommer cele peesche
Qui entre les jambes pendeille
A ces hommes. — Et quel merveille
Est ore de nommer peesche ?
Est ce ore ce dont l'en pesche ?
— Taisiez, fille, vous estes fole;
Ne dites pas cele parole;
Peesche n'a ele pas non.
Ja nous, fames, ne le devon
Nommer en nis une maniere,
Ne au devant, ne au derriere.

— Cele deable pendeloche,
Ma bele mere, est ce donc loche,
Ou plonjon qui se set plongier
Et set noer par le vivier
Et par la fontaine mon pere ?
— Nenil, fille, » ce dist la mere.
« Que est ce dont, dites le moi ?
— Bele fille, dirai le toi ;
Oïl, foi que vous mi devez,
Ja soit ce qu'il soit deveez,
Et que droit et reson le dit,
Je te di bien que ce est vit. »
Quant la pucele ce oï,
Si s'en rist et si s'esjoï :
« Vit, » dist ele, « Dieu merci, vit !
Vit dirai je, cui qu'il anuit,
Vit, chetive ! vit dist mon pere,
Vit dist ma suer, vit dist mon frere,
Et vit dist nostre chamberiere,
Et vit avant et vit arriere
Nomme chascuns à son voloir.
Vous meïsme, mere, por voir,
Dites vit, et je toute lasse
Qu'ai forfet que vit ne nommaisse ?
Vit me doinst Dieus que je n'i faille ! »
Quant la mere ot que se travaille
En vain, et que pas une bille
Ne vaut quanqu'ele dit sa fille,
D'iluec s'en part, vait s'en plorant.
Demanois ez vous acorant

.I. vallet ; Robins avoit non ;
Granz ert et de bele façon,
Quar il ert niez à .I. prior.
De miches ot vescu maint jor,
Et si manoit dedenz la vile ;
De barat sot mout et de guile.
D'un leu secré où il estoit
Ot oï quanques dit avoit
La preude fame à la pucele
Et tout ce que la damoisele
Ot à sa mere respondu.
Grant joie en ot et liez en fu.
Li pautoniers fu granz et gras ;
Si tint sa main desoz ses dras,
Son vit commence à paumoier
Tant qu'il l'avoit fet aroidier.
Puis est venuz à la pucele
Qui tant ert avenanz et bele,
Et dist : « Dieus vous saut, bele amie !
— Ha ! Robert ! Dieus vous beneïe !
Dites moi, se Dieus vous aït,
Que vous tenez ; » et il li dist :
« Dame, ce est .I. escuiruel ;
Volez le vous ? — Oïl, mon vuel,
Aus mains le tenisse je ore !
— Amie, non ferez encore ;
De ce parlez vous ore en vain ;
Mès tendez en ça vostre main
Tout souavet que nel bleciez ;
S'il vous plest, si l'achatissiez. »

La pucele la main li tent,
Et cil tout maintenant la prent :
Se li a mis le vit el poing
Qui de tel mès avoit besoing.
« Robin, » fet ele, « il est tout chaut.
— Douce amie, se Dieus me saut,
Il se leva or de son cruet
Par les membres dont il se muet,
En non Dé, quar il est toz vis.
— Voire, » dit ele, « li chetis !
Comme il tressaut et se remue ! »
Ele avoit la coille veüe :
« Robin, » fet ele, « qu'est ce ici ?
— Bele, » fet il, « ce est son ni.
— Voire, » fet el, « je sent .I. oef.
— Par foi, il le punst or tout nuef.
— En non Dieu ! .I. autre j'en sent.
— Douce amie, que il n'en rent
Nul mois de l'an que .II. ensamble.
— Voire, » fet ele, « ce me samble
Que il n'est de mout bone orine :
A il à nule riens mecine ?
— Oïl voir, aus coes enter
Est bons et aus plaies tenter ;
Et si garist de lent pissier.
— Tant l'ai je, » fet ele, « plus chier.
Robin, amis, que menjue il ?
Menjue il nois ? — Par foi, oïl.
— Ahï ! lasse maleürée !
Tant fis ore ier que forsenée,

Quant j'en menjai tout plain mon poing !
Mout les amaisse à cest besoing :
Si s'en dignast à cest matin !
— Ne t'en chaut, bele, » dist Robin,
« Quar voir il les querra mout bien :
Ja mar vous en chaudra de rien.
— Et où ? — Par foi, en vostre ventre.
— Je ne sai par où il i entre.
— Or ne t'en chaut, quar, par ma foi,
Il en prendra mout bien conroi.
— Par où ? ja n'i entra il onques.
— Par vostre con. — Or l'i met donques;
Si m'aït Dieu, j'en sui mout lie. »
Atant Robins l'a embracie ;
Si la gete soz soi enverse,
Puis li lieve la cote perse,
La chemise et le peliçon :
Son escuiruel li mist el con.
Li vallès ne fu pas vilains :
Il commence à mouvoir des rains ;
De retrere et de bien empaindre
Ne se voloit il mie faindre,
Et cele cui il mout plesoit,
En riant dist : « Que Dieu i soit !
Sire escuiruel, or del cerchier !
Bones nois puissiez vous mengier !
Or cerchiez bien et plus parfont
Jusques iluec où eles sont,
Quar, par la foi que doi ma teste,
Mout a ci savoreuse beste.

Ainz mès tel escuiruel ne vi
Ne de si bon parler n'oï,
Quar il la gent mie ne mort;
Il ne me blece mie fort!
Or del cerchier, biaus amis chiers !
Certes jel vueil mout volentiers. »
 En dementiers qu'ainsi parloit
La pucele, et que cil querroit
Les nois que de riens ne se faint,
Tant a bouté et tant empaint
Que ne sai par quele aventure,
Je ne sai se ce fu nature,
Prist mal au cuer à l'escuiruel :
Si commence à plorer de duel,
Et puis après a escopi,
Et a vouchié et a vomi.
Tant a vouchié le fol, le glout,
Que cele senti le degout
Aval ses nages degouter :
« Esta ! » fet ele, « ne bouter,
Ne ferir, Robin ! ne ferir !
Tu as hurté de tel aïr,
Et tant feru et tant hurté
Que .I. des oes est esquaté :
Ce poise moi, c'est granz domages,
L'aubun m'en cort par mi les nages! »
A cest mot s'est cil levez sus
Qu'il n'i avoit que fere plus.
Joianz s'en va en son afere,
N'a mie failli à bien fere.

Par cest fablel vueil enseignier
Que tels cuide bien chastier
Sa fille de dire folie,
Et quant plus onques le chastie,
Tant le met l'en plus en la voie
De mal fere, se Dieus me voie.

Explicit de l'Escuiruel.

CXXII

LE JUGEMENT

DES CONS

Paris, Bibl. nat., Mss. fr. 837, fol. 171 v° à 172 v°.

Cist fabliaus nous dist et raconte
Qu'il ot jadis, desouz le conte
De Blois, .I. homme qui avoit
.III. filles, dont mout desirroit
Qu'eles venissent à honor.
Eles amoient par amor
.I. bacheler mout bel et gent,
Qui estoit mout de bone gent;
Mès il n'estoit mie mout riches,
Et si n'estoit avers ne chiches.
Toutes .III. lor fet bon samblant,
A chascune avoit couvenant
Que il les prendra à moillier.
Toutes .III. l'orent forment chier :
Or vous dirai de lor afere.
　L'ainsnée ne se pot plus tere,
Ainz dist à sa suer qu'ele amoit
.I. bacheler qui biaus estoit.
L'autre respont : « Qui est il dont?
— C'est Robinès d'outre le pont.

— Lasse ! » dist ele, « mar fui née,
Quant ma suer est ainsi dervée
Qu'ele aime celui qui m'amoit !
— La male passions te loit ! »
Dist la maisnée, « il aime moi. »
Ainsi furent en grand effroi
Trestoutes .III. pour .I. seul homme.
  Estes vous venu le preudomme
Qui peres est aus damoiseles;
Et l'ainsnée des .III. puceles
Vint à son pere isnelement,
Et se li dist cortoisement :
« Peres, je me vueil marier;
Se vous me voleiiez doner
Celui qui lonc tens m'a amée,
Trestoute en seroit honorée
Nostre gent et nostre lingnie.
— Fille, se Dieus me beneïe, »
Dist li peres, « tu as grant tort.
— Voire, ainçois me doinst Dieus la mort! »
Fet cele qu'après li fu née;
« De celui sui .III. tans amée
De qui ele se vante et prise.
— Dont serai je ariere mise ? »
Dist la mainsnée; « bien me vant
Que il m'aime plus durement
Qu'il ne fet nule de vous deus. »
Li peres fu toz merveilleus :
Quant il les oï desresnier,
Forment se prist à coroucier.

Dist li pere : « Ce ne puet estre ;
Ne jugeroit ne clerc ne prestre
C'un homme eüssiez toutes trois ;
Mès ançois que passe li mois,
Me serai de ce conseilliez. »
Celes dient : « Or esploitiez,
Quar nous voudrons par tens savoir
Laquele le devra avoir. »
 Li preudom ala au moustier
Por messe oïr. Au reperier
Encontra son frere germain ;
Si l'avoit saisi par la main,
A conseil le tret d'une part :
« Frere, « fet il, « se Dieus me gart,
Mes freres es, et conseillier
Me dois, se je en ai mestier.
— Voire, » dist cil, « que ce est drois.
— Frere, » fet il, « mout granz desrois
Est avenuz en ma meson :
Mes filles sont en grant tençon ;
Eles aiment .i. bacheler
Trestoutes .iii. sanz demorer ;
Chascune dist qu'ele l'avra. »
Dist lor oncles : « Bien i faudra
Tele qui bien le cuide avoir,
Se puis esploiter par savoir ! »
 Li dui frere s'en vont ensamble
En la meson, si com moi samble,
Où les .iii. puceles estoient
Qui du vallet s'entremetoient ;

Lor oncles les en apela :
« Nieces, » dist il, « or venez ça ;
Si me dites vostre errement. »
Les puceles tout esraument
Sont devant lor oncle venues ;
Ne furent pas tesanz ne mues,
Ainz parlerent mout hautement.
L'ainsnée tout premierement
Li dist qu'ele avoit .i. ami
Bel et cortois et mout joli,
Et si le voudra espouser.
L'autre ne se volt plus celer,
Ainz dit : « Tu mens, voir, je l'avrai,
Quar ainçois de toi l'acointai. »
La mainsnée ne set que dire :
Plaine est de mautalent et d'ire ;
Prent .i. baston à ses .ii. mains,
Sa suer en fiert par mi les rains
Qu'à la terre la fet cheïr.
Lor oncles les va departir :
« Nieces, » dist il, « tenez en pais :
Li jugemenz sera ja fais
Laquele le devra avoir,
Et si avra de mon avoir :
.C. sols de tornois li donrai
Et son ami li liverrai
Cele qui mieus savra respondre
A ce que je voudrai despondre. »
Celes dient communement :
« Nous l'otroions mout bonement ;

Demandez, nous responderons.
— Volentiers, » ce dist li preudons.
　Il apela de ses voisins
.III. des plus mestres eschevins,
Por ce que jugaissent à droit
De ce que chascune diroit.
Primerain demanda l'ainsnée :
« Niece, n'i a mestier celée,
Qui est ainsnez, vous ou vos cons ?
— Oncles, par Dieu et par ses nons,
Mes cons si est en bone foi,
Si m'aït Dieus, ainsnez de moi :
Il a barbe, je n'en ai point.
Se je ai respondu à point,
Si jugiez droit et leauté. »
Li eschevin ont escouté
Ce que la pucele avoit dit.
　Dont vint l'autre sanz contredit ;
Ses oncles la mist à reson :
« Or me dites de vostre con,
S'il est de vous ainsnez, ma niece ?
— Oncles, » dist ele, « de grant piece
Sui je ainsnée que mes cons,
Que j'ai les denz et granz et lons,
Et mes cons n'en a encor nus.
Or ne me contredie nus
Robin, se je le doi avoir. »
　Or ont les .II. dit lor savoir ;
Si apela l'en la mainsnée.
Ses oncles l'a aresonée :

« Niece, » fet il, « or me direz
Se vos cons est de vous ainsnez,
Ou estes ainsnée de lui ?
— Oncles, » dist ele, « por nului
Ne lerai que ne vous le die :
Qui veut, si le tiengne à folie,
Mes cons est plus jones de moi ;
Si vous dirai reson porqoi :
De la mamele sui sevrée,
Mes cons a la goule baée :
Jones est, si veut aletier.
Or m'ose je bien afichier
Que j'ai bone reson trovée.
L'ame de lui soit honorée
Qui jugera ces moz à droit !
— Damoisele, par bon endroit
Tel reson avez respondu.
— Vous avez de trestout vaincu, »
Li eschevin ce li ont dit.
Puis li donent sanz contredit
Celui qui lonc tens l'a amée.
 Or vois querant par la contrée
Se li jugemenz est bien fez ;
Que Dieus vous pardoinst voz meffez
Se vous i savez qu'amander :
Je le vieng à vous demander.

Explicit du Jugement des cons.

CXXIII

DU SEGRETAIN

OU DU MOINE

Paris, Bibl. nat., Mss. fr. 2168, fol. 88 r° à 91 v°.

SEGNOR, je n'ai de mentir cure,
Ançois dirai une aventure
Ki avint si n'a encor gaires.
Uns borgois assés deboinaires
Estoit en une boune vile;
Femme avoit tele qu'en .c. mile
Ne trouvast on si avenant,
Si courtoise ne si vaillant,
Si sage ne si bien aprise;
Volentiers aloit à l'eglise.
Ses maris, qui ert jovenciaus,
Amoit mout et ciens et oisiaus
Et jus de tables et d'eskas;
Il ne despendoit mie à gas,
Ke tos jors voloit cort tenir.
Tant fist qu'il le couvint venir
Maugré sien à sa terre vendre,
Que il n'avoit mais que despendre
Fors que seulement se maison,
Mais ains se mesist en prison

Ne ja fust se maisons vendue.
.I. jor fu la dame venue
Messe oïr à une abeïe,
Querre secors Diu et aïe,
Et je vous di, ce n'est pas gile,
Qu'entre l'abeïe et la vile
Couroit une aige non pas large
Ki ne portoit ne nef ne barge.
   De çou plus conte ne vous quier :
La dame se siet au moustier;
En .I. des angles se fu misse
Con cele qui fu bien aprise;
A jointes mains, à eus plourous,
Fu devant le crois à genous,
Et tint .I. sautier en sa main.
Atant es vous le secretain :
La dame prist à regarder.
Quant il le vit ensi plourer,
Si va vers li tout belement :
« Cil Dius qu fist le firmament
Vous doinst bon jor, ma douce dame !
Mout vauroie savoir par m'ame
Porquoi vous plorrés issi fort.
— A! sire, jou n'en ai pas tort.
Se jou pleure, j'ai mout bien droit :
J'ai un mari ki despendroit
.I. roiame s'il estoit siens;
Tant a fait que nous n'avons riens. »
   Li secretains la vit mout bele;
Au cuer li point une estincele

Ki li fait muer sa coulor.
Or est entrés en cele error
Dont il n'istra pas de legier.
« Dame, » fait il, « por saint Ligier,
Se jou puis vostre amor avoir,
Tant vous donrai de mon avoir
Ke plus i avra de .c. livres.
Saciés que je ne sui pas ivres ;
Quant jou ai en vous m'amor mise.
— Li male mors m'eüst ains prise, »
Fait la dame, « u li male rage
Ke j'eüsse fait cel folage !
Je cuit, vous estes desperés
Ki tel cose me requerrés ;
Et neporquant tant vous dirai
Ce qu'ennuit m'en consellerai. »
Quant l'entendi li secretains,
Vers Diu en tent jointes ses mains
De la joie que il en ot.
Lor parlemens faut à cest mot.
    La dame s'en va en maison ;
Ses maris le met à raison :
« Dame, » fait il, « c'or nous dignons !
— Sire, por Diu et por ses nons,
Entendés ains à ma besoigne :
Le secretains veut que li doingne
M'amor et deviengne s'amie,
Et dist que à ceste foïe
Me donra .c. livres d'estrainne.
— Dame, ceste oeuvre est trop vilainne,

Ne ja n'avenra, se Diu plaist.
— Sire, or ai jou ce que me plaist, »
Fait la dame, « se Dius me gart.
— Dame, or, ouvrons du sens Renart,
Si vous plaist, si arons l'avoir.
Se vous volés m'amor avoir,
Vous irés au mostier demain,
Et si dirés au secretain
Ke tost viengne o vous en maison
Et port deniers à grant fuison,
Ke sa volenté ferés toute,
Et de çou n'aiiés vous ja doute
Ke ja ne vous adesera.
— Sire, si con vous plaist sera,
Mais gardés vous qu'il ne soit mors,
Car ce seroit peciés et tors. »
 Atant ont laiscié lor afaire
Dusqu'au matin que jors esclaire
Ke la dame se fu levée :
Si s'en est au moustier alée
Et bien parée et bien vestue,
Et quant li moinnes l'a veüe,
Si trés grans joie au cuer l'en sort
A bien petit qu'il ne li court
Baisier et les eus et la face ;
Esbahis est, ne set que face
Ke trop li est la presse espesse.
Mout tost a fait canter la messe
Por çou que li siecles s'en aut.
De Diu ne de sains ne li caut,

Mout va tirant son caperon :
A la dame va environ
Comme levriers qui lievre cache,
Et quant il voit vuide la place
Et que la gens s'en fu alée,
Dont a la dame saluée,
Et ele li rent son salu.
Cil mos li a assés valu ;
Grant joie en a en son corage,
Lors li a dit : « Ma dame sage,
Dites que vous ferés de moi.
— Sire, par la foi que vous doi,
Vostre volenté ferai toute.
Venés ent, et si n'aiiés doute,
En maison n'est mie mesire ;
Mais une rien vous veul jou dire,
Et si vous fac bien asavoir,
Ne venés mie sans l'avoir,
Ke vous feriés trés grant folie. »
Et il li dist : « Ma douce amie,
Par mon orde de saint Vincent,
Livres i ara plus de cent. »
Atant lor parlement depart,
Et li moines, cui mout fu tart,
Va par tut le moustier cerkant
Et tous les auteus reversant.
En son sain met quanqu'il i treuve ;
Puis vait à une arce, si l'uevre.
Deniers i eut, et que diroie ?
Toute en enplist une coroie,

Et saciés bien qu'il i a mis
Assés plus qu'il n'avoit pramis.
Atant s'en va, n'i a plus fait,
Et le dame a tout çou retrait
Son segnor que faire couvient :
« Par foi, sire, li moines vient,
Mais une riens vous veul je dire :
Por Diu, gardés vous de l'ocire ! »
Et li borgois ne tarda plus :
En sa canbre entra par un wis
A tout une mace quarrée ;
Le cauche fu et grans et lée ;
Et il se mist en .I. recoi
Entre le lit et le paroi.

Li moines ne fait plus demore :
Venus est en mout petit d'ore,
C'or tant haste de sa besoigne
K'il n'a ne honte ne vergongne.
Quant il a la dame veüe,
Si l'a prise par la main nue,
Et puis li baille la coroie :
« Dame, » fait il, « se Dius me voie,
Plus i a que ne vous ai dit,
Por Diu, alons à vostre lit. »
Atant sont en la canbre mis :
« Dame, je sui li vostre amis. »
Il l'a deseur le coude mise ;
Si li souslieve la cemise...
Tout maintenant li eüst fait,
Quant li borgois saut de l'agait ;

Le mache tint à ses .II. mains,
Et dist : « Par mon cief, secretains,
Venus estes à vostre jor ! »
Li moines saut, se li cort sor,
Si le prent par le cevecaille
Et tel caup sor le col li baille
Ke li borgois cuide estre mors.
Mais il saut, se li est estors,
Ke d'ire et d'angousce fu plains :
Le mache lieve à ses .II. mains,
Tel cop sor le teste li doune
Ke toute esmie la couroune
Se que tous li cerviaus espant :
Li moines por le mort s'estent.
 Quant la dame voit cele cose,
Des eus plore, mais crier n'ose,
Et dit en bas : « Lasse caitive !
Grans peciés est que je sui vive
Et que m'arme remaint u cors
Ke par moi est cis moines mors.
Or serai jou plus que honnie.
— Dame, » dist il, « ne doutés mie,
Ke vous n'en serés ja blasmée ;
Mais or soit la canbre fermée. »
Ensi remest à ceste fois.
 Or oés que fist li borgois :
Il atendi par grant voisdie
Ke la gens fu toute endormie
Et tout couchié par mi la vile.
Lors se pensa d'une grant gile,

Ainc nus hon tele ne trouva :
Le moine enquierque, si s'en va
Tout coiement vers l'abeïe,
Mais le portier n'apela mie.
Venus est as canbres privées
Ki sor l'iaue estoient fermées;
A .I. des pertruis est venus,
En seant met le moine jus,
Puis a pris un torcon de fain,
Et se li a mis en la main ;
Bien l'apoia tout environ,
Puis li vesti son caperon.
Le moine laise en tel maniere,
Puis vint en son ostel ariere,
Et dist : « Dame, soiés en pais
Seür somes, ne plourés mais;
Ce ne puet mais nus hom savoir :
Couchons nous, se ferons savoir. »
Atant se vont coucier ensanble,
Et li secretains, ce me sanle,
Ne se puet muer ne crouler.
Mais le prieus couvint aler
Maugré sien, qui mal ot u ventre :
Tout droit en la privée en entre
U li secretains fu assis.
Li prieus cuide que soit vis :
Si s'est assis à un pertruis.
En grant piece ne se mot puis
Et tenoit .I. cierge en se main ;
S'a couneü le secretain.

Endormis cuide que il soit
Et dist li prieus ce que doit :
« Qui ci dormés en tel maniere,
Tornés en vostre lit arriere! »
Cil ne dist mot ne tant ne quant,
Et li prieus leva boutant,
Un petit le cuide asener.
Cius ciet sor le pié du piler,
Se que la teste vint de sos :
Ains de sa bouce n'isci mos.
Li prieus l'a levé amont,
Et li noit de pecié le front,
Et ne tira ne pié ne main :
« E Dius! j'ai mort le secretain,
Le pecié n'ert ja espani!
Volés vous, corpus Domini,
Biaus dous conpains, parlés à moi! »
Cil ne li dist ne çou ne quoi;
« Dius! con m'a enconbré peciés!
Or sui jou de murdre enteciés.
Ke ferai, las! se c'est seü?
Tout mi conpaignon ont veü
K'ier matin desmenons l'uns l'autre :
Or sui jou ceüs en mal faute,
Ke mais messe ne canterai.
Mais par l'ordre Diu si ferai;
Ançois m'en cuit aidier mout bien :
Or i parra se je sai rien. »
Le moine enquierqua à son col,
Anquenuit trouvera plus fol;

S'a trespassée la riviere,
Sa pensée est en tel maniere
Et dist que il le laisseroit
A l'uis de celi qu'il savoit
Ki est plus bele et plus cortoise.
Et ce fu icele borgoise
Por cui li secretains fu mors.
A cel uis aporta le cors
Tout en estant, et puis s'en torne
Ariere mout dolant et morne.
En l'abeïe en est venus ;
Ens ou lit est couchiés tous nus.
  Et li borgois gist en sa canbre :
Trestout li vont tranlant li menbre,
Li effrois le fait esvellier ;
S'a apelée sa moullier
Et si l'en a à raison mise :
« Dame, bailliés moi ma cemise,
S'irai là hors en mi la rue ;
Ne sai quel cose m'est venue
Au cuer : si m'en irai là hors.
— Sire, Dius me gart vostre cors, »
Fait la dame, « par sa douçour ! »
Cil se lieve qui en esrour
Estoit, si a l'uis deffremé ;
Mais ançois qu'il l'ait desserré,
Li ciet li moines à ses piés :
« Dame, » dist il, « aidiés, aidiés! »
  Quant la dame oï son mari,
Cele part vint à cuer mari

Et dist : « Sire, avés vous essoine ?
— Oie, dame, vesci le moine :
A peu ne m'a jeté du sens.
Si m'aït Dius, je cuit et pens
K'il est venus ses deniers querre,
Mais s'il estoit ficiés en terre,
Je cuit qu'il n'en istroit jamais ;
Autrement n'arons nous ja pais.
Aidiés moi, si le porterai ;
Je sai bien où je l'en fourai. »
Le moine enquerquier si s'en va,
Tant que .I. grant fumier trouva
De porretures et d'estrain :
Iluec metra le secretain.

En ce fumier ot .I. bacon
K'enblé avoient .III. larron ;
Si l'avoient iluec mucié.
Li borgois a tant revercié
K'il est au bacon asenés,
A peu ke il n'est forsenés ;
Bien cuida que diable fust
Ki du sens jeter le deüst.
Tous esbahis fu que ce soit
Quant il vit que bacons estoit.
Hors l'en a trait à grant essoine,
Et puis i enfouï le moine.
Le bacon kerke, si s'en va,
Tant que sa femme retrouva.
Si li dist : « Sire, dous amis,
Porquoi n'est il en terre mis ?

A quoi faire l'aportés vous?
— Dame, par la foi que doi vous,
C'est uns bacons et bons et grans :
Assés en avons à .II. ans. »
 De ces .II. atant vous lairons,
Et vous dirons des .III. larrons
Ki vellent en une taverne
U maleürtés les gouverne.
« Par foi, » fait li uns, « j'ai grant fain,
Et il ert venredis demain
Ke on n'ose de car mengier,
Encor se feroit bon vengier
Au mains d'une grant carbonée :
Nous avons boune car salée. »
Ensi s'acordent li larron
Ke li doi aillent au bacon,
Et li tiers remaigne en estages.
« Taverniers, » fait il, « je sui pleges,
Et cist iront à la vitaille :
Il venront maintenant sans faille. »
Le gré eurent du tavernier ;
Tout droit s'en vont vers le fumier ;
Le bacon coumencent à querre,
Le fumier euvrent et la terre.
Tant cerquierent qu'il asenerent
Au moine, et quant il i trouverent
Le froc, cascuns s'est mervelliés.
Li uns asenne vers les piés ;
Cil desus dist : « De coi redotes? »
Il respont : « Nos bacons a botes,

Et si a bras et mains et ganbes.
— Par les eus Diu, » fait il, tu ganbles.
— A! conpains, ce n'est mie fable,
Nous avons pour bacon diable
Grant et hideus et contrefait.
— Si m'aït Dius, ci a mal plait;
Di moi que nous en pourrons faire.
— Jou te dirai, par saint Ylaire, »
Fait l'autres, « je me veus entendre :
Je m'acorc que nous l'alons pendre
Là ù nous l'enblasmes anuit :
Si en orras demain grant bruit
Ke li vilains en sera pris,
Et puis en la gaiole mis. »
 Ensi s'accordent li larron :
Le moine en portent de randon,
Tant qu'il vinrent à le maison
U orent enblé le bacon.
Ileuc l'ont par le col pendu;
Ensi l'ont au vilain rendu,
Puis s'en tornent vers la taverne
Tout sans candelle et sans lanterne.
Quant lor conpains venir les voit,
Si lor demande ce que doit
K'il n'aportoient carbonées :
« Folie nous as demandées,
Ke li bacons est devenus
Uns moines cauciés et vestus.
— Et qu'en avés vous donques fait?
— Demain en orras autre plait,

Ke nous l'avonmes rependu
De là ù l'aviés despendu. »
    Des .iii. larrons vous ai voir dit.
Mais li vilains gist en son lit,
Et sa femme d'encoste lui :
« Dame, » fait il, « g'irai ancui
A .i. marchié qui est ci près :
Je voi tous mes voisins engrès
De gaegnier de leur preu faire,
Et jou doi bien autretel faire.
— Par foi, sire, vous dites voir,
Mais je vous dirai .i. savoir,
Et, s'il vous plaist, si me querrés ;
Ançois vous desjeünerés.
— Dites donc que je menjerai,
Kar à mains de coust là serai.
— Sire, je vous tieng à bricon :
N'avés vous encore .i. bacon ?
Si en faites bones bricaudes.
— Or sus ! nous les mengerons caudes, »
Fait li vilains, « encore encui. »
Atant se sont levé andui :
La preus femme le fu atise ;
Li vilains a l'esquiele prise.
Il apoia à .i. postel :
Et tint en sa main un coutel
Ke le bacon veut asalir,
Et ne cuide mie falir.
    Quant il a les canbes veües
Ki n'estoient pas trop menues,

Il aperçoit le froc au moine :
« Aïe Dius et saint Antoine !
A ! femme, ce n'est mie fable !
Por no bacon avons diable
Grant et hideus et contrefait !
Par le cuer Diu ci a mal plait ! »
Atant a le hardel trenchié ;
S'a le moine jus trebuchié.
Tant l'a visé, tant l'a veü
S'a le moine reconneü :
« E ! femme, » ce dist li vilains,
« Je cuit que c'est li secretains. »
Quant la femme ot cele novele,
Saciés ne li fu mie bele,
Et dist en bas : « Que ferai, lasse ?
Bien sai, je serai demain arse,
Et vous serés pendus, biaus sire.
Demain porra li siecles dire
K'o moi l'avés trové gisant.
— Femme, ne te va esmaïant,
Ke jou ferai ja tost tel carne
Ke je t'osterai de cest blasme.
Li blans jumens au capelain
Gist là hors atout .I. poulain ;
N'est encore gaires dontés,
Se li moines est sus montés
Bien loiiés à une cordele ;
Et nous avons une viés sele
Ke nous li metrons sus le dos.
— Sire, por Diu, car faites tos,

Car ce me vient mout à plaisir. »
Atant va le poulain saisir ;
Si li a la sele sus mise :
Le moine i loient en tel guise
De ça ne de là ne balance,
Et puis a pris une viés lance :
Se li a desous le bras mise
En tel maniere et en tel guise
Si qu'ele vient trestout à point,
Et .i. escu viés et despoint
Li mist au col et tout destaint.
De l'ostel l'a ensi espaint,
Et li poulains en travers saut
Une eure bas, et autre haut,
Si que nus ne le puet tenir.
Et li jors coumence à venir
Ke la gens lieve par la vile :
Du pule i ot plus de .xx. mile.
Du moine s'esmervellent tuit
Ki ensi vient par si grant bruit :
« Fremés les huis ! fremés ! fremés !
Ci vient uns moines trés armés ! »
Tout le gabent et tout le huent ;
Maint pot et maint torçon li ruent.
  A l'abé conta uns vilains :
« Sire, ci vient li secretains
Cui on va huant comme fol ;
Il a .i. escu à son col
Et porte lance grande et fort :
Il veut mal ne sai cui de mort. »

Et quant li prieus l'oï dire,
Si dist qu'il vient por lui ocire,
« Mais ci ne l'atendrai je mie. »
Atant se fiert en l'abeïe,
Derier le grant autel se muce ;
De son caperon fait aumuce,
A genous et à jointes mains.
Et saciés que li secretains
Fu encor sor le palefroi.
Mais por le noise et por l'effroi
Ke la jent aloient menant
S'en va vers le moustier bruant,
Mais si basse i estoit l'entrée
Si comme i vient de randonée,
Fiert la teste à lintel desus :
Ronpent cordes, et il ciet jus
Trestous envers, janbes ouvertes.
Adonc ceurent li moine acertes,
Se se metent tout environ.
Sanglant treuvent le caperon
Et lui assés plus froit de glace :
Or n'i a nul ki duel ne face.
Quant il virent que il est mors,
Li abes enfoï le cors,
Mais,ançois qu'il fust enterrés,
Fu assés plains et regretés.

 Ensi nus raconte cis livres
Que li borgois ot les .c. livres
Et le bacon en son demoine.
Ici faut li *Fablaus du Moine*.

CXXIV

DE LA DAME QUI FIST
ENTENDANT SON MARI QU'IL SONJOIT
[PAR GARIN]

Bibl. de Berne, Mss. 354, fol. 90 v° à 93 r°.

Puisque Garins l'a entrepris,
N'est droiz que il en ait mal pris
A nus de son tans .I. petit.
Or oez que cist livres dit :
.I. borjois fu preuz et hardiz,
Sages et en faiz et en diz,
De boenes teches entechiez.
Delez sa fame fu couchiez,
.I. joesdi à soir en son lit,
A grant joie et à grant delit,
Qui bele estoit à grant mervoille.
Cil s'endormi, et ele voille
Qui atandoit autre avanture.
Atant ez vos grant aleüre,
O fust à tort ou à raison,
Son ami anz en la maison
Qui fu entrez par la fenestre.
Comme cil qui bien savoit l'estre,
So vant au lit, si se deschauce,
Ainz n'i laissa solers ne chauce,

Braies ne cote ne chemise.
La dame ce fu ademise,
Qant lo sant vers lui, s'est tornée.
Son mari fist la bestornée
Qui se dormoit, si s'an esloigne,
Et cil fist de li sa besoigne
Qui fu venus novelemant.
Après ce, l'estoire n'en mant,
Tant fu la dame o son ami,
En son lit se sont endormi.
Tuit .iii. botent à une tire
Que nus nes bote ne detire.
  Li preudom s'esveilla premiers ;
Si con il estoit costumiers,
Devers sa fame se torna :
Par devers li son braz gita,
Si sant la teste d'autre part
De celui qui ot en li part.
Bien set que c'est uns hom toz nuz,
Mais n'est par por son bien venuz :
Don sailli sus par grant effors.
Li borjois fu et granz et forz :
Celui qui lez sa fame jut
Saisi, que foïr ne li nut.
Qant pris se sant, formant li grieve :
Li borjois à son col le lieve
Qui n'estoit de rien ses amis ;
En une grant cuve l'a mis
Qui estoit as piez de son lit.
Iluec n'avra point de delit,

Se l'an set por coi il avint.
Li borjois en son lit revint ;
Mais la dame estoit sus levée,
Li borjois l'an a amenée
A la cuve o cil estoit seus.
Si l'a saisit par les cheveus ;
Sa fame apele, si li dit :
« Or ça, » fait il, « sanz contredit,
Prenez lo moi et saisisiez
Par les chevoux et nel laissiez,
Por rien qu'il vos doie grever.
G'irai la chandoile alumer :
Si conoistrai ce marigaut. »
A icest mot, la dame saut ;
Son ami par les chevous prist,
Se pesa li que tant mesfist
Qu'ele lo fist contre son cuer.
Et li borjois dist : « Bele suer,
Gardez bien qu'il ne vous eschat :
N'en porroiez avoir rachat
Que vos n'i morissiez à honte. »
Atant s'en va, n'i fait plus conte,
Au feu alumer la chandoile.
La dame son ami apele :
« Or tost, » fait ele, « levez vos,
Ne ne soiez pas peoros,
Ne de cuer mauvais ne failliz. »
Cil est de la cuve sailliz ;
Tantost se vest et aparoille.
Or oroiz sà une mervoille

Conme fame set decevoir
Et dire mançonje por voir.
.I. veel ot en la maison
Qui fut loiez à un baston
Et estachiez à la cordele :
Une jenice fu mout bele.
La dame vient, si la desnoe,
Puis l'a saisie par la coe,
Et ses amis devers la teste :
En la cuve ruient la beste
Qui estoit en mi la maison.
Li vallez va à garison :
Onques puis la nuit ne revint,
Et la dame lo veel tint
A la coe par le mileu ;
Et li borjois sofloit au feu
Que mout aluma à grant poine.
Tant s'i esforce et tant s'i poinne
Que la chandoile est alumée.
Plorant descent por la fumée ;
S'est tant hastez que tot droit vient
A la cuve o la dame tient
Lo veel; si li prist à dire :
« Tiens lo tu bien ? — Oïl, biau sire ;
Et je aport, » fait il, « m'espée
Don avra la teste copée. »
Lors vint à la dame, et regarde
Lo veel que la dame garde.
Qant il lo vit, tost s'esbahi :
« Haï ! » fait il, « haï ! haï !

Fame, tant sez malavanture,
Soz ciel n'a nule criature ;
Ne deïssiez por verité,
Tost l'aüstes or tresgité,
Vostre lecheor, par ma teste?
Je ne mis pas ci ceste beste.
— Sire, » fait ele, « si feïstes,
Ainz autre chose n'i meïstes ;
No dites mais, ce seroit faus.
— Vos mantez come desloiaus, »
Fait il, « mout maus jorz vos ajorne ! »
A cest mot la dame s'en torne,
Qant ele entandi la raison ;
Tot droit à une autre maison
S'an vait à son ami gesir
Tot belemant et à loisir
Qu'ele amoit mout et tenoit chier.
Et li borjois s'ala cochier :
S'est tant iriez ne set que face.
Et la dame tant se porchace
Con ele lo puist decevoir
Et la grace de lui avoir.
Lors apele une soe amie,
Et li dist : « Sor, ne vos poist mie,
Mais alez deci que lo jor :
Cochiez vos avoc mon seignor,
Et je vos paierai de main
.V. saus toz saus en vostre main,
Car c'il delez lui vos santoit,
Ja de moi ne s'apercevroit,

Ainz cuideroit que je ce fusse
Qui avocque lui me jeüsse :
Mout dot lo blasme de la jant. »
Cele qui covoite l'argent,
Li dist tantost que ele iroit,
Mais ne voloit en nul endroit
Qu'i la foutist ne feïst honte :
« Ja ne tenez de ce nul conte, »
Fait la dame, « ce ne peut estre ! »
   Atant cele qui bien sot l'estre
En est en la maison venue ;
Si se despoille tote nue,
Si s'est lez lo borjois cochiée,
Mais je dot qui ne l'an meschiée,
Car li borjois s'est esveilliez
Qui n'est trop las ne trop veilliez
Forz sol de coroz et d'anui ;
Et qant il sant cele lez lui,
Sa fame cuide avoir trovée :
« Qu'est ce, » fait il, « pute provée,
Estes vos revenue ci ?
Se je or ai de vos merci,
Don sui je bien honiz en terre. »
N'ala pas loin .I. baston querre
Q'à son chevez en avoit deus ;
Cele saisi par les cheveus
Qu' ele avoit mout blondès et sors ;
Ensi luisanz comme fins ors
Lo chief sa fame resenbloit.
Cele qui de peor tranbloit

N'ose crier, mais mout s'esmaie,
Et li borjois granz cous li paie
D'une part et d'autre por voir,
Que morte la cuida avoir.
Qant de li batre fut lassez,
Ne l'an fu pas encor assez;
Son cotel prist isnelemant,
Si a juré son sairement
Tote la honira do cors :
Si li cope les treces hors,
Si con il pot près de la teste.
Cele s'an fuit, plus n'i areste,
Qui est venue à mal repox;
Son peliçon giete en son dox,
Fuiant s'en vait comme chetive.
 A la borjoise fort estrive,
Qant en la maison fu venue;
Si conte la desconvenue
Que ses maris li avoit faite :
Tote l'eschine li a fraite;
Ne gaaignerai mais .I. pain
Que sor li n'a ne braz ne main
Ne soit brisié à son avis.
Les lermes li covrent lo vis
Et de ses treces a tel duel
Qu'ele vousist mourir som voil,
Ç'à un costel li ot copées
Et desor son coisin botées.
 Qant cele ot bien trestot conté,
Et la borjoise ot escoté,

Si la conforte à son pooir,
Et dit que ele ira por voir
Sa cote querre et sa chemise.
Tantost s'est à la voie mise ;
Si s'est en l'ostel enbatue.
Cil qui la cuide avoir batue,
Se rest cochiez et si s'andort,
Et cele quiert, cerche mout fort
Tant qu'ele a ses treces trovées
Qui au chevez erent botées.
Adonc les prant tot belemant.
Donc quiert et cerche coiemant :
La cote trove et la chemise
Don il ne s'estoit garde prise.
Tot prant et estoie mout bien ;
Lors se porpanse d'un engien
Et d'un barat, la traïtesse :
En la maison ot une anesse
Qui se gisoit en mi la cort.
La borjoise cele part cort
Qui ne vost pas estre encorpée ;
Si li a la coe copée.
Qant ot ce fait, mout puis s'an torne ;
De li cochier mout tost s'atorne,
La coe a soz lo coisin mise,
Puis si despoille sa chemise ;
Lez son mari se bote et coche
Qui se dormoit con une coche ;
Si sonjoit, je dirai tot oltre,
Qu'i voloit une asnesse foutre,

Et el regiboit contre lui,
Si que li faisoit grant anui;
Del pié la feri en l'oroille :
De cest cop li borjois s'esvoille.
Ja estoit li jorz esclairiez,
Et qant il se fu esveilliez,
Sa fame sant, si la regarde :
« Par foi, tu ies fole musarde, »
Fait il, « qui ci t'ies enbatue.
Ja fus tu si trés bien batue
Que je cuidai, se Deus me voie,
Que jamais n'alasses par voie.
Voir dit qui dist ne fu pas fous :
Fame soferoit plus de cous
Que une asnesse de .II. anz
De mal et de poine .II. tanz.
Or me geïssiez ne porqant,
Ja vos bati je orains tant :
Se trop ne vos dolent les mains,
Et se vos avez les os sains,
Verité savoir en voldroie.
— Je, sire ? por qoi m'en dodroie ? »
Fait cele, « ne quel mal ai gié?
Vos avez mout enuit songié
Et veü merveilles an songe,
Qui me gitez ci tel mançonje
Que vos ne me batites onques. »
Li borjois se coreça donques;
Si li respont par mautalant :
« Or me tenez vos trop à lant

Et à failli et à mauvais,
Qu'ainz si batue ne vi mais
Con fustes orandroites ci ;
Et se Deus me face merci,
Or me sanble ce desverie,
Car des treces n'avez vos mie.
Abastu ai vostre frestel ;
Je les copai à mon cotel
Au mains ensi con il i pert.
Qui fait folie sel conpert :
Comparé avez vostre outraje
Que vos m'avez ci fait domage
Que vos m'avez ci reprochié.
— Vos pardoin je tot lo pechié
Que mes treces avez encore,
Con je cuit que sonjastes ore,
Se trop ne vos dolent les rains
Et se vos avez les os sains,
Que vos me cuidastes ce faire. »
 Li borjois ot honte et contraire :
A la teste li vait tastant ;
Si trove les tresces tenant
Et des chevaus mout grant planté.
Lors cuide bien estre enchanté,
Trespansez est et entrepris :
Par la corne a lo cousin pris,
O la dame ot les treces prises
Qu'i li ot botées et mises.
Si prant la coe de l'anesse
Qu'ele ot botée por la tresse.

Adonc s'espart et esbaïst,
Por .c. livres mot ne deïst ;
D'une grant piece en fu toz mus,
Si duremant fu espardus
Por lo songe dont li sovint
Qu'il ne set conmant il avint,
Se l'estoire ne vos an mant,
Qu'il cuida par enchantemant
Fust avenue ceste chose,
Et la dame lo blasme et chose,
Et dit que, se Deus la secore,
Grant honte li avoit mis sore,
Car el n'a soin de puterie,
Ce fu mauvaise lecherie,
Et si li dit mais tel outraje
Tost i avra honte et domage.
Cil li prie qu'el li pardoint ;
Merci li crie et les mains joint :
« Dame, » fait il, « se Deus m'aït,
Je voz cuidoie sanz dedit
Avoir honie à tous jorz mais
Et vos treces copées près,
Mais or voi bien que sont mançonje :
Ainz mais ne sonjai nul tel songe. »

CXXV

DU PRESTRE

QUI OT MERE A FORCE

Paris, Bibl. nat., Mss. fr. 837, fol. 229 v° à 230 v°,
et 19152, fol. 57 r° à 58 r°.

Icis fabliaus, ce est la voire,
Si nous raconte d'un provoire
Qui avoit une vielle mere
Mout felonesse et mout amere ;
Boçue estoit, laide et hideuse,
Et de toz biens contralieuse.
Toz li mons l'avoit contre cuer,
Le prestres meïsme à nul fuer
Ne vousist por sa desreson
Qu' ele entrast ja en sa meson,
Trop ert parliere et de put estre.
Une bele amie ot le prestre,
Que il vestoit et bien et bel :
Bone cote ot et bon mantel,
S'ot .II. peliçons bons et biaus,
L'un d'escuireus, l'autre d'aigniaus ;
Et s'ot riche toissu d'argent,
Dont assez parloient la gent.

Mais la vielle parole plus
De l'amie au prestre que nus,
Et disoit à son fil meïsme
Que il ne l'amoit pas la disme
Qu'il fet s'amie; il i pert bien
Que li ne veut il doner rien,
Sorcot, ne peliçon, ne cote :
« Tesiez, » fet il, « vous estes sote;
De qoi me fetes vous dangier,
Se du pain avez à mangier,
De mon potage et de mes pois?
Encor est ce tout seur mon pois,
Que vous m'avez fet mainte honte. »
La vielle dist, que rien ne monte :
« Desormès voudrai en avant,
Que vous me tenez par couvant
A grant honor com vostre mere. »
Li prestres respont : « Par saint Pere,
Fetes du pis que vous porrez :
Jamès du mien ne mengerez
Ne ne girrez en ma meson.
— Si ferai voir. — Non ferez. — Non?»
Fet la vielle, « je m'en irai
A l'evesque; se li dirai
Vostre errement et vostre vie,
Com vostre meschine est servie.
— Alez vous en, » ce dist le prestre :
« Trop estes male et de put estre,
Ne venez jamais ceste part. »
Atant la vielle s'en depart

Tout ausi comme forsenée.
Droit à l'evesque en est alée;
Au pié li chiet, et si se claime
De son fil qui gueres ne l'aime,
Ne ne li veut faire nul bien
Ne plus qu'il feroit à .I. chien.
Tout son cuer met à sa meschine :
Il n'a cure d'autre voisine;
Cele a tout à sa volenté.
Et quant la vielle a tout conté
A l'evesque ce qu'ele volt,
Il li respont au premier mot
Qu'il ne se voist mie repondre;
Que il fera son fil semondre,
Qu'il viegne à cort à jor nomé.
Et la vielle l'a encliné :
Si s'en part sanz autre responsse,
Et l'evesque fait sa semonsse
Sor le prestre qu'il viegne à cort,
Que mout le voudra tenir cort;
S'il ne fet reson à sa mere,
Je dout mout qu'il ne le compere.

Li tens s'en vait et li jors vint
Que li evesques ses plais tint;
Mout i ot clers et autres gens,
Et de provoires bien deus cens.
La vielle ne s'est pas tenue :
Droit à l'evesque est revenue,
Et li ramentoit sa besoingne.
L'evesque dit que ne s'esloingne,

Que si tost com son filz vendra
Sache que il le souspendra,
Et li toudra son benefice.
La vielle qui fu fole et nice,
Quant ele ot parler du souspendre,
Cuida c'on deüst son filz pendre,
Puis dist à soi : « Maleürée,
Porqoi me sui à lui clamée ?
Deables furent à mon nestre,
Quant mon chier filz penduz doit estre,
Que je portai dedenz mes flans. »
Toz li est esmeüs li sans ;
Grant piece estut comme esbahie.
Lors s'apenssa, la renoïe,
Qu'à l'evesque fera acroire
C'ert son filz d'un autre provoire.
 Atant uns prestres leanz entre,
Qui mout fu gros par mi le ventre ;
Si ot le col roont et cras.
La vielle dist isnel le pas
A l'evesque, et cria en haut :
« Sire, sire, se Dieus me saut,
Mes filz est cil gros prestres là. »
L'evesque tantost l'apela :
« Venez ça, prestres desvoiez :
Dites moi porcoi renoiez
Vostre mere que je voi ci ;
Se Dieus ait de m'ame merci,
A poi que je ne vous souspent.
La bone fame à vous s'atent,

Qui est mout povre et mout frarine,
Et vous vestez vostre meschine
De bone robe vaire et grise :
Com par est ore bien assise
La rente dont estes saisis ! »
Li prestres fu toz esbahis
De ce que l'evesque li dist :
« Sire, » fet il, « se Dieus m'aït,
Je n'oi mere mout a lonc tens,
Je ne cuit mie, ne ne pens
C'onques ceste vielle veïsse.
Sachiez que pas nel desdeïsse,
Se cuidaisse que fust ma mere.
— Qoi ! » fet l'evesque, « par saint Pere,
Or estes vos trop desloiaus,
Et trop malvais prestres et faus :
Vous estes escommeniez
Quant vostre mere renoiez :
Et souspendus ne puet autre estre. »
Dont ot mout grant paor le prestre :
Quant il ot qu'il ert souspenduz
Mout fu dolenz et esperduz ;
A l'evesque merci cria,
Et dist que son plesir fera.
Dit l'evesques : « Et je l'otroi.
Or prenez vostre palefroi ;
Si metez vostre mere sus,
Et gardez que n'en oie plus
Novele plainte ne clamor,
Mès portez li mout grant honor :

Si la vestez si qu'il i paire. »
    Atant li prestres s'en repaire;
Quant de l'evesque ot le congié,
Tart li est qu'il fust eslongié.
La vielle porte devant soi
Sor le col de son palefroi,
Et maugré sien, ce sai de voir,
Li trovera son estovoir.
Encor n'ot une liue alée,
Quant il, ou fons d'une valée,
Le fil à la vielle encontra.
Cele part son chemin torna,
Des noveles le tint mout cort;
Et cil li dist que à la cort
Devant l'evesque .I. jor avoit.
Don regarde sa mere et voit,
Qui li fet signe c'outre alast,
Et que de rien ne l'aparlast;
Et quant il fu outrepassez,
Li autres prestres dist : « Alez,
Quant vendrez à cort, biau compaing,
Dieus vous doinst autretel gaaing
Com je ai fet ceste vesprée;
L'evesque m'a mere donée :
Ou soit à droit, ou soit à tort,
Ceste vielle hideuse en port,
Si la me covient maintenir. »
Adonc ne se pot plus tenir
Li filz à la vielle de rire.
Lors commença au prestre à dire :

« Se vous vostre mere en portez,
Por ce ne vous desconfortez.
— Mere ! sire, » ce dist le prestre,
« Mere, au deable puist ele estre,
Que ma mere ne fu ele onques ! »
L'autre prestres li dist adonques
De chief en chief sa volenté :
« Qui or vous feroit tel bonté,
Que la vielle por vous preïst
Et la peüst et la vestist,
Tote sa vie l'i trouvast,
Mais que la vielle l'otroiast,
Que li donriez vous, biaus douz sire ? »
Li prestres respont : « Par saint Sire,
Cui hom je sui et chapelains,
S'il estoit ne clers ne vilains,
Qui de son cors me delivrast,
Et la vestit et la chauçast,
Il en avroit .xl. livres.
— Por tant en serez vous delivres, »
Fet il, « se vos les me bailliez,
N'aiez garde que i failliez. »
Fet cil : « Se la vielle l'otroie. »
Fet la vieille : « Se Dieus me voie,
Je l'otrie mout bonement. »
Lors a cil fet le paiement
Et les deniers creante à rendre.
Or puet plus asseür despendre
Li filz à la vielle sanz faille
Que cil toz les deniers li baille

Si s'en acuite com loiaus.
A cest mot fenist cis fabliaus
Que nous avons en rime mis
Por conter devant noz amis.

Explicit du Prestre qui ot mere à force.

CXXVI

DE LA GRUE

[PAR GARIN]

Paris, Bibl. nat., Mss. fr. 837, fol. 188 r° à 189 r°;
1593, fol. 152 r° à 153 r° et 19152, fol. 56 v° à
57 r°; Bibl. de Berne, Mss. 354, fol. 41 r° à 42 r°.

Ès or, que que j'aie targié,
Puisqu'il m'a esté enchargié,
Voudré je un fabliau ja fere
Dom la matiere oï retrere
A Vercelai devant les changes.
Cil ne sert mie de losenges
Qui la m'a racontée et dite ;
Ele en est et brieve et petite,
Mais or oie qui oïr vialt.
 Ce dit GARINS, qui dire sialt,
Que jadis fu .I. chastelains
Qui ne fu ne fous ne vilains,
Ainz ert cortois et bien apris.
Une fille avoit de haut pris
Qui estoit bele à desmesure,
Mès li chastelains n'avoit cure
Qu'en la veïst se petit non,
Ne que à li parlast nus hon.
Tant l'avoit chiere et tant l'amoit
Que en une tor l'enfermoit :

N'avoit o li que sa norrice
Qui n'estoit ne fole ne nice,
Ainz ert mout sage et mout savoit.
La pucele gardée avoit;
Mout l'avoit bien endotrinée.
 .I. jor par une matinée,
Vost la norice aparellier
A la damoisele à mengier.
Si li failli une escuelle.
Tost maintenant s'en corut cele
A lor ostel qui n'est pas loing
Querre ce dont avoit besoing;
L'uis de la tour overt laissa.
Atant .I. vaslet trespassa
Par devant la tor, qui portoit
Une grue que prise avoit :
Si la tenoit en sa main destre.
La pucele ert à la fenestre,
A l'esgarder hors se deporte.
Le vaslet qui la grue porte
Apela; si li dist : « Biaus frere,
Or me di, par l'arme ton pere,
Quel oisel est ce que tu tiens ?
— Dame, par toz les sains d'Orliens,
C'est une grue grant et bele.
— En non Dieu, » fet la damoisele,
« Ele est mout granz et parcreüe,
Ainz tele mès ne fu veüe :
Je l'achetasse ja de toi.
— Dame, » fet li vaslez, « par foi,

S'il vos plest, je la vos vendré.
— Or di donc que je t'en donré?
— Dame, por .I. foutre, soit vostre.
— Foi que doi saint Pere l'apostre,
Je n'ai nul foutre por changier ;
Ja ne t'en feïsse dangier :
Se l'eüsse, se Dieus me voie,
Tantost fust ja la grue moie.
— Dame, » fait il, « ice est gas,
Ice ne querroie je pas
Que de foutre à plenté n'aiez ;
Mès fetes tost, si me paiez. »
El jure, se Dieus li aït,
C'onques encor foutre ne vit :
« Vaslez, » fet ele, « vien à mont ;
Si quier et aval et amont,
Soz bans, soz lit, par tout querras,
Savoir se foutre i troveras. »
Li vaslez fu assez cortois,
En la tor monta demenois ;
Sanblant fet de querre par tot :
« Dame, » fet il, « je me redot
Qu'il ne soit soz vostre pelice. »
Cele qui fu et sote et nice
Li dist : « Vaslez, vien si, i garde ! »
Et li vaslez plus ne s'i tarde :
La damoisele a enbraciée
Qui de la grue estoit mout liée.
Sor lou lit l'a cochiée et mise,
Puis li solieve la chemise ;

Les james li leva en haut.
Au con trover mie ne faut,
Lo vit i bote roidement :
« Vaslez, tu quiers trop durement, »
Fet la pucele qui sospire.
Li vaslez commença à rire
Qui est espris de la besoingne :
« Drois est, » fet il, « que je vos doingne
Ma grue, soit vostre tot quite.
— Tu as bone parole dite, »
Fet la meschine, « ore t'en torne. »
 Cil la laissa pensive et morne ;
Si s'en issi de la tor fors,
Et la norice i entra lors.
Si a aparceü la grue ;
Toz li sans li fremist et mue.
Lors a parlé tost et isnel :
« Qui aporta ci cest oisel ?
Damoisele, dites lou moi.
— Je l'achetai or par ma foi ;
Je l'ai d'un vaslet achetée
Qui çaienz la m'a aportée.
— Qui donastes ? — .I. foutre, dame,
Il n'en ot plus de moi, par m'ame
— .I. foutre ! lasse, dolerouse ;
Or sui je trop maleürouse,
Quant je vos ai leissiée sole !
.C. dahaiz ait mauvese gole
Quant onques mengé en ma vie
Or ai ge bien mort deservie,

Et je l'avré, ge cuit, par tens. »
Par pou n'est issue do sens
La norrice, et chiet jus pasmée.
Quant se relieve, s'a plumée
La grue et bien aparelliée;
Ja n'i avra, ce dit, ailliée,
Ainz en voudra mengier au poivre.
Sovent ai oï amentoivre
Et dire et conter en main leu :
Li domages qui bout au feu
Vaut miaus que cil qui ne fet aise.
Qui que soit bel ne qui desplaise,
La grue atorne bien et bel,
Puis si reva querre .i. cotel
Dom ele vialt ovrir la grue.
Et la meschine est revenue
A la fenestre regarder ;
Si vit lou valet trespasser
Qui mout est liez de s'aventure,
Et la damoisele à droiture
Li dist : « Vaslez, venez tost ça,
Ma norrice se correça
De ce que mon foutre en portastes
Et vostre grue me laissastes.
Par amor venez lou moi rendre ;
Ne devez pas vers moi mesprendre ;
Venés, si fetes pès à moi.
— Ma damoisele, je l'otroi, »
Fet li vaslès. Lors monte sus ;
La damoisele giete jus

Et entre les janbes li entre :
Si li en bat lou foutre el ventre.
Quant ot fet, tantost s'en ala,
Mès la grue pas n'i laissa ;
Ainz l'en a avec soi portée.
Et la norice est retornée
Qui la grue vialt enhaster :
« Dame, ne vos estuet haster, »
Fet la meschine, « qui l'en porte,
Qui s'en est issuz par la porte,
Desfoutue m'a, jel vous di. »
Quant la norice l'entendi,
Lors se debat, lors se devore,
Et dit : « Que maudite soit l'ore
Que je onques de vos fui garde !
Trop en ai fet mauvese garde,
Quant si avez esté foutue,
Et si n'ai mie de la grue ;
Je meïsmes li ai fet leu :
La male garde pest lo leu. »

CXXVII

DE LA VIELLE

QUI OINT LA PALME AU CHEVALIER

Paris, Bibl. nat., Mss. fr. 2173, fol. 97 r° à 97 v°,
et Bibl. de Berne, Mss. 354, fol. 111 v°
à 112 r°.

D'une vielle vos voil conter
Une fable por deliter :
.II. vaches ot, se truis o livre.
Là o ele prenoit son vivre
.I. jor furent ensanble alées.
Si les a li prevos trovées ;
Mener les fait en sa maison.
Qant la fame sot la raison,
Alée i est sans plus atandre ;
Proie li que li fasse randre.
Assez proie, mais ne li vaut
Que au felon prevost ne chaut
De qanqu'ele dit ne li veille :
« Par ma foi, » dist il, « bele vielle,
Ainz avroiz paié cest escot
Des granz deniers muisiz el pot ! »
La boene fame atant s'en torne,
Tristre et marrie, à chiere morne.
Hersan encontre, sa voisine,
Si li a conté sa convine.

Ersant .1. chevalier li nome,
Q'ele voist parler à aut home;
Biau parolt, si soit saje et cointe,
Se la paume li avoit ointe,
Ses vaches li feroit avoir
Trestotes quites sanz avoir.
   La bone fame a quis del lart
Qui n'i antant barat ne art :
Au chevalier en vint tot droit,
Qui devant sa maison estoit.
Li chevaliers ot mis ses mains
Par avanture sor ses rains;
La fame par darriere vait :
Lo lart par la paume li trait.
Qant cil sant sa paume lardée,
Si a la vieille resgardée :
« Bone fame, que fais tu ci ?
— Sire, por amor, Deu merci,
Si me fu dit c'à vos venisse
Et que la paume vos oinssisse,
Et se je ce faire pooie,
Mes vaches tout quites ravroie.
— Cele co t'anseigna à faire
Entandi tot à autre afaire;
Mais ja por ce riens n'i perdras :
Tes vaches quites raveras.
Si t'abandon lo pré et l'erbe. »
   L'avanture de cest proverbe
Retrai por riches homes hautz,
Qui plus sont desloiaus et faus;

Lor san et lor parole vandent,
A nule droiture n'entandent,
Chacuns à prandre s'abandone :
Povres n'a droit, se il ne done.

CXXVIII

DE CONNEBERT

[PAR GAUTIER]

Bibl. de Berne, Mss. 354, fol. 156 v° à 159 r°.

GAUTIERS qui fist del *Preste taint*
Tant a alé qu'il a ataint
D'une autre prestre la matiere
Qui n'ot mie la coille antiere,
Qant il s'an parti de celui
Qui li ot fait honte et enui.
Ensin con i poez entandre,
Se vos un po volez aprandre,
Je vos dirai trestot briémant
La fin et lo conmancemant,
Conme li prestres fu senez
Et en après don il fu nez,
Lo nom de lui et de la dame
Par qui il reçut si grant dame
Qu'il en porta lo vit sanz coille
Tote baiene et tote doille
C'on vint meïsmes à tranchier
A un mout boen rasor d'acier;
Mais il lo fist mout à enviz,
Car mout en enpira ses viz.

Li prestes ot à non Richarz
Qui mout estoit fous et musarz,
Et si fu nez de Cocelestre,
Et il et trestot son encestre.
En la vile chantant estoit
O il lonc tans chanté avoit.
Grant avoir i avoit conquis
Et en avoit au mains tant pris,
Don il perdoit les donans cous,
Car maint prodome avoit fait cous.
Por ce qu'il ert de haute gent,
S'avoit assez or et argent ;
Si estoit mout noble et mout cointe ;
De mainte dame estoit acointe.
La fame d'un fevre ot amée
Qui mout ert par lui renomée
Por ce qu'ele ert et bele et blanche
Et de mout cortoise sanblance.
Formant l'avoit li prestres chiere,
Car mout l'amoit de grant meniere.
La dame avoit à non Mahalt
Et li prodons ot non Tiebaut.
Tiebauz estoit de bone gent,
En la contrée ot maint parant ;
A aus se plaint tot en apert
De ce qe ainsi enor pert
Por lo preste qui tant nel dote
Que sovant à son huis ne bote
Et qu'il ne vieigne en sa maison
Par mout vilaine desraison.

Si en voldroit vanjance prandre,
S'il li pooit nule foiz prandre,
« Et se j'avoie vostre effort,
Vostre aïde et vostre confort.
— Don, » respondirent tot de plain
Cil qui erent coisin germain,
« Amis, tot delaissiez ester :
Vos n'i poez rien conquester
De si tresfaite ovre entremetre :
Ne la doit nus hom avant metre.
Chastoiez vo fame la fole
Qui tot vos destruit et afole :
N'irons oan por li à Rome,
Ainz remandron come prodome. »
Cil respondi par mautalant :
« Je ai de l'ocirre talant,
Mais trové vos ai à l'essai ;
Vos estes cous, que bien lo sai.
Li prestes toz nos desenore :
Tel i a son anfant enore.
Mout m'an sui bien aperceüz ;
Honis nos a et deceüz ;
Mais cil n'est pas cortois ne frans
Qui set que il est cous sofranz ;
Puisqu'il lo set et il lo sofre,
L'an lo devroit ardoir en sofre
Trestote la premiere foie,
Li part lo fiel desor lo foie.
Je l'ai sofert, ce poise mi,
Ce entandent bien mi ami ;

Mais je m'an cuide bien vangier. »
Ainz que l'an doie vandangier,
Cil vent bien que il avoit dit
De Deu soit li prestes maudit,
Et si i ot assez de ceus
Qui s'an tornerent tuit honteus.
 Ensi li parlemanz depart,
Et il s'an vont de tote part,
Et cil arriere s'an retorne
Iriez, dolanz, pansis et morne.
Li prodons .1. sergent avoit
Qui son afaire bien savoit;
D'une part à consoil lo trait,
Si li conte tot et retrait :
« Biaus dolz frere, biaus doz amis,
Vos m'aviez pieça promis
Que vos feroiez mon voloir
Trestot selonc vostre pooir.
Je vos dirai un po d'afaire
Que moi et vos covient à faire.
En vos, ce sachez, me voil croire;
Je me voil vangier del prevoire
Qui me fait mout grant descordance;
Je ai en vos mout grant fiance.
— Je l'ocirré, se vos volez,
Et vos seroiz toz jors delez. »
Et cil respont : « Je n'ai envie
Qu'i perde ja par moi la vie,
Mais se gel puis ceianz tenir
Ne à l'aler ne au venir,

Je li voldrai coper les cous,
Par cui je sui Elnol et cous.
Por Deu, amis, or en pansez
Si q'an façois mes volantez. »
Li vallez dit : « Ainz la jornée
Sera ceste chose eschivée,
Se vos i volez poine metre
Et de lui gaitier entremetre. »
Ce laissierent à cele foiz ;
Mais ils se plevirent lor foiz
Que c'il tainent lo chapelain,
Il lo metront en mal pelain.
. . . .
Or entandez conmant avint :
   .I. poi ançois la mienuit
Avoit cil qui mout ert recuit
Une forje desus la voie
Que nus n'i passe qu'il ne voie.
En sont endui venu ensanble ;
Li vilains les charbons asanble,
Puis sofra tant qu'il fu espris.
As tenailles a un fer pris ;
Tant lo chauffa que il escume,
Après lo coucha sor l'anclume,
Si ferirent tot à bandon
Plus de .c. foiz en un randon.
Qant li prestes ot et antant,
Plus n'i areste ni atant ;
Isnelemant do lit se lieve
Que nule chose ne li grieve,

Qant de la dame li remanbre.
Dont li fremissent tuit li manbre,
Li viz li conmance à drecier
Qui mout fait la chose coitier.
Vers la maison celui c'est mis
Qui n'estoit mie ses amis.
Qant là dedanz en est venuz,
Si se despoille trestoz nuz,
Si s'est couchié dedanz lo lit.
A grant joie et à grant delit
La dame en ses braz lo reçut.
Et li vilains s'an aparçut
Qui tote nuit l'avoit gaitié
Et atandu et soaidié.
Si a dit à son vallet : « Oste !
Je cuit que nos avons .I. oste;
Ne sai se il est despoilliez.
Or doint Deus qu'il soit escoilliez,
Que male honte li aveigne,
Ençois que arriers s'an revaigne :
Si fera il se onques puis. »
A icest mot a ouvert l'uis;
Si ont lo fer tot coi laissié,
Venu i sont tuit eslaissié.
Li vilains ala vers sa fame,
Et li prestes ert sus la dame
Qu'il la tenoit en tel enguisse
Que par un po qu'i ne l'escuisse.
Qant li orlages fu cheüz
Et Conneberz fu repeüz,

Don li prestes ot ses debiaus
Et ses deduiz et ses aviaus,
La dame baisa en la boche,
Puis li a dit : « Amie doce,
Don n'estes vos trestote voie? »
Ele respont : « Se Deus me voie,
Vostre est mes cuers, vostre est mes cors
Et par dedanz et par defors ;
Mais li cus si est mon mari,
Cui j'ai fait mainte foiz marri.
— Dame, » fait cil, « li cus soit suens
Et toz li autres cors soit miens,
Mais je lo li batrai sovant :
Ce li met je bien en covant.
Il est bien droiz que je lo hace
Por lo vilain qui me menace. »
A cest mot ez vos ataingnant
Et son seignor et son sergent.
Lo preste ont hors du lit sachié
Et si n'i ont gaires tancié,
Et li ont tant batu lo dos
C'onques li boens vilains Mados
Qe le tenoit por Curoïn
Ne feri tant sor Baudoïn
Qant il traist Drian de la fosse
Qui tant est orible et enosse.
Qant il l'ont battu et fautré
De la coroie d'un baudré,
Li lient amedos les poinz
Si qu'il les tint ensanble joinz,

Puis li lacerent en la gorje :
Si lo menerent vers la forje.
Cil lor crie merci et dit :
« Seignor, » fait il, « qui preste ocit,
Il ne puet mie preste vandre.
Se vos me laissiez à reanbre,
Je vos donrai bien ..II^c. livres :
Si les avroiz demain delivres. »
Dist li vilains : « De vostre avoir
Ne quier je ja denier avoir ;
Mais vo coille qui maintes foiz
Me bat mon cul sor mon defoiz
En avra ja mal guerredon,
Se Deus me face voir pardon. »
A cez paroles l'a aers
Et par lo vit et par les ners
O li coillon erent pandant.
Si l'an menerent tot tandant
A l'ostel joste la fornaise,
Don fu li prestes en malaise,
Et cil par la coille lo prant,
Cil qui nul secors n'i atant,
Car li vallez li dist par ire
Conmant que l'evesque s'aïre :
« En charité, danz prestes fous,
Vos i lairois les cous endous,
Se vos i faites cri ne noise,
Ja n'i querré baston ne boise
Que je orandroit ne vos fire
Por la cervele desconfire

De cest martel o mes .ii. mains.
Des cous perdre soiez certains,
Car vos n'en poez eschaper. »
Don li va la coille enhaper
Que il avoit au cul pandue.
Sor l'estoc li a estandue :
Si a feru .v. clos par mi,
Les .iiii. entor et l'un par mi ;
Mais li graindres est par dedanz.
Li prestes rechingne les danz,
Et cil dient endui ensanble :
« Sire prestes, que vos en sanble ?
Adonc n'est or li cus vangiez,
Qui si a esté laidangiez ? »
Puis a un rasor desploié,
Si l'a sor l'anclume apoié.
Après li font les mains delivres :
Il ne fust si liez por .c. livres.
Don dist li prodom : « Par mes iauz,
Ma forje est mout povre et vialz,
Il n'a pajor de si qu'an Tarse.
Je voldroie qu'ele fust arse !
Se li hernois estoit ostez,
Ja i seroit li feus botez. »
Li vallez qui mout estoit fors
En a lo hernois gitié fors.
Qant il ot osté les costiaus,
Les tenailles et les martiaus,
Don mistrent lo feu en la raime.
Se li prestes tant sa coille aime,

Qu'il ne la cope ne ne tranche,
Ne l'avra que la mort ne sante ;
Car, se la grant flame l'ataint,
Ja avra lou viaire taint ;
Des chevous sera desevrez
Et les sorcis avra brunlez.
Qant voit que li feus lo sorprant,
Enz en sa main lo rasor prant ;
Sa coille cope par tel haste
Q'on en poïst faire .I. grant haste
De ce qu'il en laissa arriere,
Car il em prist en tel meniere
Qu'il i laissa les .II. coillons
Autresi granz con .II. roignons.
La pel est si grant et si rosse
Q'an en poïst faire une borsse.

 Qant li prestes fu esgenez,
Lors dit que de male ore est nez,
Et li vallez qui fu au prone,
Li a gietée une ranpone :
« Sire, ma dame vos esgarde ;
Ses cus n'a de vos coilles garde ;
Vos li avez treves donées.
Or sont remeses les pognées :
Vos ne batroiz jamais crepon,
Ainz manroiz vie de chapon. »
Li prestes ne sona un mot
De ce que cil lo laidanjot,
Qui malemant est atirez ;
Il est batuz et detirez.

Si estoit brullez conme pors,
S'avoit perdu tous ses deporz
Por la coille don il n'a mie.
Puis li covint mander .1. mire
Qui lo sena mout longuemant
Par la force d'un oignemant.
Qant li termes fu trespassez,
Qu'il fu gariz et respassez,
Si s'an ala clamer à cort;
Mais il n'i ot ne lonc ne cort
Qu'il ne deïst trestot à hait.
Si lor aïst Deus, bien a fait,
Car fussient or si atorné
Tuit li preste de mere né
Qui sacremant de mariage
Tornent à honte et à putage !
Ainz cil n'en ot autre droiture.
 Ensin define l'avanture
Et si est veritez provée ;
Puis i fu la coille trovée
Sor les charbons mout bien rostie ;
Plus ne fu en son cul santie ;
Ençois la pristrent dui mastin
Qui la mangierent sanz conmin.

CXXIX

DE LA VIELLETE

ou

DE LA VIELLE TRUANDE

Paris, Bibl. nat., Mss. fr. 375, fol. 295 v° à 296 r°
et 344 r° à 344 v°; 837, fol. 212 r° à 213 r°, et
2168, fol. 239 r° à 240 v°.

Es fables fait on les fabliaus,
Et des notes les sons noviaus,
Et des materes les canchons,
Et des dras, cauces et cauchons.
Por çou vous voel dire et conter;
D'un fabelet vous voel conter
D'une fable que jou oï,
Dont au dire mout m'esjoï.
Or le vous ai torné en rime
Tout sans batel et tot sans lime.
Si ne le vous voel plus celer.
Dire vous voel d'un baceler
Qui cevauchoit par mi .I. bois
Là où cueilloit sovent du bois
Li bacelers dont je vous conte.
S'il fust fius de roi u de conte,
S'estoit il biaus à desmesure;
Çou n'estoit ne rois ne mesure,
Car trop ert biaus outréement.
Se li fabliaus ne vous en ment,

Biaus estoit et cortois et sages.
A .1. chevalier ert messages
Qui bien estoit du païs nés,
Et cius fu si endoctrinés
Et si cortois et si sachans
Et de paroles si trenchans
Que nus n'i peüst entremaure :
Proec qu'il vausist sa lange esmaure,
Il ne doutast. II. avocas;
Mais par tans ert et mus et quas
Et si mas et si abaubis
Qu'il ne sara ne blanc ne bis.
   Il cevauchoit par une lande,
Et troeve une vielle truande
Qui s'asorelle à .1. buisson
Par dedevant une maison.
Illoeques recousoit ses piaus,
Son mantelet et ses drapiaus
Qui n'estoient mie tot noef,
Ains ot veü maint an renoef
Du premier drap, i ot le mains.
Ele ne pot tenir as mains
Escuele ne drap ne piece
Que tot n'i akeuse et assiece ;
En .vc. dés n'a tant de poins
Con ele ja de dras porpoins.
Là s'asorelle et esgohele ;
Son pochon ot et s'escuele,
Son sakelet et ses mindokes.
   .I. ongement ot fait de dokes

De viés argent et de viés oint
Dont son visage et ses mains oint
Por le solel qu'il ne l'escaude ;
Mais ce n'estoit mie bele Aude,
Ains estoit laide et contrefaite.
Mais encor s'adoube et afaite
Por çou k'encore veut siecler.
Quant ele vit le baceler
Venir si trés bel à devise,
Si fu de lui si tost esprise
K'ainc Blanceflor n'Yseus la blonde
Ne nule feme de cest monde
N'ama onques si tost nului
Com ele fist tantost celui.
« Dieus vous saut ! » fait il, « boine fame !
Veïstes vous hui passer ame ?
— Naie certes, mes enfes dous :
Que pleüst Diu k'entre nos dous
Jeüssons ore bras à bras !
Si fesissiemes nos soulas.
— Soulas ! » fait il, « por les sains Diu,
Porriés vous donc soffrir men giu ?
— Certes, » fait ele, « jou ne sai,
Mais or en soions à l'assai :
Se jou nes puis soffrir, si perge !
— Li maufés, » fait il, « vous aerge,
Ançois que jou puis tel ju faire !
De vos soulas n'ai jou que faire.
— Non, » fait ele, « me douce vite,
Je sui plus poissans et plus simple

Que jou ne perce par dehors ;
Si ai bien savereus le cors
Et deduisans ma douce geule,
Et je sui ci trestoute seule ;
Si avomes ci mout biau liu.
Descendés, dous amis, par Diu ;
Si me baisiés et acolés
Et faites plus, se vous volés.
— Baisier ? » fait il, « vieille pusnaise,
Volés vous donc que jou vous baise ?
Li .c. diable i soient tout ! »
 Quant cele le voit si estout
K'ele n'i puet merci trover
Por prometre ne por doner,
Lors dist qu'après lui s'en ira,
Ja cele part ne tornera.
Prist s'escuele et son pochon,
Son sakelet et son baston ;
Son drapel prent et si s'en torne,
De courre après celui s'atorne.
Tant le porsiut et tant le cache,
Tant a porsiue sa trace
K'ele le consiut et ataint
Là ù cius son ceval restraint
Qui passer devoit .1. courant ;
Et la vielle vient acourant
Qui d'amors estoit marvoïe :
« Tot, » si fait ele, « n'irés mie ;
Par le mort Diu n'i passerés
S'outre l'iaue ne me portés.

— Li maufés, » fait il, « vous i port,
Vielle pusnaise, et vous raport,
Que ja ne vous i porterai.
— Fius, » fait ele, « jou te portai
Ens en mes flans .ix. mois entiers;
Si te nouri mout volentiers :
Tu es mes fius, por Diu merci;
Ne me laisse pas seule ichi.
— Vos fius! » fait il, « vielle brehaigne!
Li passions ançois vous pregne
Que ja me mere soit si faite,
Si clope ne si contrefaite,
Car me mere est haute borgoise.
— Fius, » fait ele, « com il me poise
Que jou vous voi si desvoiés :
Vo mere sui, bien le saciés;
Mes fius estes tot entresait,
Maugrés que tos li mons en ait.
— Vois, » fait il, « pour le geule Diu,
Sui bien honis à ci boin giu
Quant ceste laide vielle sote
Se fait me mere tot à force!
Près va que jou ne l'escervele. »
Dont se raert cius à sa sele
A çou qu'il cuida monter sus,
Et li vielle le rabat jus,
Et si l'emporte et sace et tire.
    A çou qu'il sont en tel martire
Et qu'ele le tenoit si court,
.I. haus hom repairoit de court

A grant compaignie de gent;
Si vint par là isnelement.
Si s'enbati sor la mellée.
« A il maaille bestornée,
Biaus amis? » fait li castelains;
« Ne soiés pas faus ne vilains ;
Paiiés le feme son argent,
Puis k'ele a fait vostre talent.
— Or resui, » fait il, « bien venus;
Mius ameroie estre pendus
K'eüsse fait tel vilonie! »
Et li truande haut s'escrie :
« Sire, por Diu, faites me droit
De mon enfant, qui ci endroit
Me veut laissier ci à cest port;
Dites li, sire, qu'il m'en port
Par mi cele eve outre cel tai :
C'est mes enfes, jou le portai.
— Ha! » fait li sires, « dous amis,
Qui vous a en si fait sens mis
Que vous laissiés ci vostre mere?
Car l'en portés outre, biau frere.
— Sire, » fait il, « vous avés tort
Qui me metés seure la mort,
Que si me laist Dius repairier
A mon ostel sans encombrier,
Que jou ne soie desmembrés,
Ars u pendus u traïnés
Que jou onques mais ne le vi
Ne ne parlai encore à li,

Ne ne sai qu'ele me demande.
Çou est une vielle truande,
Ne jou ne le vi onques mais.
— Sire, pour Diu, laissiéme en pais, »
Fait li sires, « par saint Vincent,
Savoie ore certainement
Que la truande me mentist,
Et que ne vous apartenist
Il le vous convenoit ja foutre.
Je duc ore avoir dit tot outre. »
Quant la truande ot le haut home :
« Sire, par saint Piere de Rome,
Il ne m'apartient ne jou lui
N'onques mais jor ne le connui
Fors hui cest jor qu'il me jura
Sor sains que il m'espousera.
— Ahï ! » fait il, « vielle sorciere,
Li passions ançois vous fiere ! »
Fait li sires : « Or n'i a tour :
Foi que jou doi saint Sauveour,
Puis qu'ele ne vous apartient,
Tantost foutre le vous convient. »
Adonc ot li vallès grant ire,
Ne sot que faire ne que dire :
« Sire, » fait il, « pour Diu merci,
Vous m'averiés enfin honi
Et grant desloiauté feroie,
Sire, se ma mere foutoie ! »
Li sires l'ot, si en a ris ;
Fait il : « Foi que doi saint Denis,

Ainc mais ne vi sifaites gens.
Vallès, dis tu voir ou tu mens?
— Sire, » fait il, « çou est ma mere.
— Or, n'i a tour c'un seul, biau frere :
Outre l'iaue le porterés,
U, voiant tous, le fouterés.
— Sire, voir se li porterai,
Que ja voir ne le fouterai. »
Dont prist le vielle entre ses bras;
Si l'en porta enesle pas;
Desor son archon par devant
L'emporta outre le courant
Et en la fin tant le mena
Li vielle, si c'on me conta,
C'ançois que il de li escape,
Covint qu'il li donast se cape ;
Si le baisa tot maugré suen.
Quant de tant en ot fait son buen,
Si fu des gens grans la risée.
« Or l'as baisie et acolée, »
Fait li castelains, « biaus amis. »
Et cius s'en va tous desconfis
Cui li vielle a tant pormené
K'ele l'envoia deffublé.

Por çou vous di en la parfin :
Teus cuide avoir le cuer mout fin
Et mout repoint, n'est pas mençoigne,
Qui set mout peu à le besoigne.

Explicit de le Viellete.

CXXX

DO MAIGNIEN

QUI FOTI LA DAME

Paris, Bibl. nat., Mss. fr. 1593, fol. 148 v°;
Bibl. de Berne, Mss. 354, fol. 115 r° à 116 r°.

OR escoutez, laissiez moi dire,
Je vos dirai une matire
Que je ai volantiers aprise.
.I. bachelers ot fame prise,
Qui riches ert et aaisiez.
Qant il ce fu o lit cochiez,
Ne sai par .II. nuiz o par trois,
La dame qui vost tenir frois
Son cors, comande à faire .I. bain.
La chanberiere sanz desdain
Lo fist qant el l'ot comandé,
Et quant lo bain ot apresté,
Et la dame dedanz entrer
Et donc n'i volst plus arester.
La maison fu voide de gens
Qu'i n'avoit que aux .II. loianz,
Por ce qu'il n'i ot qu'eles deus.
Une formete à .III. quepeus

Avoit la baiasse aportée,
Et la dame est desus montée
Qui tote despoilliée fu.
Li quepou erent vermolu
Et sor aux remest tot lo fais ;
Li quepou qui erent mauvais
Peçoient et la dame chiet :
Desor une dove s'asiet
Si qne mout en sant grant achiée ;
Mout durement ce sant bleciée.
Sa meschinete i est alée,
Qant cele l'avoit apelée ;
Et la dame li dist : « Amie,
Mout sui bleciée, Deus maudie
Celui qui ceste sele fist ! »
Et la pucele après li dist :
« Dame, » fait ele, « li maus feus
L'arde ! » La dame li dist : « Leus,
Car garde s'il ne m'i pert point. »
La dame par devant s'esjoint,
Si s'est as estepons tornée.
Cele n'ert mie acostumée
Que par derriere veïst on.
Dame, li foie et li pormon
Par lo mien esciant là chiet.
Desor une dove s'assiet :
« Coment, » fait ele, « part il plaie ?
— Oïl, » fait ele, et mout s'esmaie,
« Qui est fandue demi pié.
— Lasse, » fait ele, « don sui gié,

Se je n'en ai mout tot aïe?
Por amor Deu, ma doce amie,
Alez, si me querrez .1. mire :
Ja cele rien ne savra dire
Que je ne li doigne del mien. »
   Atant oïrent un maingnien
Qui son mestier aloit criant,
Et la pucele maintenant
Vient à l'uis, lo meignien apele,
Qui portoit une viez paele.
Tantost en la maison entra,
Et la dame li demanda
Se il savoit point de mecine :
« Dame, j'ai encor tel racine
Qui vos garroit, n'en dotez rien. »
La dame li dist : « Por combien?
— Por .xx. et .vi. sous de mansois;
N'en prandroie mie estanpois,
Et sachiez que bien vos garrai.
— Mais .xx. sous prenez sanz delai,
Et jel vous fera ja baillier. »
Ainz ne se vost cil traveillier
Ne estre del conter en poine.
Maintenant par la main l'an moine,
Si l'a cochiée sor un lit.
Li pautoniers qui ont gros vit
La fot mout viguerosemant.
Après li demande commant
Li estoit ; et cele dit : « Bien;
Se vos avez eü del mien,

Je nel tien mie or à perdu. »
Li pautoniers qui aitiez fu
Recomance tot sanz demore,
Et sachiez que en petit d'ore
La foutit .iii. fois près à près.
« Dame, » fait il, « desoremais
M'an porrai je or bien aler ;
Je ne voil ci plus demorer,
Car vos estes tote garie.
— Biaus amis, d'une autre foïe, »
Fait la dame, « me fust mout bien.
— Par mon chief, je n'en ferai rien, »
Fait il, « or avriez vos tort :
Mout est fous qui à fame mort
Costume n'à petit enfant ;
Je n'en donroie ja autant
De mon oignement por .x. livres.
Li hon est top musarz et ivres,
Qui à fame fait nul marchié :
Je m'an vois à vostre congié. »
La dame à poine li otroie ;
Atant c'est cil mis à la voie.

Par cest example vos deffant
Que se nus de vos fame prant,
Vos lo devez mout bien savoir :
Ne faites pas votre pooir
D'à li gesir au premierain,
Que quant vanroit au darrien
Por fol vos porriez tenir :
Si ne le porroiez fornir,

Ce que avreiez comancié
Ele avroit mout tost porchacié
Qui li feroit autant o plus,
Et por ce nel doit panser nus.

Ci finit do Maignien.

CXXXI

LI SOHAIZ DESVEZ

[PAR JEAN BEDEL]

Bibl. de Berne, Mss. 354, fol. 100 v° à 102 v°.

D'une avanture que je sai
Que j'oï conter à Douai
Vos conterai briémant la some,
Q'avint d'une fame et d'un home,
Ne sai pas de chascun lo non.
Prodefame ert, et il prodon ;
Mais tant vos os bien afichier
Que li uns ot l'autre mout chier.
.I. jor ot li prodom afaire
Fors do païs ; en son afaire
Fu bien .III. mois fors de la terre
Por sa marcheandise querre.
Sa besoigne si bien li vint
Que liez et joiauz s'an revint
A Douai, .I. joudi anuit.
Ne cuidiez pas que il anuit
Sa fame, qant ele lo voit :
Tel joie, con ele devoit,
En a fait con de son seignor :
Ainz mais n'en ot joie graignor.

Qant l'ot acolé et baisié,
.I. siege bas et aaisié
Por lui aaisier li apreste,
Et la viande refu preste.
Si mangierent qant bon lor fu,
Sor un coisin, delez lo fu
Qui ardoit cler et sans fumiere.
Mout i ot clarté et lumiere;
.II. mès orent, char et poissons,
Et vin d'Aucerre et de Soissons,
Blanche nape, saine viande.
De servir fu la dame engrande :
Son seignor donoit dou plus bel
Et lo vin à chascun morsel
Por ce que plus li atalant.
Mout ot la dame bon talant
De lui faire auques de ses bons,
Car elle i ratandoit les suens
Et sa bien venue à avoir;
Mais de ce ne fist pas savoir
Que del vin l'a si enpressé
Que li vins li a confessé,
Et qant vint au cochier el lit,
Qu'il oblia l'autre delit,
Mais sa fame bien en sovint
Qui delez lui cochier se vint;
N'atandi pas qu'i la semoigne,
Tote iert preste de la besoigne.
Cil n'ot cure de sa moillier,
Qui lo joer et lo veillier

Soufrist bien encor une piece.
Ne cuidiez pas la dame siece,
Qant son seignor endormi trove :
« Ha ! » fait ele, « con or se prove
Au fuer de vilain puant ort,
Qu'il deüst veillier, et il dort !
Mout me torne or à grant anui :
.II. mois à que je avoc lui
Ne jiu, ne il avoques mi.
Or l'ont li deiable endormi,
A cui je l'otroi sanz deffance. »
Ne dit mie quanqu' ele panse
La dame, ains revoise et repont,
Car sa pansée la semont ;
Mais ne l'esvoille ne ne bote
Qu'i la tenist sanpres à glote.
Par cele raison s'est ostée
Del voloir et de la pansée
Que la dame avoit envers lui :
S'andort par ire et par anuit.
El dormi, vos di sanz mançonge,
Que la dame sonja un songe
Qu'ele ert à un marchié annel,
Ainz n'oïstes parler de tel,
Ainz n'i ot estal ne bojon
Ne n'i ot loge ne maison,
Changes, ne tables, ne repair
O l'an vandist ne gris ne vair,
Toile de lin, ne drax de laine,
Ne alun, ne bresil, ne graine,

Ne autre avoir, ce li ert vis,
Fors solemant coilles o viz;
Mais de cez i ot sanz raisons.
Plaines estoeynt les maisons
Et les chanbres et li solier
Et tot jorz venoient coler
Chargiez de viz de totes parz
Et à charretes et à charz.
Ja soit ce c'assez en i vient,
N'estoient mie por noiant,
Ainz vandoit bien chascun lo suen;
Por .xxx. saus l'avoit en buen,
Et por .xx. saus et bel et gent,
Et si ot viz à povre gent;
.I. petit avoit en deduit
De .x. saus et de .ix. et d'uit.
A detail vendent et en gros;
Li meillor erent li plus gros,
Li plus chier et li miauz gardé.
La dame a par tot resgardé,
Tant s'est traveilliée et penée
C'à un estal est asenée
Que ele en vit .I. gros et lonc.
Si s'est apoiée selonc;
Gros fu darriere et gros par tot,
Lo musel ot gros et estot.
Se lo voir dire vos en voil,
L'an li poïst giter en l'oil
Une cerise de plain vol,
N'arestast, si venist au fol

De la coille que il ot tele
Con lo paleron d'une pele
C'onques nus hom tele ne vit.
La dame bargigna lo vit :
A celui demanda lo fuer :
« Se vos estoiez or, ma suer,
N'i donroiez mains de .II. mars :
Li viz n'est povres ne eschars,
Ainz est li miaudres de Laranie,
Et si a coille loreanie
Qui bien a fait auan d'ouvrage,
Prenez lou, si feroiz que saje, »
Fait cil, « demantres qu'an vos proie.
— Amis, que vaudroit longue broie ?
Se vos i cuidiez estre saus,
Vos en avroiz .L. saus ;
Jamais n'en avroiz tant nu leu,
Et si donrai lo denier Deu,
Que Deus m'an doint joie certaine.
—Vos l'avroiz, » fait il «por l'estraine
Que vers vos ne me voil tenir,
Et tot ce m'an puist avenir
Qu'à l'essaier m'an orerez ;
Je cuit q'ancor por moi direz
Mainte oreison et mainte salme. »
Et la dame hauce la paume ;
Si l'a si duremant esmée,
Qant cuide ferir la paumee,
Son seignor fert, mout bien l'asene
De la paume delez la caine

Que li .v. doiz i sont escrit.
La paume li fremie et frit
Del manton deci q'en l'oroille ;
Et cil s'esbaïst, si s'esvoille,
Et en son esveillier tressaut,
Et la dame s'esveille et saut
Qui encor se dormist son voil,
Car la joie li torne à duel !
La joie en veillant li esloigne
Don ele estoit dame parçonge :
Por ce dormist son voil encor.
« Suer, » fait il, « car me dites or
Que vos songiez à cel cop,
Que vous me donastes tel cop ?
Dormiez o veilliez donques ?
— Sire, je ne vos feri onques, »
Fait cele, « nel dites jamais,
Tot par amor et tot en pais.
— Par la foi que devez mon cors
Me dites que vos sambla lors,
Ne lo laissiez por nule rien. »
Tot maintenant, ce sachiez bien,
Conmança la dame son conte,
Et mout volantiers li reconte
O volantiers o à enviz
Conmant ele sonja les viz,
Conmant erent mauvais et buen,
Conment ele acheta lo suen
Lo plus gros et lo plus plenier
.L. saus et un denier.

« Sire, » fait ele, « ensin avint;
Lo marchié palmoier covint,
Qant cuidai ferir en la main,
Vostre joie feri de plain;
Si fis conme fame endormie.
Por Deu ne vos coreciez mie,
Que se je ai folie faite,
Et je m'an rant vers vos mesfaite,
Si vos en pri merci de cuer.
— Par ma foi, » fait il, « bele suer,
Je vos pardoin, et Deus si face! »
Puis l'acole estroit et enbrace,
Et li baise la boche tandre;
Et li viz li conmance à tandre
Que cele l'eschaufe et enchante.
Et cil en la paume li plante
Lo vit. Qant .I. po fu finez :
« Suer, » fait il, « foi que me devez,
Ne se Deus d'anor vos reveste,
Que vausist cestui à la feste
Que vos tenez en vostre main?
— Sire, se je voie demain,
Qui de teus en aüst plain cofre,
N'i trovast qui i meïst ofre
Ne qui donast gote d'argent;
Mès li vit à la povre gent
Estoient tel que uns toz seus
En vaudroit largemant ces deus
Teus con il est; or eswardez
Que là ne fust ja regardez

Ne demandez près ne de loin.
— Suer, » fait il, « de ce n'ai je soin,
Mais pran cestui et lai toz çaus
Tant que tu puisses faire miaus. »
Et ele si fist, ce me sanble ;
La nuit furent mout bien ensanble,
Mais de ce lo tieng à estot
Que l' andemain lo dist par tot,
Tant que lo sot Jehanz Bediaus,
.I. rimoieres de fabliaus,
Et por ce qu'il li sanbla boens,
Si l'asenbla avoc les suens :
Por ce que plus n'i fist alonge,
Fenist la dame ci son conte.

Ci fenist li Sohaiz.

CXXXII

LE POVRE CLERC

Bibl. de Berne, Mss. 354, fol. 162 v° à 164 v°.

Ge ne vol pas faire lonc conte :
Cist fabliaux nos dit et raconte
Que à Paris ot demoré
.I. clers tant que par povreté
Li covint la ville alaissier
Et qu'il n'ot mais que engagier
Ne que vandre, don rien aüst.
Trés bien vit que pas ne poüst
En la vile plus demorer,
Car mauvais fust lo sejorner.
Puisqu'il ne s'an saüst o prandre,
Miauz valt il laissier son aprandre.
A la voie s'est li clers mis,
Et si s'an va en son païs
Con cil qui en ot grant talant,
Mais n'ot o soi gote d'argent ;
Si en est mout desconfortez.
Cel jor en est li clers alez :
Onques ne but ne ne manja.
En une vile qu'il trova

S'an est chés .1. vilain entrez ;
N'i a fors la dame trové
Et la beasse solemant.
Mout fu de fier contenemant
La dame, ce li fu avis.
L'ostel li a li clers requis
Par charité et par amor :
« Danz clers, » fait ele, « mon seignor
N'est mie ceianz orandroit,
Et je cuit qu'il me blasmeroit
Se je avoie herbergié
Vos ne autrui san son congié. »
Lors dist li clers une parole :
« Dame, » fait il, « je vien d'escole ;
Si ai hui alé mout à toise :
Mais or faites conme cortoise,
Si me herbergiez sanz plus dire. »
Ele l'esquialt à escondire
Plus qu'ele n'avoit fait devant.
    Ez vos un vallet tot errant
Qui .II. baris de vin portot ;
La dame au plus tost qu'ele pot
Les bariz reçut et muça.
La baiasse s'apareilla
.I. gastel rasti qu'ele avoit ;
Char de porc qui el pot estoit
A traite et mise en un platel.
« Certes, dame, mout me fust bel, »
Fait li clers, « de remaindre o vos ! »
Et ele dit tot à estrous :

« Danz clers, ne vos voil herbergier;
Alez vos aillors porchacier. »
Atant li clers de li se part,
Et la dame à cui il fu tart
As talons li a l'huis fermé.
Mais il n'a gaires loin alé,
Qant il encontra .I. prevoire
Enbrunchié en sa chape noire
Qui par delez lui s'an passa;
Onques un mot ne li sona·
En la maison s'an est entrez
Là don li clers s'an fu tornez.
    Si con li clers se demantoit
En quel leu ostel troveroit,
.I. prodom l'oï demanter;
Tantost lo prist à apeler :
« Qui estes vos qui là alez ?
— Certes uns clers sui mout lassez,
Car je ne finai hui d'aler
Et si ne puis ostel trover.
— Por Deu et por saint Nicolas,
Danz clers, ne vos esmaiez pas,
Car vos avez ostel trové.
Dites moi, avez vos esté
En ceste maison qui est ci?
— Sire, orandroit que j'an parti,
Je ne vos ai que aprester. »
Lors prant li sires à jurer :
« Or retornez hardiement,
Que, foi que je doi saint Climant,

L'ostel est miens, sel presteré
Et vos et autre que voldré.
Je vieing del molin auramant ;
Si port farine de fromant
Por faire à mes enfanz do pain. »
 Or s'an vont andui main à main,
Araumant vienent à la porte,
Et li prodom qui son fais porte
Apele et crie duremant,
Tantost con li prestes l'antant :
« Lasse, » fait el, « c'est mon seignor ;
A ! sire prestes, par amor
Esploitiez vos tost, si muciez
En cele croiche, et si soiez
Mout aseür, car gel ferai
Cochier au ainz que je porrai. »
Et li prestes sanz demorance
Tantost en la croiche se lance.
Tant a li sires apelé
Qu'ele li a l'uis desfermé ;
Il et li clers sont anz entré.
« Sire clers, or vos desfublez, »
Fait li sires, « et si soiez
Liez et baus et toz envoisiez,
Car j'en seroie mout joios.
— Dame, » fait il, « que faites vos ?
N'aprestez vos que nos manjon ?
— Sire, si aiie ge pardon,
Je ne vos ai que aprester. »
Lors prant li sires à jurer :

« Par les sainz Deu, dites vos voir?
— Certes vos poez bien savoir
Qos i laisastes au matin,
Qant vos alastes au molin.
— Dame, » fait il, « je n'i pans mie,
Si Damedeus me beneïe.
Por solemant cest clerc me tient.
— Sire, » fait ele, « or vos covient
Faire do miauz que vos porez,
Tost est uns mangiers trespassez :
Esploitiez tost! » fait la beasse
Prandre la flor : « et se en passe,
Don tu lor faces à mangier
Del pain, puis s'en aillent cochier. »
Li sires fu mout coreciez;
Lors avoit son clerc araisnié :
« Dan clerc, se Deus me beneïe,
Mainte chose avez ja oïe,
Car nos dites une escriture
O de chançon o d'avanture,
En tant de tans comme l'an cuist
Ce que mangier devons enuit. »
Li clers li respondi briémant :
« Sire, » fait il, « ne sai conmant
Fables deïsse que ne sai,
Mais une peor que g'i ai
Que je ai eü, diré bien,
Car de fablel ne sai je rien ;
La peor je la vos dirai. »
— Et je quite vos clamerai, »

Fait li sires, « por la peor,
Car je sai bien que fableor
N'estes vos mie par nature;
Mais or nos dites l'avanture, »
Fait li, « par amors, » li prodome.
« Sire, » fait li clers, « c'est la some
Que hui par un bois trespassai;
Quant je l'oi passé, si trovai
Après un mout grant flou de pors,
Granz et petis, et noirs et sors,
Mais li pastor pas n'i estoit
Et de mout gras pors i avoit.
Si con je ses pors esgardoie,
Et .1. granz lous aquialt sa voie,
Si en porte tot de randon.
Assez estoit gras par raison,
Bien en fu la char ausi grasse
Conme cele que la beasse
Trait or n'a gaires de son pot. »
Tantost conme la dame l'ot,
Si esperdi tot son espoir :
« Q'est ce, dame, dit li clers voir, »
Fait li sires, « de ce qu'il dit ? »
Cele set bien que escondit
Ne li vausit une maaille :
« Oïl, sire, » fait il, « sanz faille
Je en avoie porchacié.
— Dame, » fait il, « de ce sui lié
Qu'or a viande convenant.
Ore, dan clers, del dire avant

Que enuit non n'avon pas garde ! »
Li clers del dire ne se tarde :
« Sire, » fait il, « si con je vi
Que li lous ot lo porc saisi,
Certes si m'an pesa formant.
Li lous del mangier n'est pas lant,
Ançois lo deront et depiece ;
Je l'esgarde une grant piece
Conme li sans en degoutoit :
Bien autresi vermaus estoit
Conme li vins que li garçon
Aporta en ceste maison
Anuit, quant ostel demandoie. »
La dame ne set qu'ele doie
Dire, tant par est coreciée ;
Lors l'a li sires araisniée :
« Que est ce, dame ? avon nos vin ?
— Oïl, Sire, par saint Martin,
Nos en avon à grant planté :
J'avoie bien de vos pansé
Assez mialz que je ne disoie.
— Dame, » fait il, « se Deus me voie,
Saviez mon ! j'en sui mout liez ;
Por cest clerc qui est herbergiez,
Certes en sui je plus joiant.
Danz clers, dites encor avant.
— Certes, » fait li clers, « volantiers,
Sire : li lous estoit mout fiers ;
Si ne soi que faire deüsse,
Mais esgardé se je poüsse

Trover chose don lo ferisse.
Ne sai que plus vos en deïsse :
Une pierre lée trovai,
Si cuit que pas n'en mentirai
Que li gastiaus qui est ceianz
Que la beasse fist orainz
Est mout plus lez qu'ele n'estoit. »
La dame set, et ot, et voit
Que il n'i a mestier celée.
Lors l'a li sires regardée :
« Qu'est ce, dame ? avon nos gastel ?
— Oïl certes, et boen et bel, »
Fait la dame, « tot à eus fait,
Don amande mout nostre plait.
— La Deu merci, » fait lo seignor ;
« Par foi, dan clers, ceste peor
A esté de boene maniere.
Or poez faire bele chiere,
Car pain, et vin et char avon ;
Si n'en sai gré se à vos non.
Or est vostre peor faillie.
— Non est, se Deus me beneïe,
Ne faudra pas en itel guise ;
Car qant je vi la pierre prise,
Je la cuidai au lou giter,
Et il m'aquialt à esgarder
Tot autresin conme li prestres
Qui m'esgarde dès les fenestres
De cele creche qui est là.
— Prestes ! » li sires s'escria ;

« A il donques preste ceianz? »
Lors sailli en piez ne pot ainz;
Tantost corut lo preste prandre.
Li provoire se volt desfandre;
De mout grant noiant s'antremist,
Et li prodom tantost lo prist.
Si li avoit la robe ostée :
La cote et la chape a donée
Au clerc qui la peor ot dite;
Bien li a randu sa merite,
Et li preste ot assez de honte.
   Cest fabliaus nos dit et raconte
Q'an son respit, dit li vilains,
Que à celui doit l'an del pain
Q'on ne cuide jamais veoir;
Car l'an ne cuide pas savoir
Tel chose qui vient mout sovant.
C'est domage al plus de la jent
Et à la dame tot premiere
Qui au clerc fist si laide chiere
Quant il oustel li demanda;
De quanque il la nuit conta
N'aüst il ja un mot soné,
S'el li aüst l'ostel presté.

CXXXIII

LES .IIII. SOUHAIS

SAINT MARTIN

Paris, Bibl. nat., Mss. fr. 837, fol. 189 r° à 190 r°;
Bibl. de Berne, Mss. 354, fol. 167 v° à 169 r°;
Oxford, Bibl. bodl., Digby 86, fol. 113 r° à 114 r°.

UN vilain ot en Normendie
Dont bien est droiz que je vous die
.I. fablel merveilleus et cointe.
Toz jors avoit il a acointe
Saint Martin, que toz jors nommoit
A ses oevres que il fesoit ;
Ja si liez ne dolenz ne fust
Que saint Martin n'amenteüst ;
Toz jors nommoit il saint Martin.
Li vilains aloit .i. matin
En son labor, si comme il seut ;
Saint Martin oublier ne veut :
« Saint Martin, » dit il, « or avant ! »
Et sains Martins li vint devant :
« Vilains, » fist il, « tu m'as mout chier ;
Ja ne voudras riens commencier
Que toz jors au commencement
Ne me nommes premierement :

FABL. V. 26

Je t'en rendrai ja la deserte.
Lesse ton travail et ta herce,
Si t'en reva tout liement;
Je te di bien tout vraiement,
Ce qu'a .IIII. souhais diras
Saches tu bien que tu l'avras;
Mès garde toi au souhaidier,
Tu n'i avras ja recouvrier ! »
   Li vilains l'en a encliné,
Puis s'en est arriere torné;
En sa maison s'en va toz liez,
Il sera ja bien aresniez.
Sa fame, qui chauce les braies,
Li a dit : « Vilain, mal jor aies !
Por qoi as tu ja lessie oevre
Por le tens qui .I. poi se cuevre;
Il n'ert vespres jusqu'à .II. liues.
Est ce por encressier tes giues ?
Paor avez n'aiez forage;
Onques n'amastes laborage.
Vous fetes mout volentiers feste !
A mal eür aiez vous beste,
Quant vous n'en fetes vostre esploit !
Vous en alastes orendroit :
Tost avez or jornée faite !
— Tais toi, ma suer, ne te deshaite ! »
Dist li vilains, « quar riches sommes;
Dès or nous sont remez noz sommes
Et no travail, je le devin.
Je ai encontré saint Martin :

.IIII. souhais me dona ore ;
Nes ai pas souhaidiez encore
Tant que j'eüsse à toi parlé.
Selonc ce que m'avras loé,
Souhaiderai tout maintenant
Terre, richece, or et argent. »
Quant cele l'oï, si l'acole,
Si s'umelie de parole :
« Sire, » dist ele, « dis tu voir ?
— Oïl bien, le porras savoir.
— Ahi, » fet ele, « douz amis,
Ja ai je en vous tout mon cuer mis
De vous amer, de vous servir.
Or le me devez bien merir :
Je vous demant, se il vous plaist,
Que vous me donez .I. souhait ;
Vostre seront li autre troi,
Et si serez lors bien de moi.
— Tais toi, » dist il, « ma bele suer,
Je ne le feroie à nul fuer,
Que fames ont foles penssées :
Tost demanderiez .III. fusées
De chanvre, de laine ou de lin.
Bien me sovient de saint Martin
Qui me dist que bien me gardaisse,
Et que tel chose souhaidaisse
Qui nous peüst avoir mestier.
Je les voudrai toz souhaidier,
Et sachiez bien que je criembroie,
Se le souhait vous otrioie,

Que tel chose souhaidissiez
Dont moi et vous empirissiez.
Ne connois pas bien voz amors :
Se deïssiez que fusse uns ours,
Ou asnes, ou chievre, ou jument,
Jel seroie tout esraument.
Por ce si redout vostre otroi.
— Sire, » dist ele, « en moie foi,
Je vous afi de mes .II. mains
Que toz jors serez vous vilains.
Ja par moi n'avrez autre forme ;
Ja vous aim je plus que nul homme.
— Bele suer, » dist il, « or l'aiez :
Por Dieu tel chose souhaidiez
Où moi et vous aiommes preu.
— Je demant, » dist ele, « en non Dieu,
Que vous soiez chargiez de vis,
Ne vous remaingnent oeil ne vis,
Teste, ne braz, ne piez, ne coste
Où partout ne soit vit planté.
Si ne soient ne mol ne doille,
Ainz ait à chascun vit sa coille ;
Toz dis soient li vit tendu,
Si samblerez vilain cornu. »
Quant ele ot souhaidié et dit,
Au vilain saillirent li vit ;
Li vit li saillent par le nez
Et par la bouche de delez ;
Si ot vit lonc et vit quarré,
Vit gros, vit cort, vit reboulé,

Vit corbe, vit agu, vit gros;
Sor le vilain n'ot si dur os
Dont vit ne saillent merveillous.
Li vit li saillent des genous ;
Por Dieu or entendez merveilles,
Li vit li saillent des oreilles,
Et par devant en contremont
Li sailli uns grans vis du front,
Et par aval dusques aus piez
Fu li vilains de vis chargiez ;
Mout par fu bien de vis vestuz,
De toutes pars fu bien cornuz.
 Quant li vilains se vit si fait :
« Suer, » dist il, « ci a lait souhait :
Por qoi m'as tu si atorné?
J'amaisse mieus estre mort né
Que seur moi eüsse tant vit :
Onques mès nus hon tant n'en vit.
— Sire, » dist el, « je vous di bien
C'un seul vit ne me valoit rien :
Sempres ert mol comme pelice.
Mès or sui je de vis mout riche,
Et savez encore autre preu,
Que jamès ne serez en leu
Où vous doiez point de paiage.
J'ai esté au souhaidier sage,
Vous ne devez pas estre irous ;
Il a mout bele beste en vous. »
 Dist li preudon : « Ce poise moi;
Je souhaiderai après toi.

Je souhaide, » dist li preudon,
« Que tu aies autrestant con
Con j'ai de vis par deseur moi,
Autrestant con aies seur toi ! »
Adonc fu ele bien connue
Qu'ele ot .II. cons en la veüe;
.IIII. en ot ou front coste à coste,
Et con devant et con d'encoste;
Si ot con de mainte maniere
Et con devant et con derriere,
Con tort, con droit et con chenu,
Et con sanz poil et con velu,
Et con pucel, et con estrait,
Et con estroit, et con bien fait,
Et con petit, et con aorce,
Et con parfont et con seur boce,
Et con au chief, et con aus piez.
Adonques fu li vilains liez :
« Sire, » dist ele, « qu'as tu fait ?
Por qoi m'as doné tel souhait ?
— Je te dirai, » dist li bons hom :
« Je n'avoie preu en .I. con
Puis que tant vit me doniiez.
Bele suer, ne vous esmaiez
Que jamès ne vendroiz par rue
Que vous ne soiez bien connue.
— Sire, » dist el, « or n'i a plus ;
Nous avons .II. souhais perdus :
Souhaidiez que vous vit n'aiez
Ne je con ; ainsi le laiez.

S'en avrez .I. de remanant,
Et si serommes riche gent. »
Et li vilains souhaide et dist
Qu'ele n'ait con ne il n'ait vit.
Donques fu ele mout marie
Quant de son con ne trova mie,
Et li preudon, quant il revit
Que il n'ot mie de son vit,
Refu de l'autre part iriez :
« Sire, » dist ele, « souhaidiez
Le quart souhait qu'encore avon,
Qu'aiez .I. vit et je .I. con ;
Si ert ausi comme devant,
Et si n'avrons perdu noiant.
Et li preudom resouhaida,
Que ne perdi ne gaaingna,
Que son vit li est revenuz,
Et ses souhais a il perduz.
. Par cest fablel poez savoir
Que *cil ne fet mie savoir*
Qui mieus croit sa fame que lui :
Sovent l'en vient honte et anui.

Expliciunt les .IIII. Souhais saint Martin.

CXXXIV

DE LA DAMOISELE QUI SONJOIT

Paris, Bibl. nat., Mss. fr. 837, fol. 178 r° à 178 v°;
Bibl. de Berne, Mss. 354, fol. 112 r° à 112 v°.

UNE damoisele sonjoit
Que uns bachelers qui l'amoit,
Vestuz d'une cote de pers,
Venoit d'entort et de travers
Et avoeques li se couchoit.
Ausi comme en songes estoit,
En va celui en sa meson,
Si c'onques ne li oï on :
Tant quist que il trova son lit.
Gros avoit et quarré le vit
Et mout ert cointes, liez et baut.
Il joinst les piez et fet .I. saut
El lit où ele se dormoit.
Li pautoniers qui vit a roit
La prent, et la corbe, et l'embronche,
Et cele dort toz jors et fronche.
.III. foiz l'a foutue en dormant
Que ne se mut ne tant ne quant ;
Mès après la quarte s'esveille.
Or orrez une grant merveille ;

Les ieus ouvri, si le choisi,
Gete les poins, si le saisi :
« Estez, » fet el, « vous estes pris :
Devant l'evesque de Paris
Vous covient venir droiturier,
Qui vous fist mon parc depecier
Sanz congié, quant je me dormoie?
Si me doinst Dieus que je revoie
Pere ne mere que je aie !
Trop estes de male manaie
Qui si m'avez despucelée :
Je ne serai mès mariée.
Mès or me fetes autrestant,
Quant je veille, comme en dormant,
Quar je ne sai en moie foi
Con vous getez les cops le roi
Là où le mal aus dames tient :
Je dormoie, ne m'en sovient.
Esploitiez tost, je vous donrai
D'une mieue toile que j'ai,
Chemise et braies orendroit.
Male honte Dieus li envoit
Qui ne gaaingne quant il puet !
Fetes tost, quar fere l'estuet.
— Par foi, » fet cil, « ma douce amie,
Je ai bien vo requeste oïe :
Si le ferai, si m'aït Dieus,
Tant que il vous en sera mieus. »
Lors l'avoit prise à la torcoise,
Si le rembronche et si l'entoise ;

Comme laron d'iluec eschape,
Et cil lest corre, si le frape,
Mès ne vaut rien que bien se tient.
« Por nient, » fet ele, « ne vous crient,
Il n'avra garde à ceste empointe,
Se estiiez encor plus cointe
Que vous n'estes de la moitié ;
Por ce que vous estes pingnié,
Et je sui encontre ce blonde.
Por qoi passastes vous l'esponde
Quant je me dormoie en mon lit ?
Cuidiez vous de vostre grand vit
Avoir moi si estoutoïe ?
Je sui encor saine et haitie
Plus que vous au mien escient ;
Se contre vous ne me desfent,
Dont sui je pire que ribaude :
Vous en avrez ja une chaude.
Or fetes tost, si alez jus,
Je revoeil ore aler desus ;
Ce n'est pas, ce m'est avis, honte
Quant homme faut, se fame monte. »
Ainsi torna son songe à bien.
     Autressi face à moi le mien,
Et à ces dames qui ci sont
Les premiers qu'eles troveront
Soit autretel comme cil fu :
Mout lor seroit bien avenu.

Explicit de la Damoisele qui sonjoit.

CXXXV

DEL COUVOITEUS

ET DE L'ENVIEUS

[PAR JEAN DE BOVES]

Bibl. nat., Mss. fr. 19152, fol. 51 v° à 52 r°;
Bibl. de Berne, Mss. 354, fol. 111 r° à 111 v°.

SEIGNOR, après le fabloier,
Me vueil à voir dire apoier,
Qar qui ne sait dire que fables,
N'est mie conterres regnables
Por à haute cort à servir,
S'il ne sait voir dire, ou mentir.
Mais cil qui du mestier est fers,
Doit bien par droit entre .II. vers
Conter de la tierce meüre,
Que ce fu veritez seüre
Que dui compaignon à .I. tans
Furent, bien a passé .C. ans,
Qui menoient mauvaise vie,
Que li uns est si pleins d'envie
Que nul plus de lui à devise,
L'autre si plain de covoitise
Que riens ne li pooit soufire.
Cil ert ainsi malvais ou pire,

Que covoitise si est tieus,
Qu'ele fait maint home honteus :
Covoitise preste à usures
Et fait recouper les mesures
Por covoitier d'avoir plus aise.
Envie si est plus malvaise,
Qu'ele va tot le mont coitant.
 Entre envieus et covoitant
Chevalchoient .1. jor ensamble :
S'aconsivirent, ce me samble,
Saint Martin en une champaigne.
Poi ot esté en lor compaigne,
Qant il les ot espermentez
De lor mauvaises volentez
Qui es cuers lor erent plantées.
Lors truevent .ii. voies hantées ;
Ses despartoit une chapele.
Saint Martin les homes apele
Qui menoient malvais mestier :
« Seignor, » fait il, « à cest mostier
Tornerai mon chemin à destre,
Et de moi vos doit il melz estre.
Ge sui saint Martin le preudon ;
Chascun de vos me ruist .1. don :
Si avra lues qui lui plaira,
Et li autres qui se taira
En avra maintenant .ii. tanz. »
Lors se pensa li covoitanz
Qu'il laira demander celui ;
Si en avra .ii. tanz de lui :

Molt goulouse double gaaing :
« Demande, » fait il, « beaus compaing ;
Seürement que tu avras
Quanque tu demander savras ;
Soies larges de sohaidier :
Se de sohaiz te saiz aidier,
Riches seras tote ta vie. »
Cil qui le cuer ot plain d'envie,
Ne demandera pas son vueil,
Qu'il morroit d'envie et de duel
Se cil en avoit plus de lui.
Ainsinc esturent anbedui
Sanz demander une grant piece :
« Qu'atens tu qui ne t'en meschiece ? »
Fait cil qui avoit couvoitié ;
« G'en avrai tote la moitié
Plus de toi, n'en avrai garant :
Demande, ou ge te batrai tant,
Que mielz ne fu asnes à pont.
— Sire, » li envieus respont,
« Ge demanderai, ce sachiez,
Ençois que vos mal me faciez,
Mais, se ge ruis argent n'avoir,
Vos en vorroiz .II. tanz avoir,
Mais n'en avrez riens, se ge puis.
Saint Martin, » dit il, « ge vos ruis
Que j'aie perdu un des elz,
Et mes compainz en perde deus :
Si sera doublement grevez. »
Tantost ot cil les elz crevez ;

Bien en fu tenuz li otroiz :
De .IIII. elz perdirent les troiz,
N'i conquistrent autre rien nule ;
Ainz fist l'un borgne, l'autre avugle
Sains Martins, et par lor sozhaiz
Cil perdirent. Mal dahez ait
De moie part qui il en poise,
Qu'il furent de male despoise.

Explicit de Covoteus et de l'Envieus.

CXXXVI

DU SEGRETAIN MOINE

Paris, Bibl. nat., Mss. fr. 19152, fol. 36 r° à 39 r°;
Bibl. de Berne, Mss. 354, fol. 136 r° à 143 r°.

D'un moine vos dirai la vie,
Segretain fu de l'abaïe,
Qui enama une borgoise
Qui molt estoit preuz et cortoise ;
Ydoine ot non, et son seignor
Dant Guillaume le changeor.
Ydoine fu bien ensaigniée,
Et cortoise et bien affaitiée,
Et Guillaume sot bien changier :
Molt s'entremist de gaaignier.
Assez estoit preuz et cortois,
N'amoit pas escot de borgois.
Il n'ert mie tavernerez,
Ses osteus estoit beaus et nez :
La huche au pein n'ert pas fermée,
A toz estoit abandonnée.
S'uns lechieres li demandoit
Du sien, volentiers l'en donoit.
Riche gent erent à merveille,
Mais Deable, qui toz tens veille,

S'entremist molt d'aus engignier,
Tant qu'il les fist apovroier.
A Guillaume estut enprunter :
Ne pooit plus change andurer.
A la feste alla à Provins,
Et si enporta .IIII. vins
Livres de bons provevoisiens;
Après s'en revint par Amiens,
Dras achata; si s'en venoit.
Por ce que bon marchié avoit,
Faisoit Guillaume molt grant joie;
Mais larron qui gaitent la voie,
Et le trespas et le chemin,
Venu s'en furent si voisin,
Et il venoit .II. jors après
Por ce que il menoit grant fès.
Mais n'orent pas granment erré,
Quant en la forest sont entré
Iluec où li larron estoient
Qui les marcheanz desroboient.
Quant virent Guillaume venir,
De totes parz le vont saisir ;
Jus le trebuschent du cheval,
Mais ne li firent autre mal,
Fors qu'il li tolent sa corroie ;
Puis ont veü en mi la voie
Son sergant, qui après venoit
Et qui son levrier amenoit.
Li troi larron sore li queurent,
A lor costeaus tot le devorent !

Quant Guillaume le vit morir,
Enprès s'en commence à fuïr :|
Guillaume s'enfuit en Espaigne.
Or n'a il gaires de gaaigne :
Quar, cil qui baillié li avoient
Lor avoir, que ravoir quidoient
Quant i revendroit de la foire,
Dient: « Ci a malvais affaire :|
Qu'avez vos fait de nostre argent?
Rendez le nos delivrement. »
 Guillaume dist à ses voisins :
« Seignor, g'ai encor .III. molins
Molanz farine, muelent tuit;
Or, ne soiez pas iriez tuit,!
Prenez les, en pais me laissiez,
Tant que me soie pourchachiez. »
Et lor livra, et puis s'en vont,
Quar tuit à lor grez paiez sont.
Et il revint avuec sa feme
Qui molt estoit cortoise dame.
Por ce qu'el le vit corrocié,
Belement l'avoit aresnié,
Et dit : « Ydoine, douce amie,
Por Dieu ne vos corrociez mie :
Se Nostre Sire a consentu
Que ge ai mon avoir perdu,
Encor est il là où il sielt;
Bien nos conseillera, s'il velt. »
 Ele respont : « Certes, beaus sire,
Si m'aïst Dieus, ne sai que dire :

Molt me poise de nostre perte
Et molt a fait male deserte
Li sergans qui en est ocis.
Mais moi n'en chalt quant estes vis :
Quar perte puet l'on recovrer,
Mais mort ne puet on restorer. »
   Icele nuit furent ainsi,
Et l'endemain endroit midi
Ala Ydoine à l'abaïe
Proier le filz sainte Marie
De qoi l'iglise estoit fondée.
Une chandoile a alumée
Que Damedieus la conseillast,
Et son seignor gaaignier donast.
Desor l'autel mist sa chandoile;
Des elz, qui resanblent estoile,
Plora et de son cuer soupire
Que s'oroison ne li lut dire.
Li segretains l'a esgardée
Qui longuement l'avoit amée.
Il vint avant et la salue :
« Dame, bien soiez vos venue, »
Dit li moines, « et bien trovée ! »
Cele ne fu pas enpruntée,
Ainz tert ses elz, si li respont :
« Dieus vos gart, sire, et bien vos dont ! »
Puis li a dit, par grant douçor :
« Sire, comment le faites vos?
— Dame, bien, » dist li segretains;
« Ge ne demant ne plus ne mains

De bien avoir, fors qu'avuec moi
Vos tenisse en .I. lit segroi :
Adonques avroie achevé
Ce que lonc tens ai desirré.
Ge sui de çaienz tresorier;
Si vous donrai molt bon loier,
Vos avrez .c. livres du mien :
Si vos en porroiz vivre bien. »
Ydoine ot .c. livres nommer,
Si se commence à porpensser
Savoir s'el les pranroit ou non,
Quar en .c. livres a beau don.
Mais el amoit de grant amor
Dant Guillaume, son bon seignor;
Puis dit à soi meïsme bas :
« Sanz son congié nes pranrai pas. »
Le moine, autre foiz, l'arraisone :
« Dame, » fait il, « par nostre gone,
Ge ai de vos molt grant pitié,
Longuement m'avez travaillié :
Bien a .IIII. anz que ge vos aim,
Certes onc n'atoucha ma mein
A vos, mais or i touchera. »
Lors l'acole, si la baisa;
Du baisier li a force faite.
Ydoine s'ert arriere traite,
Et dist : « Beau sire, en cest mostier
Ne deüssiez pas donnoier.
Ge m'en irai en ma maison,
Si parlerai à mon baron,

Et l'en demanderai conseil. »
Dist li moines : « Molt me merveil
S'à lui conseil en requerrez. »
Ele li dit : « Ne vos cremez ;
L'en fait assez por gaaignier.
Mon seignor cuit si losengier,
Que ge ferai vostre proiere. »
Li moines traist une aumosniere ;
.X. sols i ot et puis li tent.
Ydoine volentiers les prent.
 Ydoine vint à son ostel,
Où il n'avoit ne pein ne sel,
Quar povreté la destregnoit,
Et la perte que faite avoit
Sire Guillaume en la forest.
Ele parla, et il se test.
« Sire, » fait ele, « entendez moi :
.I. conseil vos dirai, ce croi,
Dont vos seroiz riche clamez,
Ja ne seront .II. anz passez.
— Dame, » fait il, « en quel maniere ? »
Donc trait Ydoine l'aumosniere
Que li moines li ot donée,
Hastivement l'ot desfermée ;
.X. sols i ot, et puis li tent.
Guillaume volentiers la prent,
Et puis li a dit : « Beaus dolz sire,
Por Dieu nel tenez pas à ire,
Se ge vos di maspriveté. »
De chief en chief li a conté

Comment li moines la proia,
El mostier con il la trouva,
Et com .c. livres li pramist.
Guillaume l'entent, si s'en rist,
Et dit que, por tot le tresor
Otevien ne Abilor,
Ne sofferoit il que hom nez
Fust charnelment de li privez;
Mielz ameroit querre son pein
Par le païs, morir de fain.
Quant Ydoine l'a entendu,
Molt belement a respondu :
« Sire, » fait ele, « qui seüst
Engien querre, que l'en peüst
Le segretain si decevoir
C'on peüst les deniers avoir,
Il m'est avis ce seroit bien.
Il ne se clameroit por rien
Ne au prior ne à l'abé. »
Il respont : « N'avez pas gabé ?
Ce voldroie ge volentiers
Que nos eüssions les deniers ;
Il s'en feroit bon entremetre :
Quel conseil i porron nos metre ?
— Sire, » dit ele, « ge li metrai.
Or, escoutés que ge ferai :
G'irai au mostier, le matin,
Droit à l'autel de saint Martin ;
M'irai au segretain parler,
Et, se ge le puis encontrer,

Ge li dirai que à moi viegne
Et que mon covenant me tiegne
Qu'il me pramist : il le tenra,
Bien sai volentiers i venra,
Et aport o soi la corroie
Trestote plaine de monnoie.
— Dame, » fait il, « or i parra ;
Maleoit soit qui s'en faindra !
— Voire, » fait ele, « de ma part.
— Dame, » dit il, « il m'est molt tart ;
Dès or deüssion nos parler
Que nos mengissons au souper.
— Sire, » fait el, « vos avez droit :
Alez achater orendroit
Tel viande, com vos plaira. »
Tantost les .x. sols li bailla.
Guillaume est as estaus alez ;
Pain et char achata assez,
Puis s'en revint en sa maison,
Et Ydoine apele .i. garçon,
Qu'iluec ele envoia au vin,
Et si au poivre et au coumin ;
El meïsmes fist la savor.
Si s'assistrent par grant amor,
Et menjurent privéement,
Els et le garçon seulement.
Quant orent mengié et beü,
Puis se couchierent que tens fu,
Et baisierent et acolerent.
Onques cele nuit ne parlerent

De povretez ne de mesaise,
Qu'il sont braz à braz molt aese.
　Au matin, quant il ajorna,
Ydoine se vest et chauça.
Quant ele fu apareilliée,
Bien afublée et bien loiée
D'une bele guinple de soie,
Droit au mostier a pris sa voie;
Mais, ainçois qu'el i fust entrée,
Estoit ja la messe chantée,
Et la gent du mostier issoient
Qui la messe escoutée avoient.
Et Ydoine passa avant,
Droit à seint Martin maintenant
S'est arrestée por orer.
Li moines vint abooter
Por savoir quant ele venroit.
Molt par fu liez quant il la voit;
Il vint avant, si li a dit :
« Molt me grieve vostre respit;
Or, me dites vostre coraige
Que g'ai por vos el cor la raige,
Que ge ne bui ne ne mengai
Dès hier matin qu'à vos parlai. »
Ele dit : « Ne vos esmaiez,
Mais tot asseür en soiez :
Quar, enquenuit, dedenz mon lit
Feroiz de moi vostre delit,
Se vos me tenez covenant. »
Li moines respont maintenant :

« Dame, » dit il, « n'en doutez plus,
Que .c. livres n'i port ou plus;
Bien est raisons que ges i port
Que, se g'ai de vos le deport,
Ge ne quier plus riens ne demant,
Foi que doi Dieu omnipotent. »
De ses deniers assez li baille
Por achater de la vitaille.
Lors prent congié, si s'en repaire;
Et cil pense de son affaire,
Puis cerche boites et armoires
Et les auteus as seintuaires,
Où la gent ont l'offrende mise
Qui orent oï le servise.
Une grant corroie a enplie,
De ce ne li menti il mie,
Que bien .c. livres n'i eüst;
Voire encor plus se il peüst,
En i eüst volentiers mis.
Molt à grant joie li chaitis
Encontre sa malaventure.
Ydoine plus ne s'asseüre
Qu'ele n'aparelt à mengier.
Guillaume menga tot premier
Qui en son lit s'ala bouter
Por le moine desbarester :
En sa mein porta .I. gibet
Qu'il ot enprunté d'un vallet.
 Quant li moine de l'abeïe
Orent chanté et dit conplie,

En dortoir s'alerent couchier.
Li moines remest el mostier,
Sachiez qu'il ne se coucha mie,
Ainz li ramenbre de s'amie.
Dont s'en issi privéement
Par .I. postiz tot coiement.
Droit à l'ostel Guillaume vait
Où il avoit basti son plait.
Il vint à l'us, si apela,
Et Ydoine li desferma,
Puis le referma enprès lui.
Or sont en la maison andui,
Et Guillaume qui el lit jut;
Et li moines menja et but
Privéement avec sa drue
Qui molt li sera chier vendue.
Ele li dit : « Beaus douz amis,
Où est ce que m'avez pramis? »
Il li respont : « Dame, tenez
Ceste corroie et la gardez;
Il i a .c. livres molt bien,
Ge n'en mentiroie por rien. »
Ydoine les vait estoier,
Puis a veü, lez le foier,
Les clés que cil li ot ruées ;
Desus le banc les ot gitées.

    Ydoine fu et bele et gente,
Sa beauté le moine tormente ;
Il se leva, faire li volt
Dejoste le foier en rost,

Quant ele dit : « Por Dé merci,
Endui serions ja honi,
Quar ge crieng que la gent nos voie
Qui trespassent par mi la voie :
En cele chanbre m'en portez ;
Là si faites voz volentez. »
Quant le moine l'ot, si se lieve.
Sachiez de voir que molt li grieve
Qu'ele le vait si delaiant ;
En la chambre de maintenant
Desor .1. lit la giete enverse.
Guillaume saut à la traverse,
Si li dit : « Moine, par seint Pol,
Sachiez que ge vos tieng por fol
Qui si ma feme honir volez :
Molt seroie maleürez,
Se ainsi le vos consentoie,
Et ja Damedieus ne le voie,
Qui ja le vos consentira. »
Li moines l'ot, puis se leva,
Prenre le volt, mais cil li done
Tel cop du gibet qu'il l'estone.
Quant li moines fu estoné,
Guillaume a son cop recovré
Et le refiert el haterel,
Si li espandi le cervel,
Et li moines chaï avant :
Ainsi va fous sa mort querant.
Quant Ydoine le vit morir,
Du cuer a gité .1. soupir :

« Lasse dolente, » fait Ydoine,
« Quar fusse ge en Babiloine,
Dolereuse maleürée !
Mar fusse ge de mere née,
Quant por moi est basti tel plet !
Guillaume, por qu'as tu ce fait ?
— Dame, » dit il, « ge le doutoie,
Por ce que si grant le veoie,
Que il ne me preïst as braz ;
Amiez vos donc son soulaz
En mi voz janbes à sentir ?
Or n'i a mais fors du foïr,
Et d'aler en estrange terre
Si loinz c'on ne nos sache où querre.
— Sire, » dit ele, « ne poon,
Si vos dirai par quel raison :
Les portes du borc sont fermées
Et les gaites en halt montées. »
Ydoine pleure, Guillaume pense ;
Molt remaint de ce que fous pense.

Quant Guillaume ot .i. poi pensé,
Son chief dreça, si a parlé,
Et dit : « Ydoine, bele amie,
Par où vint il de l'abaïe ?
— Sire, » dit el, « par le postiz
Qui est devers le plaisseïz ;
Ge vi or les clés sor ce banc. »
Guillaume a pris .i. drapeau blanc,
S'a au moine le chief bendé,
Et puis l'a à son col levé.

A tot le moine s'en torna,
Et Ydoine enprés lui ala :
Qui li deüst couper la gueule,
Ne remainsist ele iluec seule,
Ainz s'assist sor une fenestre.
De ce fu Guillaume bon maistre,
Que il est au postiz venuz
Par où li moines ert issuz :
Il le met jus, puis defferma
Le postiz, puis le rencarcha.
Guillaumes entre en .i. sentier
Par où li moine vont pisser ;
Tot droit en la chambre s'en entre,
Où l'en garist du mal du ventre,
Puis s'asist au premier pertus,
Et puis a regardé vers l'us ;
.I. fais de faim i vit gesir,
De quoi li moine, au departir
De la chambre, terdent lor rains.
Guillaume ne fu pas vileins :
.I. torchon fist, si li bouta
Dedenz son poing, puis s'en ala
Par mi le fonz d'une viez rue ;
Tel poor a que tot tressue.
Ydoine sa feme a trovée
Qui forment ert espoantée.
Andui en lor ostel entrerent,
Et bonement se conforterent,
Qu'il cuident estre delivré
Du moine qu'il orent tué.

Li moine siet geule baée
Qui ot eü mortel colée;
Et li autre sont en dortoir.
En .i. lit lez le refretoir
Jut li priors de l'abeïe;
Trop ot mengié, si ne pot mie
Plus demorer que il n'alast
En aucun leu où se vuidast.
Atant en la chambre en entra,
Au premier pertuis s'arresta
Plus tost qu'il pot por lui vuidier :
Lors se commence à efforcier,
Son chief dreça, si a veü
Le sougretain qui tuez fu,
Qui ne movoit ne piez ne mains :
« Haï ! » fait il, « com est vileins
Li sougretains qui ci se dort,
S'il le compaire, n'est pas tort,
Demain quant serons en chapitre ;
S'il eüst failli à l'espitre,
N'eüst il mie plus meffait. »
Por esveillier s'est avant trait :
« Danz sogretain, » dit le prior,
« Mielz vos venist or en dortor
Dormir que en ceste longaigne :
Honie soit vostre gaaigne
Qui si vos a grant honte faite !
Ainçois me fust la cuisse fraite
Et le dos ars en .i. chauz feu
Que me dormisse en si vill leu ! »

Quant il ot fait ce que il quist,
Par le sogretain vint, si dist :
« Danz sogretains, esveilliez vos, »
Et cil qui fu mors à estrous,
Si est cheüz toz à travers
Par desus la privée envers.
   Quant li priors chaoir le vit :
« Qu'est ce, por le seint Esperit, »
Fait il lors, « cist moines est morz.
Or, avoie ge molt grant tort,
Quant ge de lui m'entremetoie ;
Je mar venisse hui ceste voie,
Dieus, com me porrai conseillier ?
Il tença à moi avant hier
Et ge à lui, c'est verité :
Or dira l'on devant l'abbé
Qu'en trahison l'avrai murtri. »
Toz fu li priors esbahi,
Porpensa soi qu'en porroit faire,
Comment en porroit à chief traire.
Dist que el borc le porteroit
Dedenz la vile, et le lairoit
A l'us à aucune borgoise
La plus bele et la plus cortoise
Qui soit en tot le tenement.
Si diront au matin la gent
Qu'ilueques l'avra on tué.
Donc a le moine remué,
A son col le lieve tot droit,
Et, puis après, si s'en tornoit

Si l'en porta à la maison
Où li moines prist la poison,
Dont il garra jamais à tart.
Or, pri Guillaume qu'il se gart;
Que s'en li trueve le matin,
Ge cuit qu'il est près de sa fin.
  Guillaumes et Ydoine jurent
Qui forment espoanté furent,
Et se confortent bonement,
Quant une boufée de vent
S'est es dras le moine ferue,
Qui tot le sozlieve et remue :
A la porte le fait hurter.
Dit Ydoine : « Par seint Homer,
Sire Guillaume, levez sus,
Il a ne sai qui à nostre hus :
Molt nos a anuit agaitiez. »
Atant s'est Guillaume dreciez,
Son gibet prent isnelement,
A l'us s'en vint delivrement.
Hastivement fu deffermez,
Et li moines qui fu tuez
Li est cheüz sor la poitrine,
Et Guillaume chiet sor l'eschine.
  Quant Guillaume se sent cheü,
Molt se merveille que ce fu ;
A haute voiz sa feme escrie
Et dist : « Ydoine, quar m'aïe;
Ne sai qui est sor moi cheoiz.
De Dieus soie ge maleoiz,

Se ce est hom, se ge nel tue. »
Ydoine salt sus tote nue ;
Au feu corust, si aluma ;
Si vit le moine et esgarda :
« Guillaume, nos somes trahi,
C'est li sogretains qui gist ci.
— Dame, » fait il, « vos dites voir ?
Maleoit soit mauvais avoir,
Et covoitise et trahison,
Qu'il n'en puet venir se mal non !
Don est il morz ? — Certes oïl. »
Molt s'en merveille cele et cil,
Et dient bien que c'est maufé
Qu' ilueques le ront aporté.
Guillaume le prent de rechief,
Ydoine li bailla .1. brief
Où li non Dieu furent escrit,
Et il molt volentiers le prist,
Quar molt durement s'i fia.
A tot le moine s'en torna,
Et, quant il vint sor le fumier
Sire Tibout le moitoier
Qui les blez as moines gardot
Et de deniers avoit plein pot,
Et d'autre richece à plenté,
.I. grant bacon avoit tué
D'un porc qu'il ot, en sa maison,
Encraissié, tote la saison ;
Si l'ot pendu por essuier.
Enblé li ot .1. pautonnier

Le soir devant, et l'ot repost
Dedenz le fumier dant Tibout :
Encor n'en savoit autre essoine.
Guillaume, qui portoit le moine,
S'est sor le fumier arrestez ;
Sachiez que molt estoit lassez
De lui porter par mi la vile.
Il se porpense par quel guile
Il s'en porra mielz delivrer :
El fumier le velt enterrer
Dedenz le fiens et le laira.
Atant le moine jus mis a ;
.I. grant trou a fait à sa mein
Por enfoïr le sogretain :
Le bacon sent, si s'esbahi,
Que li lierres ot enfoï.
La coanne vit nerçoier,
Puis le commence à desloier.
Ce dit Guillaume : « Tot por voir
Ci a .I. autre moine noir
Qui molt nerçoie, ce me sanble :
Or les metrai endels ensanble. »
Faire le volt, mais il ne pot :
« Qu'est ce por le baron seint Lot ? »
Voit Guillaume qu'il ne porra ;
Lors se porpensse qu'il verra
Quel moine c'est qui est tué.
Donc a le bacon remué :
« Dieus aïde, » fait il, « c'est char :
Or n'ai pas tot perdu mon char

Qu'en la forest me fu anblez,
Que j'ai deniers et char assez. »
Le moine dedenz le sac met,
Et du covrir molt s'entremet.
Autresi, comme il fu devant,
O le bacon s'en vait corant;
Vers son ostel est retornez.
Quant sa feme le vit trouxez,
Si dist : « Est ce le sougretain?
— Nenil, dame, par seint Germain ;
Ainz est un bacon cras et gros,
Nos avons char, querrez des chous. »

Li garz, qui le bacon ot pris
Chiés le vilein, si com ge dis,
En une taverne jooit;
Vin ot, mais boivre n'en pooit;
Puis a dit à ses compaignons :
« Seignor, » fist il, « quel là ferons ?
Ge croi bien se nos eüsson
Charbonée d'un cras bacon,
Que nos en beüssion molt mielz. »
Chascun li jure par ses elz :
« Beaus dolz amis, vos dites voir,
Mais nos n'en poons point avoir,
Que couchié se sont li bouchier,
Et si n'avonmes nul denier.
— Seignor, » dist il, « g'en ai .I. bon
Que ge vos metrai à bandon ;
Gras est et gros, et si l'enblai,
Molt bonement le vos donrai,

Chiés dant Tibout le metoier,
Mais gel muçai en .i. fusmier.
— Va le querre, » fait il, « esploite. »
Cil qui mainte chose ot toloite,
S'en est au fusmier droit alez
Où li bacons estoit boutez ;
A son col le moine leva,
En la taverne le porta.
Chascun li crie : « Wilecomme ! »
Et cil a gité jus sa some,
Puis lor a dit : « Seignor, molt poise. »
Donc ont apelée Cortoise,
La chamberiere de l'ostel :
« Di va, » fait il, « où a nul pel,
Nos volon faire charbonnées.
Sont cez escueles lavées ?
Esploite tost et nos iron
Querre busche ci environ. »
    Cele fait lor commandement,
Et cil s'en vont isnelement
Tot droitement à .i. paliz
Où il avoit granz peus faitiz :
Chascuns a le sien esrachié,
Puis sont arriere repairié.
S'ont demandé une coigniée :
Ele lor fu molt tost bailliée.
Cele ot la paiele lavée ;
Si est au sac corant alée.
El le deslie comme sote ;
Le moine saisist par la bote,

Tranchier en volt, mais el ne puet.
« Voiz com cele garce se muet, »
Font li larron, « el ne fait rien. »
La baïasse les entent bien,
Dont respont : « Par seint Leonart,
Cist bacons est plus dur que hart ;
Si est chauciez, ce m'est avis. »
Chascuns en est en piez sailliz :
« Chauciez ! » font il, « et il comment ? »
Cele lor mostre apertement
Le moine qui el sac estoit.
Et cil qui aporté l'avoit
S'est ne sai quantes foiz seigniez.
« Guarnot, çà, » dit li taverniers,
« Por qoi as tu cest moine mort ?
— Sire, » fait il, « vos avez tort :
Onques, par toz sainz, nel toschai ;
Mais c'est Deable, bien le sai,
Qui a fait moine de bacon ;
Se Dieus me doint confession,
Ce fut .I. bacon que ge pris.
Or, s'est Deable en guise mis
De moine por nos enconbrer.
Mais bien nos en cuit delivrer ;
Gel porterai chiés dant Tibout.
— Va donc, » font il, « esploite tost,
Et si le pen tost au chevron
De là où presis le bacon.
— Si ferai ge par seint Denis. »
Adonques ra le moine pris ;

De sor son col li ont levé.
Ez le vos el chemin entré;
Puis a veü en .I. cortil
Gesir .I. grant viels charetil :
Encontre la maison le drece,
Et Garnot au monter s'adrece
Droit au pertuis que avoit fait
Par là où ot le bacon trait.
Molt l'a bien droit par mi bouté;
Puis l'a bien à la hart noé
Par mi le col bien fermement;
A terre s'en vint vistement.
A la taverne est retornez,
A ses compaignons a contez
Com il a le moine pendu
A la hart où le bacon fu.
    Des larrons vos lairai ester.
Du vilain vos vorrai conter
Qui gisoit avuec sa moillier.
El le commence à esveillier :
« Sire, » dist el, « ja est matin :
Est beau tens d'aler au molin,
Que nos n'avons mès que .II. pains.
— Dame, » ce respont li vilains,
« Ge sui malades, tierz jors a;
Esveilliez Martin, si ira,
Ce mercerot qui, chascun mois,
Couche çaienz .II. foiz ou trois :
Si li prometez bon tortel.
— Sire, » dit ele, « ce m'est bel.

Martin, » dit ele, « lieve toi.
— Dame, » dit il, « et ge por qoi?
— Au molin te covient aler.
— Dame, » fist il, « or du gaber.
Vos tuastes vostre porcel ;
Onques des os ne du bouel
Ne m'esforçastes de mengier.
Sui ge or en vostre dangier
Por ce se gis sor vostre estrain ?
Il n'a en ceste païs vilain
Qui assez plus ne me prestast
Et volentiers ne me donast
Tot autresi com çaienz fait.
— Martin, » fait ele, « or ne fai plait,
Se ge te doig de mon bacon
Une piece sor le charbon,
Et du pain adès à mengier,
Porroie ge en toi trouver
Que tu faïsses ma proiere ?
— Dame, » fait il, « à bele chiere
Ferai lors quanque vos voldroiz.
— Martin, » fait ele, « ce est droiz
Que tu' n aies, si avras tu. »
Tel cop a son mari feru :
« Sire, » fait ele, « sus levez ;
Alez au bacon, s'en colpez
Une charbonée à Martin,
Et puis ira droit au molin. »
Li vileins monte en son cegnail :
« Par où vels tu que ge t'en tail ?

— Sire, par là où bon vos ert.
Fous est qui de ce conseil quiert :
Plus est il vostre qu'il n'est mien.
— Par foi, » dit Tibout, « tu diz bien :
Esclaire le feu, si verrai.
— Par ma foi, sire, non ferai,
Que vos savez bien où il pent. »
Et dant Tibout sa main estent.
Quant cuida prenre le bacon,
Le moine prist par le talon.
Prenre en volt une charbonée ;
La hart fu seïche et enfumée,
Que ele ront, si est cheüz,
Mais dant Tibout a si feruz
De sor le chief que le trebuche
Desoz le fonz d'une viez huche.
Quant dant Tibout cheüz se sent,
Martinet escrie forment :
« Martinet, » fait il, « lieve toi,
Li bacons est cheüz sor moi. »
Adonc Martinet se leva,
Au feu corust, si l'aluma :
Le moine esgarde toz iriez,
Plus de .xxx. foiz s'est seigniez.
« Sire, sire, » ce dit Martin,
« Par la foi que doi seint Martin,
N'est pas bacons, ainz est malfez
Qui sanble moine coronez.
Si est chauciez, se Diez me salt !
Li bacons qui pendoit en halt

N'i est mie, perdu l'avon :
Nos avons moine por bacon.
— Las ! » dit Tibouz, « or sui ge mort,
Demain serai penduz à tort,
Que tot le mont dira demain
Que g'avrai mort le segretain.
— Sire, sire, » dit Martinet,
« Demanter n'i valt .I. poret :
Porpensez vos en quel meniere
Li moines soit portez arriere
En l'abaïe dont il must.
Penduz fust il or à un fust,
Ou la desoz en .I. boouz,
Qui nos a mis en cest tribouz !
— Martinet, çà, » dit le vilain,
« Va, si m'ameine mon polain,
Se g'ai le moine dont lier
Ge cuit, g'en ferai chevalier. »
Martinet le polein ameine ;
De lui lier forment se paine
Es arçons molt estroitement.
Ce dit Martin : « Par seint Climent,
Ge vois une lance aporter,
Et puis en ira bohorder
Laiens aval en cele cort,
Et vos, criez, qu'il part, qu'il tort :
« Harou ! harou ! le segretain
En maine à force mon polein ! »
Lors fu li poleins fors gitez,
Li vileins si s'est escriez :

« Harou, harou, » molt hautement.
Enprès le moine en vont tel cent
Qu'il cuident bien qu'il soit desvé,
Et le poulein a tant erré
Que il est entrez en la porte.
Le sougretain, qui l'escu porte,
A le soupriour encontré
Qui trop matin estoit levé,
Puis le feri si de sa lance
Que jus du palefroi le lance,
Que il s'en merveillerent tuit
Et escrierent à .i. bruit :
« Maleüreus, fuiez, tornez !
Li sogretains est forsenez !
Qui l'atendra, il sera mort. »
Onques n'i ot foible ne fort
Qui lueques vosist demorer ;
Ilueques se vont enserrer,
Et li poulains salt es cuisines,
Despeçant vases, offecines,
Ses escueles, ses mortiers,
Et ses plateaus et ses doubliers.
L'escu fait hurter as paroiz
En .i. randon plus de .c. foiz,
Tant que la lance est peçoiée.
Tote la noise est abaissiée ;
Et li poulains a tant alé
Qu'il est venuz à un fossé,
Puis s'eslance de tel aïr
Por le grant fossé tressaillir

Que totes les cengles derront,
Qui tuit chaïrent en .I. mont,
Enz el fonz du fossé aval.
Et li moines et le cheval
A cros de fer l'en ont fors trait.
Li moines ne crie ne brait
Que pieça que tuez estoit.
   Ainsi ot Guillaume son droit
Du moine qui, par son avoir,
Cuida sa feme decevoir :
Le bacon ot et les .C. livres.
Ensi fu Guillaume delivres,
Que onques puis clamez n'en fu.
Ainsi ot dant Tibout perdu
Et son bacon et son poulein ;
Ainsi fu morz le segretain.

Explicit.

CXXXVII

LE LAI D'ARISTOTE

Paris, Bibl. nat., Mss. fr. 837, fol. 80 v° à 83 r°;
1593, fol. 154 r° à 156 v°; nouv. acq. 1104, fol.
69 v° à 72 r°; 19152, fol. 171 v° à 173 v°.

De biaus mos conter et retrere
Ne se doit on mie retrere,
Ainz doit on volentiers entendre
Biaus mos, quar on i puet aprendre
Sens et cortoisie en l'oïr,
Dont bien se doivent esjoïr
Li bon, quar c'est droiz et coustume;
Mais li mauvès en font l'enfrume
Esraument que il dire l'oent,
Qu'ausi com li bon le bien loent,
Et vont la bone gent prisant,
Les despisent li mesdisant
Quant il pis ne lor pueent fere;
Quar envie est de tel afere
Qu'ele maint tout adès el cuer
De ceus qui sont mis à tel fuer
Qu'il n'oent de nului bien dire
Qu'il ne le vueillent contredire.
Si me merveil por qoi lor poise.
Gent felonesse et peu cortoise,

Por qoi metez vous sor autrui
Vostre mesdit et vostre anui?
Ci a trop povre escusement;
Vous pechiez .II. fois mortelment:
L'une est de mesdire entremetre,
Et l'autre si rest desus metre
Vostre mesdit, vo felonie.
Certes c'est crueus vilonie,
Mais envie point ne s'estanche.
Je ne vorrai faire arrestance
Ne demorer ici endroit :
Ge croi que petit me vaudroit
De blasmer les crueus felons
C'on puet apeler Guenelons,
Qui retenir ne se porroient
De mesdire, s'il ne moroient,
Tant i sont mis et afetié.
  Or, revendrai à mon tretié
D'une aventure qu'emprise ai,
Dont la matere mout prisai
Quant je oi la novele oïe,
Qui bien doit estre desploïe
Et dite par rime et retraite
Sanz vilonie et sanz retraite,
Quar oevre où vilonie cort
Ne doit estre noncie à cort;
Ne jor que vive en mon ovrer
Ne quier vilonie conter,
Ne ne l'empris, ne n'emprendrai;
Ja vilain mot n'entreprendrai

En oevre n'en dit que je face;
Quar vilonie si defface
Tote riens et tolt sa savor.
Ne ja ne me ferai trovor
De nule riens en mon vivant
Où vilains moz voist arrivant,
Ainz dirai de droit examplere
Chose qui puist valoir et plere;
C'ert en leu de fruit et d'espece.
    Nous trovons que li rois de Grece
Alixandres, qui tant fu sire,
Et a tant prince moustra s'ire
Por aus abessier et donter
Et por lui croistre et amonter,
Ce li fist larguece sa mere
Qui a toz avers semble amere
Et douce a toute large gent;
Quar tant comme avers aime argent,
Le het larges à soustenir,
Por ce que biens n'en puet venir
Por tant qu'il soit mis en estui.
Onques n'ot pooir sor cestui
Riens qui venist d'argent ne d'or,
Ainz fist de chevaliers tresor.
Ce ne font pas li autre prince;
Quar chascuns recoppe et recince
Et muce et repont si le sien,
Hennor n'en a ne autre bien.
Cil que on apele Alixandre
Recuilli por par tot espandre,

Tot ot, tot prist et tot dona,
Quar a largece abandona
Li frans por mielz son pooir faire.
Repairier vueil a mon afaire.
    Li bons rois de Grece et d'Egite
Avoit desouz ses piez sougite
De novel Ynde la major ;
S'iert là demorez à sejor.
Et, se vous me volez enquerre
Por qoi demoroit en la terre
Si volentiers, et tenoit qoi,
Bien vos dirai reson por qoi.
Amors, qui tout prent et embrace
Et tout aert et tout enlace,
L'avoit ja si es braies mis
Qu'il ert devenuz fins amis,
Dont il ne se repentoit mie,
Quar il avoit trovée amie
Si bele comme à souhaidier.
N'avoit cure d'aillors plaidier
Fors qu'avoec li manoir et estre.
Bien est amors et sire et mestre
Quant du monde le plus poissant
Fet si humble et obeissant
Qu'il ne prent nul conroi de lui,
Ainz s'oublie tot por autrui.
C'est droiz, qu'amors est de tel pris
Que, puis qu'ele a .I. home pris,
N'i doit avoir nul desroi,
Qu'autant a amors sor un roi

De droit pooir, ce est la somme,
Comme sor tout le plus povre homme
Qui soit en Champaigne n'en France,
Tant est sa seignorie franche.
   Li rois avoec s'amie maint ;
S'en parolent maintes et maint,
De ce qu'il en tel point s'afole
Et qu'il maine vie si fole,
Que il d'avoec li ne se muet
Com cil qui amender nel puet.
Ainsi le velt amors et cele
Qui l'a point d'ardant estancele ;
D'ardant estancele l'a point
Cele qui si l'a mis à point.
Por quant ele n'en est pas quite,
Ainz est si partie la luite
Que je n'en sai le meillor prandre,
Car de quanque cuers puet esprandre,
Rest la pucele enamorée,
Et si fait iluec demorée,
Ce n'est mie molt grant merveille,
Puis que volentez li conseille ;
Il li covient, ce n'est pas doute,
Parfornir sa volenté tote,
Ou il defferoit le commant
Qu'amors commande à fin amant.
Molt de sa gent parler n'en osent,
Mès tant par derriere l'en chosent
Que ses mestre Aristotes l'ot.
S'est bien resons qu'il li deslot ;

Belement à conseil l'a mis ;
Si dist : « Mar avez deguerpis
Toz les barons de vo roiame
Por l'amor d'une estrange fame. »
Alixandres li respondi
Tantost com dire li oï :
« Quantes en i covient il donques ?
Je cuit que cil n'amerent onques
Qui fol m'en vorroient clamer,
C'on n'en puet c'une seule amer
Ne n'en doit pas droit plere c'une,
Et qui de ce home rancune,
S'il maint là où ses cuers li rueve
Petit d'amor dedenz li trueve. »
Aristotes, qui tout savoit
Quanques droite clergie avoit,
Respont au roi, et si li conte
C'on li atornoit à grant honte
De ce qu'en tel point se demaine
Que toute entiere la semaine
Est avoec s'amie et arreste,
Qu'il ne fet ne solaz ne feste
A sa chevalerie toute ;
« Je cuit que vous ne veez goute,
Rois, » dist Aristotes ses mestre,
« Or vous puet on bien mener pestre
Tout issi comme beste en pré.
Trop avez le sens destempré,
Quant por une meschine estrange
Voz cuers si durement se change

C'on n'i puet mesure trover.
Je vous vueil proier et rouver
A deporter de tel usage,
Quar trop i paiez le musage. »
Ainsi chastoie son seignor
Maistre Aristotes por s'amor,
Et li rois debonnairement
Li repondi honteusement
Qu'il s'en garderoit volentiers
Comme cil qui ert siens entiers.
 Alixandres ainsi demeure,
Et atent maint jor et mainte eure
Qu'à s'amie ne va n'aproche
Por le dit et por le reproche
Qu'il oï son mestre reprendre,
Mès sa volentez n'est pas mendre;
Encor n'i voist il comme il seut,
Mès mieus l'aime ore et mieus li veut
Que il ne fist à nul jor mais.
Paor de mesprendre et esmais
L'en font estre son gré tenir;
Mais il n'a pas le souvenir
Laissié ensanble avec la voie,
Qu'amors li ramenbre et ravoie
Son cler vis, sa bele façon
Où il n'a nule retraçon
De vilenie ne de mal,
Front poli plus cler de cristal,
Beau cors, bele bouche, blont chief.
« Ha ! » fait il, « con à grant meschief

Vuelent tote gent que ge vive !
Mes maistres velt que ge estrive
Vers ce qui enz el cuer me gist.
Tant me destraint, tant me sogist
Autrui grez que m'en tieg por fol ;
Quant por autrui voloir m'afol,
Ce est folie, ce me sanble.
Mes maistres et mi home ensanble
Ne sentent pas ce que ge sent,
Et se ge plus à aus m'asent,
Tot ai perdu, ce m'est avis.
Vielt amors vivre par devis ?
Nenil, mais à sa volenté. »
Ainsi s'est li rois dementé,
Puis s'en torna veoir celi
Qui molt li plot et abeli.
　　La pucele est en piez saillie
Qui molt estoit desconseillie
De la demorée le roi.
Lors dist : « De vostre grant desroi
Sui bien aperceüe, sire.
Finz amans comment se consire
De veoir ce que tant li plest ? »
A cest mot pleure, si se test.
Et li rois li respont : « Amie,
Ne vous en esmerveilliez mie,
Qu'el demorer ot achoison.
Mi chevalier et mi baron
Me blasmoient trop durement
De ce que trop escharsement

Aloie joer avoec aus;
Et mes mestres dist que c'ert maus,
Qui laidement m'en a repris.
Ne porquant bien sai qu'ai mespris
Qu'onques por lui defis à mi
La volenté de fin ami;
Mès je doutai despit et honte.
— Sire, je sai bien que ce monte, »
Dist la dame, « se Dieus me faut;
Mès, s'engins et sens ne me faut,
Par tens m'en voudrai bien vengier,
Et mieus le porrez ledengier
Et reprendre d'uevre plus male
Vostre mestre chanu et pale,
Se je vif demain jusqu'à nonne
Et amors sa force m'en donne
Qui poissance ja ne faudra;
Ne ja vers moi ne li vaudra
Dialetique ne gramaire;
Se par moi nature nel maire,
Puis que je me sui aramie
Donc savra il molt d'escremie,
Et sel perceverez demain.
Sire rois, or vous levez main;
Si verroiz nature apointer
Au maistre por lui despointer
De son sens et de sa clergie.
Ainz de si tranchant escorgie
Ne fu feruz, ne de si cointe
Con il avra demain acointe,

Se je puis ne aler ne estre
Le matin devant sa fenestre.
Mar nos a laidi ne gabé !
Or soiez demain en abé
Aus fenestres de cele tor,
Et je porverrai mon ator. »
Alixandres molt s'esjoï
De ce que dire li oï,
Puis l'acola estroitement,
Si le dist debonnairement :
« Molt estes vaillanz, biaus cuers dous,
Et, si je aim autrui que vous,
Si me doinst Dieus mauvès acueil.
Amors ai teles com je veuil,
Si que en autres ne claim part. »
A tant de s'amie se part,
Si s'en va, et cele demeure.
    Au matin, quant tens fu et eure,
Sans esveillier autrui se lieve,
Quar li levers pas ne li grieve.
Si s'est en pure sa chemise
Enz el vergier souz la tor mise,
En .I. bliaut ynde gouté,
Quar la matinée ert d'esté
Et li vergiers plains de verdure.
Si ne doutoit pas la froidure,
Qu'il faisoit chalt et dolz oré.
Bien li ot nature enfloré
Son cler vis de lis et de rose,
N'en toute sa taille n'ot chose

Qui par droit estre n'i deüst;
Et si ne cuidiez qu'ele eüst
Loiée ne guimple ne bende.
Si l'embellist molt et amende
Sa bele tresce longue et blonde;
N'a pas deservi qu'on la tonde
La dame qui si biau chief porte;
Par mi le vergier se deporte
Cele, qui nature avoit painte,
Nuz piez, desloiée, deschainte,
Si va escorçant son bliaut,
Et va chantant, non mie haut :
   Or la voi, la voi, la voi.
   La fontaine i sort serie.
   Or la voi, la voi, m'amie,
El glaiolai desouz l'aunoi.
   Or la voi, la voi, la voi,
La bele blonde, a li m'otroi.
   Li rois la chançoneste entent,
Qui son cuer et s'oreille tent
A la fenestre por oïr.
Molt l'a fait s'amie esjoïr
De son dit et de son chanter.
Anqui se porra bien vanter
Ses mestre Aristotes d'Ataines
Qu'amors bones leaus lontaines
Se desirent à aprochier.
Ne mès n'en ira reprochier
Le roi, ne ne dira anui,
Quar il trovera tant en lui

Et ert de volenté si yvres.
Levez est, si siet à ses livres,
Voit la dame aler et venir,
El cuer li met .i. souvenir
Tel que son livre li fet clore.
« Hé, Dieus ! » fet il, « quar venist ore
Cil mireoirs plus près de ci,
Si me metroie en sa merci.
Comment ! si m'i metroie donques ?
Non feroie, ce n'avint onques
Que je, qui tant sai et tant puis,
Tant de folie en mon cuer truis
C'uns seuls veoirs tout mon cuer oste.
Amors veut que le tiengne à oste,
Mès honors le tient à hontage
Tel sovenir et tel outrage.
Avoi ! qu'est mes cuers devenuz ?
Je sui toz vieus et toz chenuz,
Lais et pales et noirs et maigres,
En filosofie plus aigres
Que nus c'on sache ne ne cuide.
Molt ai mal emploié m'estuide,
Qui onques ne finai d'aprendre.
Or me desaprent por mieus prendre
Amors, qui maint preudomme a pris.
S'ai en aprenant desapris,
Desapris ai en aprenant,
Puis qu'amors me va si prenant ;
Et dès que ne m'en puis resqueurre,
Au convenir soit et droiz queure,

Ne ja por moi droiz ne remaigne.
Viegne amors herbergier, or viegne
En moi, ge n'en sai el que dire,
Puis que je nel puis contredire. »
   Si com li mestre se demente,
La dame en .I. rainssel de mente
Fist .I. chapel de maintes flors.
Au fere li sovint d'amors;
Si chante au cueuillir les floretes :
   Ci me tienent amoretes ;
   Dras i gaoit meschinete.
      Douce, trop vous aim !
   Ci me tienent amoretes
      Où je tieng ma main.
Ainsi chante, ainsi s'esbanoie;
Mès Aristote molt anoie
De ce que plus près ne li vient.
Ele set bien quanqu'il covient
A lui eschaufer et atrere.
De tel sajete le veut trere
Qui cointement soit empenée.
Tant s'est traveillie et penée
Qu'à sa volenté l'a atret.
Tout belement et tout à tret
Son chapel en son biau chef pose;
Ne fet samblant de nule chose
Que le voie ne aperçoive;
Et por ce que mieus le deçoive
Et plus bel le voist enchantant,
Vers la fenestre va chantant

.I. vers d'une chançon de toile,
Quar ne veut que cil plus se çoile
Qui tout a mis en la querele :
En .I. vergier, lez une fontenele,
Dont clere est l'onde et blanche est la gravele,
Siet fille à roi, sa main à sa maissele;
En souspirant son douz ami apele :
  Hé! biaus quens Guis,
La vostre amors me tot solas et ris.

 Quant ele ot ce dit, se près passe
De la large fenestre basse,
Que cil par le bliaut l'aert
Qui trop cuidoit avoir souffert,
Tant l'a desirrée à merveille.
A ce coup cheï la chandeille
Toute jusqu'à terre au viel chat
Qui priz est sanz point de rachat.
Et la damoisele s'escrie :
« Qu'est ce ? » fet ele, « Dieus aïe !
Avoi ! qui m'a ci detenue ?
— Dame, bien soiez vous venue, »
Fet cil qui provos est et maire
De la folie qui le maire.
— Mestre, » ce dist la dame, « avoi !
Estes vous ce que je ci voi ?
— Oïl, » dist il, « ma douce dame,
Por vous metrai et cors et ame,
Vie et honor en aventure.
Tant m'a fet amors et nature
Que de vous partir ne me puis.

— Ha! mestre, » fet ele, « despuis
Qu'ainsi est que vous tant m'amez,
Ja par moi n'en serez blasmez;
Mès la chose est molt mal alée.
Ne sai qui m'a au roi meslée
Et li blasmé de ce que tant
S'aloit avec moi deportant.
— Dame, » dist il, « or vous tesiez,
Que par moi sera rapesiez
Et li mautalenz et li cris
Et li blasmes et li estris,
Quar li rois m'aime et crient et doute
Plus que s'autre maisnie tote.
Mès, por Dieu! ceenz vous traiez,
Et mon desir me rapaiez
De vostre cors gent et poli.
— Mestres, ainçois qu'a vous foli, »
Dist la dame, « vous covient fere
Por moi .i. molt divers afere,
Se tant estes d'amor souspris;
Quar molt trés granz talenz m'est pris
De vous .i. petit chevauchier
Desus ceste herbe en cest vergier.
Et si vueil, » dist la damoisele,
« Que desor vos ait une sele;
S'irai plus honorablement. »
Li mestres respont liement
Que ce fera il volentiers
Comme cil qui ert siens entiers.
Bien l'a mis amors en effroi,

Quant la sele d'un palefroi
Li fet aporter à son col.
Or, croi qu'il sanblera bien fol
Quant desor le dos li ert mise,
Et cele s'en est entremise
Tant qu'ele li met sor le dos.
Bien fait amors d'un viel rados
Puis que nature le semont,
Quant tout le meillor clerc du mont
Fet comme roncin enseler,
Et puis a .IIII. piez aler
A chatonant par desus l'erbe.
Ci vous di example et proverbe,
Sel savrai bien à point conter.
La damoisele fet monter
Sor son dos, et puis si la porte;
Et Alixandre se deporte
En veoir et en esgarder
Celui qui sens ne pot garder
Qu'amors ne l'ait mis à folie.
Et la damoisele trop lie
Aval le vergier le conduit;
En lui chevauchier se deduit,
Si chante cler et à vois plaine :
   Ainsi va qui amors maine,
   Bele Doe i ghée laine;
   Mestre musars me soustient.
   Ainsi va qui amors maine
   Et ainsi qui les maintient.
Alixandres ert en la tor,

Bien ot veü trestout l'ator;
Qui lui donast trestout l'empire
Ne se tenist il pas de rire :
« Mestre, » dist il, « por Dieu ! que vaut ce ?
Je voi molt bien c'on vous chevauche.
Comment ! estes vous forsenez
Qui en tel point estes menez ?
Vous me feïstes l'autre fois
De li veoir si grant defoiz,
Et or vous a mis en tel point
Qu'il n'a en vous de reson point,
Ainz vous tenez à loi de beste. »
Aristotes drece la teste,
Et la damoisele descent.
Lors respondi honteusement :
« Sire, » fait il, « vos dites voir;
Mais or poez apercevoir,
J'oi droit se je doutai de vous
Qui en fin jovent ardez touz
Et en feu de droite jonece,
Quant je, qui sui plains de viellece,
Ne poi contre amor rendre estal
Qu'ele ne m'ait torné à mal
Si grant com vous avez veü.
Quanque j'ai apris et leü
M'a deffet amours en une eure
Qui toute rien taut et deveure.
Et bien sachiez certainement
Puis qu'il m'estuet apertement
Fere folie si aperte,

Vous n'en poez partir sans perte
Ne sanz blasme de vostre gent. »
Molt s'est rescous et bel et gent
Aristotes de son meschief,
Et la dame est venue à chief
De trestout quanques empris a ;
Et li rois forment l'en prisa
Quant de son mestre l'a vengié
Qui l'ot blasmé et laidengié.
Mès tant s'en fu bien escusez
De ce qu'ainsi fu amusez
Qu'en riant li rois li pardonne,
Et ses metres li abandone
Sa volenté à parfurnir,
Quar n'a reson au retenir.
 Or vueil une demande fere,
En cest dit et en ceste afere
Dont je trai Chaton à garant
Qui fet l'auctorité parant,
Qui bons clers fu et sages hom :
Turpe est doctori, cum culpa redarguit ipsum.
 Chatons dist en cest vers la glose
Que, quant on est repris de chose
C'on a blasmé à fere autrui,
Puis c'on en a blasme et anui,
C'est grant folie qui ce fet ;
Son sens amenuise et deffet.
Voirs fu qu'Aristotes blasma
Alixandre et masaesma,
Qui tant s'estoit mis en amer,

Et puis se lessa entamer
Si en amor à une foiz
Qu'il n'ot en lui point de defoiz;
Et s' il l'ot par force entrepris,
En doit il estre en mal repris?
Nenil, quar amors l'efforça
Et volentez qui la force a
Sor toz et sor toutes ensamble,
Dont n'a li mestres, ce me samble,
Nule coupe en sa mespresure,
Ne l'a pas fait par apresure,
Mès par nature droite et fine.
 Henris ceste aventure fine
Qui dist et si moustre en la fin
C'on ne peut decevoir cuer fin
Ne oster de sa volenté,
Puis qu'amors l'a en volenté
Por emprisoner et destraindre;
Et cil qui de ce se veut faindre
N'est mie trop loiaus amere
Puis que s'amors li samble amere,
Quar mieus ne peut on endurer
Amor que par dessavorer.
Por celui mal bien plere doivent
Qu'après les maus les biens reçoivent
Par maintes foiz le mal traiant
Qu'aussi amors vont essaiant.
Si set ele rasseürer
Qui puet en leauté durer
S'atende et sueffre son martire,

Quar à joie li revient s'ire.
Si puet on par cest dist aprendre
C'on ne doit blasmer ne reprendre
Les amies ne les amanz,
Qu'amors a pooir et commanz
Par deseur toz et deseur toutes,
Et d'euls fet ses volentez toutes,
Et tret à honor toz ses fez.
Despuis que cil en soustient fez
Qui fu mestre en toute science,
Bien devons prendre sapience
Selonc ce que nous mains savons
Le maus que por amor avons;
Quar qui por amor sueffre maus
Bien li set merir ses travaus
Que loiaumant sueffre por li.
Veritez est, et je le di,
Qu'amors vaint tout et tout vaincra
Tant com cis siecles durera.

Explicit li lais d'Aristote.

NOTES ET VARIANTES

DU CINQUIÈME VOLUME

*Les mots marqués de l'astérisque sont des corrections
faites aux manuscrits.*

CX. — D'Auberée, la vielle maquerelle, p. 1.

A. — Paris, Bibl. nat., Mss. fr. 837, fol. 24 r° à 27 r°.
B. —   »   »   »   1553, fol. 501 v' à 504 r°.
C. —   »   »   »   1593, fol. 213 v° à 217 v°.
D. —   »   »   »   12603, fol. 245 r° à 249 v°.
E. —   »   »   »   19152, fol. 80 r° à 82 v°.
F. — Bibl. de Berne, Ms. 354, fol. 52 v° à 55 v°.

A ces six manuscrits il faut aussi joindre un fragment appartenant au ms. 620 de la bibliothèque de Chartres; ce fragment, que nous désignons par la lettre G, correspond aux 596-662 de notre édition. Nous en devons la communication à l'obligeance de M. Gaston Paris.

Les titres diffèrent dans les mss. : « d'Auberée de Compiègne » dans A et C; « li lais de dame Aubrée » dans B; « d'Aubrée » dans F. Le titre manque dans D et G; nous avons reproduit celui du ms. E, qui sert de base à l'édition.

Publié par Ach. Jubinal, *Nouveau Recueil*, I, 199-222 ; et donné en extrait par Legrand d'Aussy, édition Renouard, IV, 68-79, sous le titre d' « Auberée ».

Vers 1 — A, B, C, D, *vorra.*
2 — beau. A, F, *tel* ; B, *bon* ; C *gent*. — conte. F, *fablel*. — A, C, D, *m'orra* ; B, *vorrai.*
3 — mult. C, F, *si* ; D, *tant*. — B, *Dont je sui trés bien.*
4 — A, B, C, *Autresi*. — D, *Que je l'ai tout.*
5 — D, *Or m'entendés ke biens vous viegne.*
6 — A, *Il avint jadis à* ; C, *Il avint l'autrier à* ; D, *Qu'il avient l'autrier à* ; F, *Enz en la ville de.*
7 — A, C, *Qu'en la vile*. — B, *Avoit .1. mout riche b.*
9 — C, *Riche(s) hom yert et de* ; F, *Riches hom [iert] de*. — « et » manque à D. — D, *de mout.*
10 — A, B, *Mout entendoit à* ; D, *Et mout vaillans pour.*
11 — D, *Tant*. — A, B, C, *Ausi aus povres com aus riches.*
12 — A, *Com*. — B, F, *Li borgois n'ert* ; C, *Car il n'est ne*. — A, C, F, *chiches* ; B, *niches.*
13 — A, B, *Et si avoit* ; C, *Cil borjois ot* ; D, *Li borgois avoit* ; F, *Cil borjois avoit*. — A, B, C, *un mout biel fil* ; D, F *.1. biel fil.*
14 — A, B, *en essill.*
15 — B, *jovente.*
16 — B, D, *De sa biauté*. — A, B, C, F, *de sa proece.*
17 — A, B, C, F, *Parloit on*. — D, *N'avoit nul jusqu'en B.*
18 — Cil. A, D, F, *Il* ; B, *Et.*
21 — D, *D'amours li proia.*
23 — le. C, D, F, *li*. — C, *vauroit.*

24 — C, *Si;* D, *Se il.* — D, *veut.*
25 — B, C, D, *Se.* — B, C, D, *que il.*
26 — C, *A moillier.* — B, *ensi.*
27 — A, D, F, *De che avroit ele.* — B, *De chou avroit à son cuer joie.* — F, *ou cuer joie.*
28 — A, *Bele, se Dieus doinst mon cuer joie;* B, C, *Bele, s'aie de mon cuer joie;* D, *Si aie [je] de mon cor joie;* F, *Bele, »* fait il, *« se Dieus me voie.*
29 — *Ice.* D, *Çou che.* — F, *Iceste chose mout me plest.*
30 — A, B, C, F, *Atant de li proier.* — D, *Maintenant près de li se trait.* — Après ce vers, D ajoute :

> Si l'enbracha par mi les flans
> Que ele avoit bien fais et blans.

31 — A, *Atant s'en vint en;* B, *Si s'en revint en;* C, *S'il s'en revint en;* D, *Puis seurevint à;* F, *Si s'en repaire en.*
32 — A, *Si mist lues s. p.;* B, D, *Si a mis s. p.;* C, *Le soir mit s. p.;* F, *La nuit met s. p.*
33 — B, *Et li.* — *son.* D, *cel.*
34 — A, *Et li;* F, *Et ses.* — *li.* D, *la.*
35 — D, F, *Qui.* — B, *le plasme;* F, *le blasme.* — B, *le chose.*
36 — A, C, F, *Et dit : « Biaus filz ».* — D, *si faite cose.*
37 — A, F, *Te devroies tu;* D, *Vous deveriés vous.* — « tu » manque à B; « mult » manque à C.
38 — A, B, C, F, *Ele;* D, *Qu'ele.* — D, *de vostre.*
40 — A, F, *mout sozhaucier;* B, *si son haucier;* C, *mieus souhaucier.* — Ce vers et le précédent sont remplacés dans D :

> Ne ti lairoie [je] à paiier,
> Ne te voeil pas si abaissier.

FABL. V.

41 — B, *Choi.*
42 — A, C, F, *Car.* — F, *asanbler.* — Ce vers et le précédent se lisent dans D :

> Car je te vorrai marier,
> Comment qu'il me doie couster.

45 — C, *Qui* [*te*]*l.*
46 — A, F, *l'en.* — A, *touser*; B, D, *huer*; F, *larder.*
47 — A, C, *Se jamais nul jour en paroles*; B, F, *Quant tu de tel chose paroles*; D, *Se tu jamais jor em parloies.*
48 — A, *Trestoz ses diz et ses.* — C, *ot*; F *vit.* — B, F, *ses.*
49 — A, F, *Li met ses peres à*; B, *Li sont tornées à*; C, *Li torne ses peres à.* — *au.* D, *à.*
50 — C, *Et.* — A, B, F, *Et li tolt son espousement* [A, *mariement*]; D, *Ses dires ne li vaut noient.*
51 — A, B, D, *Mais.* — A, *l'a en j.*; D, *formant le j.* — Ce vers et les trois suivants manquent à C et F.
52 — D, *Dont.* — A, *L'enbrase sovent et.*
53 — A, D, *cors.* — *une.* D, *mainte.* — B, *Et met el cuer tele.*
54 — B, *Qui.* — D, *Il ne pense fors à.*
55 — D, *Tierch jor.* — A, *après ainsi*; B, *ensi après*; C, *après ausis*; D, *enprès ensi*; F, *après issi.*
56 — B, *En.*
57 — A, C, D, F, *à un autre*; E, *au riche.*
58 — A, C, D, F, *ainçois que*; B, *ançois qu'il.* — A, B, C, D, F, *li mois.*
59 — B, C, *Que la borgoise.* — Ce vers et le suivant manquent dans F.
60 — A, *Li sires*; B, *Dont li b..* — « qui » manque à B. — A, C, D, *bel.*

61 — D, *le los.* — A, B, C, D, F, *de.*
62 — A, D, *A à raison l. p.*; B, F, *A li borgois à r.*; C, *A le pere[s] à r.*
63 — A, *A la.* — Ce vers est remplacé par les cinq suivants dans B et F :

> Le pere à icele pucele
> Qui tant est orgueilleuse [F, *estoit jentis*] et biele,
> Et dit cil [F, *cil mq.*] qu'il l'espousera ;
> Et li peres li otroia,
> Et mout li plaist et atalente.

64 — B, F, *Or a bien perdue*; C, *En cui cil avoit mis.* — F, *s'atente.*
65 — C, *Que j'ai ramanteu*; D, *Que premiers vous di.* — A, *ore en.* — B, F, *Li varlès et s'en a* [F, *qui en a*] *grant honte.*
67 — A, B, F, *sa.* — D, *pucele afranchie.* — B, *aprochie.*
68 — A, B, C, F, *Que* [B, *que mq.*] *la pucele a fiancée*; D, *Et tant sa parole bastie.*
69 — E, *espousé.* — A, B, F, *Et puis après si*; C, *Et droit l'andemain*; D, *Et el demain si.* — A, B, C, D, F, *l'espousa.*
70 — A, B, C, D, F, *Mais au varlet mout.* — A, B, C, F, *en pesa*; D, *anoia.*
71 — i. C, *li.* — D, *Qui pense à li et*; F, *Car il pensoit [et].*
72 — D, *Il ne voit riens qui li.*
73 — A, *Ains.* — C, *Ainz het le siecle et het l. g.*
74 — B, C, *Et het.* — Le vers manque à D.
75 — C, *Et het la richesse.*
76 — B, *Et si dist.* — C, *Et dist que de trop*; F, *Et dit bien que trop.* — A, *que trop*; D, *Dieu trop.*
77 — A, *De ce que crust onques*; B, *De ce qu'il crust*

onques; C, F, *De ce qu'il onques crut*; D, *Quant il onques creï*.

78 — tost. A, B, C, D, F, *trop*.

79 — tel. A, *cel*; B, *cest*. — D, *fu e[n t]el*. — E, *pensée*.

80 — C, *Qui*. — aillors. B, *comment*. — A, *ne se savoit porpenser*; C, F, *ne se savoit apenser*.

81 — A, *Par quoi*; D, *Comment.* — B, *Quoi il en eut auchun*; C, *Par qui peüst avoir*; D, *Par quoi il n'eüst nul*.

82 — A, C, D, F, *Il ot*; B, *Si ot*. — A, B, C, D, F, *d'un*.

83 — C, *D'escarlate et*. — D, F *et de*.

84 — A, F, *Si ot*; C, *Et ot*. — B, *Et si ot en une*. — Le vers manque à D.

85 — A, *covecil*; D, *covreciel*. — B, *Entailliues faites soutis*.

86 — B, *Et li*. — B, *fu à*; C, *estoit à*.

87 — C, *d'un vermaus escuriaus*; D, *de penne de querues*.

88 — B, *Il*. — A, C, *sot sil*; F, *siaut cil*. — B, *Et li vallès sieut estre b.*

89 — A, *Mès ore*; C, *Qui ci*. — D, *en paille*.

90 — B, *.I. soir*. — B, F, *de sa maison*.

92 — A, B, C, F, *par le*; E, *lé le*. — Après ce vers, D ajoute :

> Ensi comme il faisoit souvent,
> Pour che aloit entre la gent
> Qu'il voloit oublier l'amour
> Là ù pensoit et nuit et jour.

93 — D, *Il en*. — C, *en la*. — Ce vers et le suivant manquent dans A.

95 — A, *Qu'il feroit chaut comme*; B, *Qu[e] il fait*

chaut (grant) comme; C, Que il fait grant chaut; D, Qu'il fait chaut si comme; F, Que il fet chalt con.

96 — A, Que que li griet ne que li; B, Que qu'il griet et qu'il li; C, Que que il li griet ne ne; D, Qui qu'il li griet ne qu'il li; F, Que qu'il li griet, que qu'il li.

97 — A, li estuet esgarder; B, C, F, veut querre et demander. — D, atrouver.

98 — D, puist.

99 — s'i. C, D, F, i. — C, F, i esgarde. — A, Mout va lucant, mout se pr. g.; B, Vers le manoir sovent regarde.

100 — C, .I. jor une.

103 — C, Et s'est; F, Si s'est. — D, Si s'asiet desous sa. — A, sous sa; C, lés la; F, à la.

104 — A, B, D, F, enquiert. — Après ce vers, D ajoute :

> Qui mout savoit de renardie
> Et de mainte kunchi[e]rie.

105 — B, C, de barat; F, del barat. — B, C, F, assés.

106 — A, C, Se.

109 — B, C, D, à non Aubrée.

110 — F, ne si. — « si » manque dans A et D. — A, si serrée; D, tant anserrée. — C, Ja fame ne fust si gardée.

111 — A, Qu'à sa guise. — D, cordelle ne tr.

112 — B, Et sa volenté n'en fesist.

113 — A, Se li conta. — B, Il li a conté m. à m.; D, Si li conta.

114 — B, Et comment la b.

115 — A, C, D, F, Qui si; B, Et si.

116 — A, Se l'en pooit; B, Mais s'el l'en puet; C, F, Et s'el l'en. — D, S'ele puis en ma saisine. — Après ce vers, D ajoute :

Avoit, et vous m'en aid[er]iés,
Mout trés grant preu i aver[i]és ;
Du mien av(e)riés plus de .c. mars,
Ains que li jus soit bien espars. »
Cele li dist : « N'aiiés doutanche,
Mais soiiés ent tout à fianche,
Mais que je aie les deniers. »
Et chieus li jure volentiers
Qu'il li donra livres quarante ;
Tout maintenant si il creante.

117 — A, B, C, D, F, .XL. — A, F, *li donra*; B, *l'en donrés*; D, *li donna*.

118 — A, B, C, F, *Cele dit*; D, *Et celle dist*. — A, B, C, F, *ja ne la savra*; D, *ja ne savra*.

119 — A, B, F, *Li vilains*; C, *Ses mariz*; D, *Li bourgois*; — A, B, C, F, *si trés bien*; D, *si trés près*.

120 — A, B, C, *Que ne la puissiés esgarder*; D, *Que vous ne le puissiés trouver*; F, *Qu'il ne la puisse regarder*.

121 — A, F, *toi et la*; C, D, *vous et la*. — B, *assés sans aler querre*.

122 — A, *Mais or va*; B, C, *Or* [B, *Mais or*] *m'alez*; D, *Mais alez*; F, *Or alez*.

124 — A, B, *Et cil s'en va*; C, *Cil s'en torne et*; D, *Et cil s'en torne*; F, *Cil s'en va et*. — A, *et une huche*; B, C, D, F, *une huche*.

125 — B, *amassés* (vers faux).

126 — D, F, *pere avoit*. — B, *i ot assés*; C, *y ot amasser*. — Après ce vers, D ajoute :

.XL. livres va prendant,
Et si s'en tourna maintenant.

127 — A, *prent, plus n'i sejorne*; D, *entor lui atorne*.

128 — A, B, F, *Chiés dame Auberée retorne*; C, *Chiés dame Aubrée s'en retourne*; D, *Jusqu'à Aubrée ne sejorne*.

129 — C, *Se.* — A, D, *donc*; B, C, *conte*; F, *nombra*. — A, B, C, D, F, *.xi.*.

130 — A, *Mais n'en est pas encor*; C, *Encor[e] n'est il pas*. — B, *mie tous*; D, *pas del tout*.

131 — D, F, *Qu'encor*. — B, *Q'encor ne meche*; C, *Qu[e] il ne li pait*.

132 — A, C, F, *me bailliez*; B, *bailliés cha*. — D, *Or me prestés .i. vert*.

133 — D, *Fait Aubrée*.

136 — A, C, F, *Fait*. — B, *Faire chou que la v. d.*; D, *A fait quanque la v. a d.*

137 — B, *Mout l'a*; C, F, *Bien l'a*; D, *Bien a*.

138 — B, C, D, F, *cele*. — A, D, F, *bien estroit*; C, *tout estroit*.

139 — *met*. D, *mist*. — C, *de desus sa teste*.

140 — A, *Puis se lieve desus*; C, F, *Et se lieve desus* [F *d'en son*]; D, *Et puis est saillie*. — Le vers manque à B.

141 — « Et » manque à D. — « si » manque à E. — C, *Et afubla*; B, F, *Si afubla*. — Ce vers et les quatre suivants (141-145) sont remplacés dans A par les suivants :

> Lors s'en vait droit à la meson
> Au borgois dont dit vous avon(s).
> La vielle avoit bien espié
> Que li sire estoit el marchié.
> Tantost comme ele entra leenz...

142 — B, F, *Adonques le vielle*; C, *Vers l'otel au bourjois*; D, *Tout ensi vers l'ostel*. — C, *acort*.

143 — D, *Ce fu par*.

144 — B, *espiet*; C, F, *encerchié*; D, *encherquié*.

145 — D, *li bourgois*. — B, *n'est*.

146 — « ele » manque à B.

147 — B, *Et il vous gart;* D, *Et si vous saut.* — A, C, F, *o vous.* — A, D, *ma bele.*

148 — A, B, *Et si ait il* [B, *il* manque]; D, *Et Dieus si ait;* F, *Et il ait hui.* — C, *Et (si) ait pitié de l'ame dame.*

149 — B, F, *A l'autre.* — C, *qui fu.* — Ce vers et les sept suivants (149-156) manquent à D.

150 — A, B, C, F, *Dont mes cuers mout.*

154 — B, *Dame.* — B, *or veoir.*

155 — B, *Que.* — A, *de toi.*

156 — A, *puis vostre s.;* C, *ainz mais cest s.;* F, *mais puis lo s.* — B, *le fuel.*

157 — D, *De l'autre dame qui.*

158 — D, *Car.* — D, *contre moi ne fu.* — F, *ne me fist onques refu.* — Le vers manque à C.

160 — D, *Par foi.*

162 — A, C, F, *Si la feïst el;* B, D, *Sel fesist ele.* — A, B, C, D, F, *par mon chief.*

163 — A, D, *Dieus l'asoille;* B, C, F, *Dieus ait s'ame.* — B, *que mout est biens;* C, F, *mout me fist bien.*

164 — C, D, *E Aubrée,* [E, *Auberée*] *vous faut il.*

166 — A, C, D, *Oïl, dame.* — B, *fait.*

167 — A, D, *Une.* — C, *choze a.*

168 — D, *vorroit.* — « vostre » manque à D. — Après ce vers, D ajoute :

> Une seule pintelete *(faux)*
> Car la goute mout le deshaite.

169 — B, *.I. poi.*

170 — A, B, D, F, *li plus.*

171 — A, *j'en sui mout;* B, *trop en sui;* C, *je sui trop;* F, *j'en sui trop.*

172 — A, C, F, *Mais si m'en;* D, *Mais tant* [*m'en*]. — B, *Mais ma fille est si anieuse*

173 — A, F, Qu'il; B, D, Qui. — B, Qui m'an coviant à d.

176 — A, B, D, F, fait la.

177 — A, Qui fu; B, C, D, F, Qui ert.

178 — A, bien fu; B, fu bien; C, bien yer[t]; D, mout ert. — D, enraisnie.

180 — C, Fille. — D, dist ele. — La fin de ce vers et des six suivants est déchirée dans le ms. B; aussi n'est-il possible de donner d'autres variantes que celles du commencement de ces vers.

181 — A, de toi.

182 — D, maintient. — A, F, or tes; D, or vo.

183 — A, Te. — B, Fait il vos; C, F, Fait vous il. — point de. D, sovent; F, or point. — bele. A, bone.

184 — B, Dieus! — F, tenoit. — D, Il avoit l'autre mout ch.

185 — B, Et tant avoit; F, Tant ele avoit. — Le vers manque à C. — Ce vers et le suivant sont remplacés dans D :

> Or voeil je veoir vostre lit ;
> L'autre avoit mout de son delit.

186 — C, Mout voudroie. — A, B, F, Volentiers verroie [F ajoute or] ton.

187 — A, Lors savrai bien; C, Si sarroie; D, Dont savrai je (bien). — Le vers manque dans E. — D, apertement. — Ce vers et les vingt-cinq suivants (187-212) manquent à B.

188 — A, D, F, Se tu gis. — D, belement.

189 —la. C, F, sa.

190 — A, Atant s'est levée.

191 — C, F, Et [F, Et manque] dame Aubrée va après; D, Et la richiaus Aubrée après. — Ce vers et les cinq suivants (191-196) sont remplacés dans A :

> Si s'en est en sa chambre entrée,
> Et la vielle sanz demorée
> La suit après tout sermonant,
> Et la dame li vait disant :
> « Dame Auberée, or esgardez,
> Vez ci biau lit et biau parez. »

192 — D, *En*. — C, *La chambre fu*; F, *La chambre estoit*. — D, *iluec après*.

193 — C, F, *Ambedeus* [C, *Andeus*] *ensemble i*; D, *Andeus ensanbles en*.

194 — C, D, *De maintes choses i*; F, *Et de plusors choses*. — C, D, F, *parlerent*.

195-196 — Ces deux vers sont remplacés par les suivants dans C, D et F :

> Mais la vielle [D, Et Aubrée] la sert de lobes ;
> La dame li moustre ses robes.

197 — C, F, *Après*; D, *Et puis*. — C, *.II. gran[de]s couche[s]*. — A, *Et ci i a mout bele*.

198 — A, *Puis voire ici endroit se*; C, *Dame Auberée, ci se*; D, *Aubrée, » dist elle, « se*; F, *« Ici, » fet la dame « se*.

199 — A, D, *Mesire, et je delés son flanc*; C, F, *Mes sires et je lez son flanc*.

200 — C, *La couche fu d'un*. — A, F, *fu haus de*; D, *fu fait d'un*. — D, *d'un estrain blanc*. — Après ce vers, A et D ajoutent :

> Où il ot grant coute de plume
> Por ce que l'en ne s'i emplume.

201 — A, C, F, *Ot desus* (meilleure leçon); D, *O desseure*.

202 — D, *Aubrée*. — D, *apointe*. — Après ce vers, D ajoute :

> Et le del, qui estoit d'arçal,
> A .I. fil l'atacha aval.

203 — A, C, F, *Et*. — A, *ens el*; C, *en cel*; F, *en ce*. — D, *Ens el cavech de*.

204 — C, F, *Que desoz* [C, *desus*] *s'aisselle*; D, *Qu'ele desoz son brach*. — C, D, F, *portot*. — A, *Que* [*de*]*souz s'aisselle après ot*.

205 — D, *l'estraint*. — A, *Assez parolent d'un et d'el*.

206 — C, *de son oté*. — A, E, *ostel*. — D, *Mais ains que la dame ait conté*; F, *La dame a toz jors acosté*.

207 — F, *Qui*. — A, C, *moustre*. — D, *Ne dite sa parole toute*.

208 — D, *Dame Aubrée*. — A, D, *belement*; E *erraument*.

209 — « par » manque à C et F. — D, *couche*.

210 — Corrigez *el*. — D, *Et puis a dit* : « *Puis*.

212 — D, *Plus avez voir de vo*.

213 — D, *Que n'eut li autre*; F, *Que n'ot ainc l'autre*. — A, B, C, D, F, *bien m'en* [B, D, *me*] *membre*.

214 — A, B, C, D, F, *s'en issent*.

215 — C, *Mais*. — D, *Aubrée*. — B, D, F, *tous jours*; C, *adès*.

216 — dame. E, *vielle*. — A, *Et la dame tantost*; B, C, D, *La dame maintenant*.

218 — A, C, F, *Et une grant piece de*. — B, *Et une petite flammiche*; D, *Et le bacon d'une grant fl*.

220 — gabée. A, *abetée*; B, C, D, F, *asotée*.

221 — A, B, C, D, F, *Par* [F, *Por*] *la viele mais nel* [B, *ne*; D, *n'en*] *set pas* [D, *mot*].

222 — A, B, F, *Dame Auberée*; C, *Si s'en revint*. — A, B, C, F, *isnel le pas*. — D, *Dame Aubrée, plus tost que pot*.

223 — Vers. B, A. — A, *Tantost à l'ostel s'en*; C, *La vielle à son ostel*. — tost. B, D, F, *droit*.

225 — B, C, *Qui de la vile s'en*; D, *Qui du marchiet vient et*.

226 — A, *Et s'en revint;* B, F, *Si s'en revint;* C, *Et est venus;* D, *Et s'en revient*. — A, B, C, D, F, à [B, en] *son repaire.*

227 — A, B, C, D, F, *Et dist que*. — D, *ses chiés li doloit.*

228 — A, B, C, F, *Por ce que li chiés* [F, *cuer*] *li doloit;* D, *Et pour che que dormir voloit.* — Après ce vers, A, B, C, D et F ajoutent deux vers, qui sont un peu différents dans chacun des mss. ;

Dans A :

En sa chambre entre, si se couche ;
Tantost con il fu sor la couche.

Dans B :

En sa cambre vait, si se couche ;
Qant il fu entrés en la couche.

Dans C et F :

En sa [F, la] chambre va, si se couche ;
Tantost con il fu sor sa huche [F, la coche].

Dans D :

Entre en se chambre, si se couque ;
Tantost que il fu sor le couche.

229 — A, B, C, D, F, *Si sent.*

230 — A, *Si se;* B, F, *Si le;* D, *Puis le*. — A, *apoier;* B, *portastier;* D, F, *pochoiier*. — C, *Le lit a pris à paroier.*

231 — A, *Qu'il;* B, D, *Que il;* F, *Quant*. — B, *ki si;* D, *qui.* — Ce vers et le suivant manquent à C.

232 — coute. A, *couche.*

234 — A, C, D, *Et qui lors;* B, F, *Adonc qui*. —

A, *li lançast el cors*; B, *li potast el cors*; C, F, *li boutast ou cors*; D, *le ferist ou cors*.

235 — D, *D'un coutel*. — A, *par desouz*; C, *par en mi*; D, *par dessus*; F, *par delez*.

236 — A, B, C, D, F, *issist il*.

237 — B, C, D, F, *fu durement*. — C, *esmarriz*; D, *abaubis*. — Ce vers et les neuf suivants (237-246) manquent dans A.

238 — C, *Hé Dieus, » dist il*. — ge. C, D, *com*; F, *tant*.

239 — B, *celi*. — B, *onques*. — C, *l'an me dona*.

240 — cort. C, F, *vint*; D, *vient*. — B, *A l'uis vint, si le defferma*. — Après ce vers, D ajoute :

> Et puis revient isnelement
> En sa cambre tout droitement.

242 — D, *Teus*. — B, *l'ot soupris*; C, *l'a sorpris*; D, *l'en est pris*; F, *l'avoit pris*.

243 — de. C, D, *que*.

244 — D, F, *le regarde et*. — Le vers manque à B.

245 — B, C, *Bien*.

246 — B, C, D, *Il*; F, *N'il*. — B, F, *qui*; C, *que*; D, *qu'il*. — F, *ne se*.

247 — C, *Touz*. — A, C, *fu plains*; B, F, *est plains*.

248 — A, *Ha*. — C, *Hé Dieus, » dit il*. — D, *porrai ge*.

249 — A, B, C, D, F, *De cest seurcot, bien sai, par m'ame*.

250 — A, D, *Qu'il fu au lecheor*; B, C, F, *Qu'il est au lecheor*. — A, C, F, *ma fame*; B, D, *ma dame*.

251 — A, *Quar*. — B, *sa volenté*. — D, *Qu'ele anchois ses boins*.

252 — A, *Qu'eüsse son*; C, F, *Qu'elle eüst mon*; D, *Qu'il eüst mon*. — senti. E, *saisi*.

253 — D, *Le sercot prinst*; F, *Il le prist*. — B, *et si le mucha*; D, *si le ploia*. — Le commencement de ce vers et des sept suivants est déchiré dans B. — Ce vers et les trois suivants sont remplacés dans A :

> Bien m'a honi et deceü,
> Quant sus moi a fet novicu dru. »
> Lors prent le surcot et tornie,
> Mès con plus sovent le manie...

254 — C, F, *Après sor son lit*; D, *Sor son lit jut, si*. — B, ... *priès s'aprocha*.

256 — com. D, *que*; F, *quant*. — tel. B, D, F, *cel*; C, *cest*.

258 — F, *Issi*. — A, D, F, *vint la*.

259 — A, C, F, *par la rue*; D, *par les rues*.

260 — A, C, D, F, *Lors prent sa fame, si*. — si. B, *en*; « si » manque dans E.

261 — A, B, F, *Par mi l'uis*; C, *Par le braz*; D, *Par le col*. — la. B, D, *sa*.

262 — B, *n'i sot ocoison*; C, *ne sot l'ochoison*.

263 — A, *A poi de duel n'est forsenée*; B, D, *Pour .I. peu* [B, *A peu*] *qu'ele n'est dervée*. — C, F, *de duel n'est acorée*.

264 — D, *estes vous dame Aubrée*.

265 — C, *Qui d'eus se prenoit*; D, *Qui de lui se prendoit*. — B, *Qui de li ert*; F, *Qui ert de li*. — B, F, *en grant esgart*.

266 — bele. C, *douce*. — te. D, F, *vous*.

267 — D, *Fait Aubrée*.

268 — B, *Dame Aubrée, par Diu*; D, *Ahï, dame Aubrée*.

269 — D, *Mes maris est irés*.

270 — A, *Mais ne sai à*; B, *Si ne sai à*; C, D, F, *Et si ne sai*.

271 — l'en. A, B, on. — D, Ne ne sai qu'on.

272 — B, F, Or; C, Si. — D, Faites me viaus.

273 — D, Que venés o moi.

274 — par. A, por.

275 — B, F, Ge nel vauroie; C, Je ne voudroie; D, Nel vauroie. — D, por nulle. — Ce vers et le suivant sont intervertis dans A : Il cuideroit qu'aucune chose.

276 — B, Que tes pere seüst tel.

277 — B, Qu'il; C, Qui; D, Il. — C, cuidera. — B, qu'aucun. — C, qu'aiés mesfet; D, tout entresait. — Ce vers et le suivant sont intervertis dans A : Qu'envers lui cüses mesfet.

278 — B, F, Eüsses. — A, seigneur; D, baron. — C, Anvers ton seignor d'aucun fet.

279 — Ou. D, Grant. — Ce vers et le suivant manquent dans B et C.

280 — D, F, Por qu'il. — D, F, boutée.

281 — B, U il; F, Et qu'il. — C, [Por] ce qu'il t'ait. — D, Qu'il cuidast qu'il t'eüst trouvée.

282 — o. C, avec; F, à.

283 — D, je quit, tes barons.

284 — B, C, D, F, Si. — F, seras.

286 — A, B, tu en.

287 — C, F, ces rues.

288 — D, est emploiés que ne.

289 — F, Lo vin et lo pain et les pois.

290 — A, Jel te rendrai à double; B, Je le te renderai à; C, Car randu te sera à; D, Je tes rendrai à double.

292 — A, D, Il ert tout fait; B, C, F, Car il iert [B, est] tout à.

293 — savras. D, vorras.

294 — A, B, D, F, Il. — C, Ne te faudra. — B, fors deviser; D, fors commander.

295 — A, C, Quar. — A, B, C, D, F, mout bien.

296 — A, D, *Dedans ma chambre*. — A, C, *encortinée*; B, *bien celée*; D, F, *recelée*.

297 — A, *Ou ja nus hom*; C, D, *Que ja nus hom*.

298 — B, *Tant que tes sires avera*; D, *Dessi que tes maris avra*.

299 — A, B, C, D, F, *s'ivrece*.

300 — B, F, *la vielle*. — A, *Atant la borgoise*.

301 — B, *Qui la mescine od li*; D, *La richiaus Aubrée*. — F, *Qui la borjoise avec li mainne*.

302 — D, *Dame*. — Le commencement de ce vers et des douze suivants sont déchirés dans C.

303 — B, C, *porrez*. — A, *ici ileuques*; B, *ichi avuec moi*. — D, *Porrés vous chaiens estre*.

304 — B, *n'i savra*; F, *ne savroit*. — C, D, *vostre*.

305 — A, B, C, D, F, *Lors la semonse de*.

306 — A, B, D, *Mais*. — B, F, *fait*; D, *en a fait*.

307 — E, *Dieus*.

308 — D, *Que mais ne mengast ne beüst*. — A, *tant qu'il seüst*; B, *ne ne beüst*; C, *juqu'el seüst*.

309 — D, F, *Puis qu'ele a*. — *ceste*. A, *cele*. — B, *Tresqu'atant que ele seüst*.

310 — A, D, *Et dame*. — D, *Aubrée*. — A, *est*. — B, *Por coi a ceste honte eü*.

311 — D, *Erraument*.

312 — B, F, *Lors l'avoit menée c.*; D, *Puis l'en a fait aler c.*

313 — D, *iluecques jouste*.

314 — B, F, *En*. — F, *en*. — B, F, *blanche*; C, *mole*. — D, *Sour bel lit et sour bele koute*.

315 — B, C, F, *l'a la vielle bien*. — A, *Et si l'avoit mout bien*; D, *Et mout richement l'a*.

316 — A, B, C, F, *laissa*. — Le vers manque à B.

317 — A, C, F, *ferma*. — D, *Anchois ferma l'uis*. — B, *ferme l'uis et à*.

318 — C, *De la chambre*; D, *De la maison*. — B, *s'en va.*

319 — B, *Dame Auberée enesle pas*; C, *Et s'en revient plus que le pas*; D, *Et puis s'en va isnele pas.*

320 — A, D, *Pour le*; B, F, *Droit au.* — A, B, D, F, *qui ne dort pas.*

321 — « et retorne » manque à D.

322 — A, *Et.* — C, *ne l'oubliot.*

323 — A, C, *Ce que li a* [C, *ot*]. — F, *De ce que li ot.* — D, *avoit.* — A, B, C, *couvenant.*

324 — A, D, F, *Del cuer.* — F, *en soupire.* — A, *mout forment*; C, D, *mout souvent*; F, *sovent.* — B, *Lors s'est assis en son seant.*

325 — *en.* C, *sor.* — A, *Du lit est sailliz*; D, *Il saut de son lit.* — A, D, *trestoz nus.* — B, *Puis se vest, (si) s'en est revenus.*

326 — A, F, *Puis se vest, si s'en*; C, *Et se lieve, si*; D, *Si se viest, et si.* — F, *issuz.* — B, *A une fenestre tous nus.*

327 — B, *Si se commence à*; F, *Et si se vet hors.*

328 — D, *Et Aubrée.*

329 — B, *Vient.* — D, *tout en tout.*

330 — C, *au gré*; D, *adès.*

331 — B, *Ne va à*; D, *Ne tourne à.* — B, *n'à*; D, *ne à.*

332 — C, *Au vallet vient.* — B, C, D, F, *à la.*

333 — C, *Cil*; D, *Il.* — B, D, *des nouv.*; E, *quel nouv.*

334 — A, C, F, *Ges te dirai*; B, *Je te dirai*; D, *El(le) li respont.* — A, B, C, F, *fait ele.*

335 — B, *Que j'ai t'amie entre*; C, *J'ai si t'amie* [*ens*] *en*; D, *Quar j'ai t'amie ens*; F, *Car je ai t'amie en.* — F, *tes laz.*

336 — B, C, *Et faire* [C, *Et* manque] *en porras*; D,

Avoir en pues tout; F, *que faire en porras*. — A, B, C, D, F, *ton*.

337 — A, B, D, *Jusques à d.*; C, *Jusques demain*. — A, B, *à ceste*; C, *après ceste*. — F, *à iceste*. — *ceste*. E, *cest*.

338 — *n'i*. A, C, *ne*.

339 — F, *Cui*. — C, F, *en gré*. — D, *Soüef avalle les degrés*.

340 — D, *Avoec Aubrée en est alés*.

341 — A, D, *Si* [D, *Or*] *s'en vont*. — B, C, F, *Si* [C, *Et*] *s'en revont*. — A, D, *ambedui*.

342 — D, *Il n'avoit*. — D, *ce me s*.

344 — A, *qui desirroit s'amie*; D, *qui ne le haiot mie*. — C, *La vielle ne s'oblia mie*.

345 — B, *Si se*; C, *Ainz se*. — B, C, *et se*. — « si » manque dans E.

346 — B, *dist il*. — A, C, D, F, *s'ele s'orgueille*; B, *s'elle s'esvelle*.

347 — A, *Et el*; D, C, D, F, *Et ele*. — A, B, C, D, F, *que ferai gié*.

348-350 — Ces vers manquent à B.

349 — *rendu*. C, *tenu*.

350 — D, *Je conseillerai ti*.

351 — D, *Fait Aubrée*. — F, *et si*.

352 — *reborse*. B, *irouse*. F, *farouche*. — A, *Et se ele vers toi se frouche*; C, *C'elle est vers toi point faroche*; D, *S'ele point vers toi se courece*.

353 — A, B, C, D, F, *Et*. — C, *.iii. tans*.

354 — D, *Œuvre*. — A, B, D, F, *la robe*. — A, B, *si entre enz*; C, *si te musse anz*; D, *saut dedens*; F, *et te met enz*.

355 — A, *Et quant ele*; B, *Tantost qu'ele*; C, *Bien sai dès que*; D, *Maintenant qu'el(e)*; F, *Et si tost con*.

356 — A, C, F, *La besoigne*. — B, *Autrement la besoigne*. — D, *Ta besoigne faite sera.*

357 — B, *Si le verras tantost*. — Ce vers et le suivant manquent à C.

358 — A, *Si en feras tout*. — Après ce vers, D ajoute :

> Aubrée va l'uis deffrumer ;
> Si laissa ens celi entrer
> Qui mout forment le desiroit
> Et doucement le goulousoit.

359 — D, *Errant en est*. — au. B, *an*. — C, *n'est plus demorez*. — A remplace ainsi ce vers et le suivant :

> Lors s'est couchiez sanz demorer ;
> Si la commence à tastoner.

360 — B, C, F, *Lés la borgoise s'est* ; D, *Delés la dame [s']est*.

361 — A, *Et tout*.

362 — B, *Adonc*. — D, *s'esveilla*.

363 — B, *Et (mout) durement s'est*. — A, B, C, *tressalie*. — D, *Qui de paor fu esbahie* ; F, *Et est mout forment esmarie*.

364 — A, C, D, *Quant ce li sent*. — C, *si fut* ; D, *s'en est*. — B, F, *A bien poi qu'ele n'est salie*.

365 — D, *Fors de son lit, si*. — et. C, *mais*.

366 — B, *Se (li)* ; D, *Si*. — A, D, F, *Dame*. — D, *tournés*.

367 — D, *Je sui li*. — doz. A, *chiers*.

368 — D, *Cui*. — vos. C, *tant*. — D, *en paine*.

370 — B, C, D, *nue*. — A, *vos truis* ; B, C, D, F, *vos tien*.

371 — Ce vers et le suivant manquent à B et C.

373 — B, D, *Certes*. — A, *fet el, « rien ne vous*.

374 — B, C, F, *Car*.

375 — sera. B, *seront*. — D, *chi sera tantost venue*. — C, *Que la grant gent et la menue*.
376 — C, *I seront mout tost acorrue*.
377 — A, C, F, *Par foi*; D, *Dame*. — il. C, *cil*. — D, *noient ne monte*.
378 — A, B, C, F, *Ci ne voi je*; D, *Chi ne voi riens*.
379 — D, *Quant les grans gens et les menues*.
380 — A, B, C, D, F, *verront*.
381 — A, *Il*; B, C, F, *Qu'il*. — D, *Et si est plus*.
382 — A, B, C, F, *N'i avra*. — C, *celui qui*. — D, *Dont n'i avra nès .I. ne cuit*.
383 — D, *n'aie*. — A, B, C, D, F, *à grant plenté*.
384 — A, B, C, D, F, *ma volenté*.
385 — A, C, F, *Mout vaut or mieus*; D, *Mieus vous vient or*. — A, B, C, *celée*.
386 — *nostre*; C, *ceste*.
387 — A, *nos trois ne le*; C, *de nos trois le*; D, *que trois ne le*.
388 — A, B, F, *La borgoise ne set que face*; C, *Atant soëf vers lui lassache*; D, *Maintenant près de li le sache*.
389 — C, *embrasse*. — Ce vers et les trois suivants manquent dans A, B et F. — Ce vers et les neuf suivants (389-398) sont remplacés par les deux suivants dans D :

> Et celle li fait bel atrait :
> Li uns devers l'autre se trait.

392 — C, *que face*.
393 — B, *Mout li vient mieus*. — « il » manque à C et E. — A, C, F, *à repos*.
394 — A, *Qu'ele porroit*; B, *Bien porroit*; C, F, *Qu'el porroit*. — A, *cueillir*.
395 — Ce vers et le suivant sont intervertis dans F.
396 — A, B, C, *Que n'i*.

397 — Ce vers et les trois suivants sont tous différents dans les quatre mss. A, B, C et F. On lit dans A :

> Ja est tournée à autre fuel
> La borgoise et lest son orguel.
> Li vallès près de li se trest,
> Et cele li fet bel atret :
> Si se jouent ensamble et font
> Tout ce por qoi ensamble sont.

On lit dans B :

> Or est tournée en autre fuel
> La borgoise atout son orguel :
> Mout s'asouage et mout s'acoise,
> Et li varlès sovent le baise.
> Si se deduisent par amor
> Trestoute nuit de chi au jor.

On lit dans C :

> Mout s'asoage, mout s'aqoise,
> Et li vallez sovant la baise,
> Et elle li fet let atrait ;
> A une part de l'autre se trait (sic),
> Puis joignent anssanble et si font
> Ce por coi assanblé i sont.

On lit dans F :

> Ja est tornée en autre foil
> La borjoise et tot son orgoil :
> Mout s'asoage et mout se plese.
> Li damoisiaus souëf la baise ;
> Cele li fet mout bel atret.
> Si se jouent, et si i font
> Ce por coi asanblé i sont.

399 — D, *Icele joie ensamble font.* — « i » manque dans E.

400 — D, *Par quoi là assanblé se font.* — Après ce vers, D ajoute :

> Car n'en quier ichi plus parler
> Ne vilain mot ne ruis conter;
> Toute la nuit jurent ensamble.
> La bourgoise de paour tranble,
> Que ele crient mout son mari
> Qui mout avoit le cuer mari :
> De sa femme nient ne savoit
> En quel lieu elle se gissoit.
> Mais elle fait bien son soulas :
> Son ami tient entre ses bras.

401 — A, *li solaus lieve.* — B, C, F, *Au matinet quant l'aube crieve;* D, *Ens el demain quant solaus lieve.*

402 — A, C, *Dame Auberée si se lieve;* B, *Et dame Aub[e]rée se lieve;* D, *Et la dame Aubrée se lieve;* F, *Dame Auberée tost se lieve.* — Après ce vers, le ms. F est déchiré; le texte manque jusqu'à la fin du fabliau.

403 — A, C, *Si lor.* — D, *plus tost.* — « au » manque à C. — A, C, D, *que pot.* — Ce vers et les dix-neuf suivants (403-422) manquent à B.

404 — C, *et poucins an rot.* — D ajoute un vers sans rime suivi de quatre autres :

> Et des pastés fait venir tost
> Qu'on fait à Compiegne faitis,
> Et les boins gastelès rasis
> Lors fait venir privéement,
> Et du boin vin à son talent.

405 — C, *Et quant il vindrent;* D, *Si les a assis.* — Ce vers et les cinq suivants sont remplacés dans A :

> Ainsi sont tant que vint la nuit
> Que il menerent lor deduit.

406 — C, *a cel;* D, *ot nul.* — D, *qui fesist.*
407 — C, *mangerent.*
408 — C, *Emmedui an bon gré.*
410 — C, *à la vesprée;* D, *l'autre vesprée.*

411 — D, *en droit se.*
412 — D, *Et dame Aubrée lor retourne.*
413 — A, *Quanqu'el fet.* — C, *qui;* D, *qu'il.* — A, C, D, *fu.*
414 — A, *Quar il i a mout pou du sien;* C, *Car il n'i avoit rien dou sien;* D, *Car elle n'i met rien du sien.*
415 — D, *ront tout lor.* — Ce vers et le suivant manquent dans A.
416 — D, *gissent.* — Ce vers et le précédent sont remplacés par les suivants dans A :

> Assez mengierent et si burent;
> Anbedui en bon gré reçurent
> Le service dame Auberée
> Qui mout a cela confortée.

419 — *en.* A, D, *à.* — C, *Cornille l'abaïe.* — Il y a encore un prieuré de S. Corneille au milieu de la forêt de Compiègne, reste de l'abbaye mérovingienne.
420 — A, *Et quant en ont.* — C, *la cloche ot;* D, *la cloche ont.*
421 — D, *Aubrée, si s'est levée.* — A, *se lieve.*
422 — A, *Que li levers pas ne li grieve;* C, *Si se vest et si s'apareille;* D, *Si est vestue et atournée.*
423 — B, *Puis vient;* C, *Et vient.* — B, *là où.* — A, C, D, *gisoient.*
424 — A, *Qui volentiers;* B, *De lor amor;* C, *Qui lor amors;* D, *Qui par amor.* — A, *se deduisoient;* B, *s'entredevisent;* C, *s'entredisoient;* D, *s'entracoloient.*
425 — B, *douce amie.*
427 — B, *Que ja est ouviers li mostiers.*
428 — B, *Tu avroies bien;* D, *Desormais seroit.*
430 — *l'en.* A, *si.* — B, D, *s'en descordast.*
431 — D, *Mais ne l'ose de riens desdire.*
432 — B, *La vielle li commenche;* D, *Et cele li commence.* — *prant.* A, C, *prist.*

434 — A, C, *Encor porras bien*; B, *Tu porras assés*; D, *Tu i porras bien*. — Après ce vers, D ajoute :

> A t'amie encore autrefois;
> Ja mar en seras en defois.

435 — B, *A ta joie et à*; D, *Souvent i tenra*.

436 — « ot » manque dans E. — B, C, *La vielle avoit*. — D, *plus de uit*. — A, *La vielle chandoiles plus d'uit*.

437 — A, *Prent, dont chascune ot une*. — ont, corrigez out. — B, *ot une*; C, *avoit une*.

438 — A, B, C, *Entre la vielle*.

439 — A, B, *S'en*; « Se » manque à D. — C, *Andui s'en issent*. — D, *de lor*.

441 — « et » manque dans C et D. — B, *Devant N. D. l'image*.

442 — A, B, C, *Et la vielle*.

443 — C, *Fist*. — B, C, *gesir*.

444 — B, *Se li prie*; C, *Et li prie*; D, *Si li dist*. — B, *de la*.

445 — B, *Son mari ne li soit .ii.* — « à » manque à C. — A, C, *.ii.* — D, *pois*.

446 — D, *Et Aubrée a fait*.

447 — A, B, C, D, *Des [B, De] candelles*. — A, B, C, *que ele avoit*; D, *qu'ele portoit*.

448 — A, B, C, D, *A [B, En] une lampe*. — A, *du feu voit*; B, C, *où feu avoit*; D, *ù feu argoit*.

449 — A, *Ses alume*; B, *Les aluma*; C, D, *Les alume*.

450 — A, B, C, D, *mist*.

451 — C, *au pié*. — A, C, *la tierce à destre*; D, *la terche à senestre*.

452 — C, D, *La quarte li*. — mist. A, B, *fu*. — D, *diestre*.

453 — C, *Lors*. — A, B, D, *vint*.

454 — A, B, C, D, *Et dist :* « *Soiez toute seüre.*
455 — B, *Gardez comment qu'il vous a.*; D, *Et gardez bien comment qu'a.*
456 — A, *Ne te mueves.* — C, *jusques je viegne.*
457 — A, *Mès soiés ci;* B, C, *Si vous gisez.* — D, *Et soiiés chi tant que reviengne.*
458 — dit. A, B, C, *fait.*
459 — A, *se contint;* D, *se contient.* — Ce vers et les cinq suivants (459-464) manquent à B.
460 — D, *Et Aubrée.* — A, *tint;* D, *tient.* — C, *Tot maintenant d'ilec s'an torne.*
461 — C, D, *Vers.* — D, *le b.*
462 — A, C, D, *Qui por.* — A, C, D, *iriés estoit.*
463 — D, *Qu'il ne se savoit.* — Ce vers et le suivant manquent à C.
464 — A, *qui por esveillier.*
465 — A, *Vient à l'uis, si i huche et;* B, *Chiés le borgois vint (et) hurte et;* C, *A l'otel vient et hurte et;* D, *Vint à son huis et si le.*
466 — C, D, *Li borgois.* — B, *cil oreille et si.*
467 — B, *Que bien.* — D, *Qui tel chose vosist.*
468 — D, *resjoïr.*
469 — A, *Atant.* — D, *Il se lieve, l'uis deffruma.* — Ce vers et le suivant manquent à B.
470 — C, *Aubrée li.* — D, *Tantost Aubrée demandast.*
471 — A, D, *Tantost comme ele;* B, *Tantost qu'Aubrée;* C, *Si tost com elle.*
472 — A, C, *fet.* — B, *recreans.* — D change ce vers et en ajoute six autres :

> Et Dius, » fait ele, « soit chaiens
> Et si vous doinst or(e) boine nuit !
> Biaus dous sire, ne vous anuit,
> Mais atendés .I. poi à moi :

FABL. V.

> Vous estes mout faillis, je croi.
> Je cuit vous soiiés negligens,
> Ne valés mie .II. païens.

473 — B, *Li chaitis, li mal afaitiés*; D, *Ains estes mout .I. ensonniés.*

474 — D, *Hé! dame Aubrée, à bien.* — Après ce vers, D ajoute :

> Fait li bourgois, si s'esbahi,
> Quant il chou dire li oï.

475 — C, *cil.* — A, B, C, *qui vous maine.* — D, *Dont venez vous ore.*

476 — A, B, C, *à respondre ne*; D, *respont, plus n'i.* — C, *sojorne.*

477 — B, *Je le vous*; C, *Ges [te]*; D, *Gel te.* — A, C, *ja sans mençoingne*; B, *sans mençonge*; D, *tout sans alonge.*

478 — A, *pesant*; B, *mout fier*; C, *si fier*; D, *si mal.*

479 — A, D, *de la paor m'esv.*

480 — C, *Et en moi.*

481 — A, D, *Car.* — C, *ce.*

482 — B, C, *Si [B, Je] m'en alai à.* — A, *ving en*; D, *vint à.*

483 — B, *Droit.*

484 — D, *Trouvai gissant la vostre f.* — Ce vers et les cinq suivants manquent dans A et C.

485 — D, *esperdue.*

486 — D, *Trestoute m'en sui.*

487 — D, *Que.*

488 — D, *As piés destre et senestre.*

489 — D, *toutes ardans.*

490 — D, *gisoit ta fame à dens.*

491 — A, *Toute estendue.*

492 — A, D, *Mout as*; B, *Trop as*; C, *Mout as or*. — A, B, *faite*. — D, *grande*.

493 — D, *S'en sera maudite*. — Ce vers et les dix-sept suivants (493-510) manquent dans A.

494 — A, C, *D'envoier à tele eure*; D, *Devant l'autel gist toute*.

496 — D, *De damedieu*. — te. A, D, *tout*. — C, *seigna*.

497 — Ce vers et les neuf suivants (497-506) manquent dans A.

498 — C, D, *Toute m'en sui*. — C, *espoantée*.

499 — C, *Et si me vient à*; D, *Si m'en vint à*.

500 — C, *tel anfant*; D, *cel enfant*. — C, *qui ore*; D, *qui ensi*.

501 — C, D, *cel*. — D, *rendon*.

502 — D, *Or*. — C, D, *sa*.

503 — D, *en ses cortines* (meilleure leçon que celle de E). — C, *Jesir par desoz ces cortines*.

504 — as. C, *au[s]*.

506 — D, *De damedieu l'esp*.

507 — C, *Soies tu,* » fait elle « *saigniez*. — dit. D, *fait*.

508 — E, *benoite*. — C, *Et ben[e]oiz et prosoigniez*. — A, *presingnie*.

509 — A, *Veus en tu*; D, *En vieus tu*. — Ce vers et le suivant manquent à C.

511 — A, *Qui nule*; B, *Que jone*.

512 — D, *Aubrée*.

513 — D, *De*. — A, *il souscot*; D, *son cuer ot*. — B, C, *Du mauvais penser que il ot*.

514 — A, B, C, D, *Et [B, Que] ce ne fut*.

515 — C, D, *Il n'i*.

516 — A, B, C, D, *Dame, pour Dieu et pour son non*.

517 — A, D, *Dist li bourgois*; C, *Fait li prodons.*
518 — A, C, *Lieve sus*; B, *Lieve toi*; D, *Venés i.* — A, C, *si porras*; B, *sel pues.*
519 — vos. A, C, *te*; B, *t'en.* — D, *delivrement.*
520 — A, *Et cil se lieve isnelement*; B, *Et il se lieve vistement*; D, *Et cil fait son commandement.*
521 — A, D, *N'a or talent*; B, *Qui n'a talent*; C, *Que n'a talant.* — D, *qui.*
522 — A, *Maintenant en vint*; B, *Or s'en vont endui*; C, *Endui en vindrent*; D, *Ambedoi s'en vont.*
523 — A, B, C, D, *Que de demore* [D, *Qui demourée*] *n'i ot point.*
524 — A, B, C, D, *Cil* [A, *Et*] *treuve* [B, *trova*] *sa feme en tel point.*
525 — A, *Tout belement vers lui*; B, *Par le bras contremont*; C, *Maintenant celle part*; D, *Maintenant près de li.* — se. B, *le.*
526 — A, B, C, D intervertissent ce vers et le suivant. — A, C, *Con la v.* — ot. D, *a.*
527 — C, *Par les braz.* — B, *Et la borgoise si se*; D, *Et encontremont si le.*
528 — A, *En bas li dist que*; B, *Li borgois li dist*; D, *Et si li dit* [*que*].
529 — A, *Li avoit fait la*; B, *Li ot faite tel*; C, *Li a faite par*; D, *Li avoit faite.*
530 — A, *Atant reviennent en*; B, *Si s'en revont en lor*; C, *Si ss'en revindrent en* (*sa*); D, *Atant s'en viennent en.* — Après ce vers, D ajoute :

> Et Aubrée va à la soie :
> Le vallet treuve toutes voies ;
> Elle li dist : « Biaus dous amis,
> Or ne soiiés mie abaubis :
> N'alez à le maison vo pere,
> Car par le foi que doi saint Piere,

Vostre sercot ravrés, je quit,
Ains que voiiés demain la nuit.
— Dame, » fait il, « mout grant merchi ! »
Atant s'est de l'ostel partis
De dame Aubrée la pichaise,
Et li vallès qui mout fu aise
Va en maison, si s'arestut,
Car à s'amie avoit geüt;
Et li bourgois vint en maison.
Sa famme fait .I. çandrillon
Et [le] li fait humer tout caut.
Bien est dechus par le Richaut.

531 — D, se recouquent.

532 — A, B, C, covri.

533 — B, D, ot grant.

534 — est. A, fu. — du. D, de.

535 — B, C, Qu'ele a vers son signeur eü.

536 — A, Quant il n'a le sorplus seü; B, Quant il n'a plus le soir eü; C, Quant il ne sot le sorplus; D, Car son voloir ot bien eüt.

537 — B, C, Et li borgois. — A, Li bourgois de l'autre. — C, tot de voir cuide. — D, Mais ses barons mout bien cuide.

538 — la. C, sa.

539 — A, Ou... ou. — D, De plourer. — B, C, D, de jeüner.

541 — A, tout à sejor; D, tout à genous.

542 — A, Et que plorast et; B, C, Por le corous de; D, Et k'eüst plouré. — A, D, nuit et jour.

543 — C, Assez. — D, delez sa feme jut. — Ce vers et le suivant manquent dans A et B.

544 — D, Tant que li clers jours aparut.

545 — D, Et. — en haut. B, au main; C, amont; D, endroit. — A, Au matin quant li solaus hauce.

546 — B, Et li. — A, se lieve. — B, et chauce.

547 — Ce vers et le suivant manquent à B et C; ils sont ainsi remplacés dans A :

> Aler s'en veut droit au moustier
> Por Jhesu no pere proier.

548 — D, *de la maison ist.* — Après ce vers, D ajoute :

> Sa femme va querre à mengier,
> Car tans est de l'apareillier;
> Si com de maison duit issir,
> Sa destre main mist à loissir.

549 — A, *Il;* D, *Si.* — A, *saigna son chief.*
550 — « Et » manque dans A. — C, D, *Aubrée.* — A, D, *salli;* C, *saute.* — Après ce vers, D ajoute :

> Or escoutés de la Richiaut
> Comme elle a bien trouvé Flohaut.

551 — A, B, *Si;* C, *Qui;* D, *Aubrée.* — « si » manque dans E. — A, B, C, *s'escria.*
552 — B, *por la vraie;* D, *sainte vraie.* — Après ce vers, B ajoute :

> Or vauroie bien estre arse!
> .Xxx. sous! dolereuse, lasse!

553 — B, *Or me poise que je sui vive;* D, *Or ne quier ge mais que plus vive.* — Ce vers et le suivant sont intervertis dans B et D. — Ce vers et les trois suivants manquent dans A et C.
554 — B, *.Xxx.! dolereuse chaitive.*
555 — Ce vers et les trois suivants manquent à B. — Ce vers et le suivant manquent à D.
557 — A, C, *Or.* — D, *Car mout par sui.* — Ce vers et le suivant sont intervertis dans C.

559 — B, *Car il m'est trop.* — C, *Quant j'ai si tel sorcot perdu.* — Ce vers et les trois suivants manquent dans A et D.

560 — B, C, *Ez vos le borjois là.*

561 — B, C, *Qui li demande que ele a.*

562 — B, C, *Et ele cort.*

563 — Ce vers et les trois suivants sont remplacés dans B et C :

>Que de crier point ne se lasse :
>.Xxx. sous ! dolereuse, lasse !

C ajoute encore quatre autres vers :

>.Xxx. sous ! lasse ! .xxx. sous !
>Or vanra saians li prevous
>Qui penra tel petit con j'ai.
>.Xxx. sous ! lasse ! où les prenrai ?

565 — A, *Prendre cel petitet.* — D, *S'en portera quanque jou ai.* — Après ce vers, D intercale les vers suivants :

>.Xxx. saus ! lasse ! que ferai ?
>Hé ! Dieus ! aidiés ceste orpheline !
>.Xxx. saus ! sainte Catherine !
>Je n'ai vaillant .1. fust de corre !
>Et .xxx. saus me convient querre
>D'un sercotiel qui est malvais.
>Hé ! .xxx. saus ! sains Nicholais !
>Je vous ferai si lonc sermon ;
>.Xxx. saus ! » huche en .1. randon,
>Sachiés plus de .xl. fois,
>La male vielle demanois.
>« Chou, » fait elle, « sachiés pour voir ! »
>Pour le bourgois mieus decevoir,
>Le penne li trait bien par l'uel ;
>« .Xxx. saus ! » crie par orguel !
>« .Xxx. saus ! lasse ! .xxx. saus !

> Je n'ai mie vaillant .ii. aus!
> Com par sui ore mal baillie!
> Hé! .xxx. saus! sainte Marie!
> Biaus sire Dieus! ù les prend(e)rai?

566 — Après ce vers, D ajoute :

> Quant li bourgois oï Aubrée
> Qui li a vendut la vessée
> Et pour vessie et pour lanterne,
> Il le preudomme point ne ferne
> Qui n'i entendoit sē bien non ;
> Dame Aubrée mist à raison.

567 — B, *Car me di or, se Dieus t'aïst*; C, *Car me di ore sans mantir.*

568 — C, *que Dieus t'aït.*

569 — A, *Vous menez si*; B, *fais tu ci trés*; C, *tu moines si*; D, *demenés si.*

570 — B, *Or le me di, car je le vuel*; D, *Dist li bourgois : « Savoir le vuel. —* A, C, *jel savrai, mon vuel.*

571 — A, *« Par foi sire, jel vos*; B, *« Sire, et je le vous*; C, *Dit la vielle : « Jel vous*; D, *Dist Aubrée : « Jel vos.*

572 — A, B, C, *Que ja ne vos en*; D, *Que ja de mot ne.*

573 — B, *M'envoia l'autrier.* — Ce vers manque à D.

574 — D, *et rapariller.*

575 — A, *Moi aporta*; B, *M'ot envoiet*; C, *M'ot aporté.* — D, *La fourrure de son.*

576 — A, *Qu'il ot rompu*; D, *Je li prestai.* — D, *à son.*

577 — B, *Ne sai les traus ou trois.* — A, C, .iii. *d'esc.*

578 — D, *Jel pris, si m'en.*

579 — le. B, *ce* ; C, *cel.*
580 — A, *Un.* — B, *petit me sent.* — D, *Car .1. poi me trouvai.*
581 — A, *Icel jor par mesavanture.*
582 — D, *alai par malaventure.* — A, *M'en issi atou ma cousture.*
583 — C, *Icel jor defors* ; D, *Si faitement fors.* — Ce vers et le suivant manquent dans A.
584 — B, C, D, *Mescheü.*
585 — A, *Quant j'ai icel.* — D, *Car (je) ne sai dire par quel mot.* — Ce vers et le suivant manquent à B et C.
586 — A, *Dont il m'est trop mal avenu* ; D, *U jou ai laissiet le sercot.*
587 — A, *Si ne sai pas, lasse, où je sui* ; B, C, *Que je ne sai pas où je sui* ; D, *Car je ne sai là où je sui.*
588 — A, B, C, *Que ferai je se.* — Le vers manque à D.
589 — C, *Quant je ne oi.* — Ce vers et le suivant manquent à B. — Le vers et les sept suivants (589-596) manquent dans A.
590 — C, *Et se aucuns ne le m'ansaigne* ; D, *Mais s'aucuns ne le m'en renseigne.*
591 — C, D, *Et l'en le vieut.* — B, *loier.*
592 — Après ce vers, D ajoute :

> Au diemanche par matin
> Le ferai je par saint Martin ;
> S'en ferai le malichon lire :
> Pour che le vous di, biau dous sire.

593 — les. C, *ces.* — D, *Demain devant l'uis du moustier.*
594 — B, *Il n'est ore mie* ; C, *Il ne m'e[s]t or mie* ; D, *Il ne me fu mie.*

298 NOTES ET VARIANTES

595 — C, *De renoier.* — D, *de si grant.* — Ce vers et le suivant manquent à B.

596 — Avec ce vers commence le fragment G, du ms. de Chartres.

597 — B, *laist*; D, *me i.*

598 — E, *G'é.* — G, *Je lessai.* — A, C, *G'i lessa pendant.* — B, D, *Jou i laissai pendant mon del.*

599 — A, B, C, D, G, *Avec [C, Et] m'aguille.* — cel. B, *cest.*

600 — A, G, *à grant*; B, *à kier.*

601 — Ce vers et le suivant manquent dans A. — Ce vers et les vingt-cinq suivants (601-626) manquent à B.

602 — C, D, *vallez.* — C, *tote jor.*

603 — A, *Et li vallès*; D, *A mon ostel.* — C, *Saians à moi (et) si me demande*; G, *Et si m'engoisse et demande.*

604 — E, *li surcoz.* — A, *A fere .xxx. s. d'amande*; C, *.Xxx. sous à paier commande*; D, *A rendre .xxx. s. et commande*; G, *Que .xxx. s. li face d'amende.* — Après ce vers, D ajoute :

> .Xxx. sous ! lasse ! n'en ai quatre ;
> Dont (me) commenche paumes à batre,
> Et à mener un duel si fort.
> Mes cheveus et mes poins detort ;
> Sire, com je par ai grant duel,
> Je vauroie mourir, men voeil.

605 — de. A, *du.* — D, *U je vauroie estre dervée.*

606 — D, *Et car... Aubrée.*

607 — en. D, *à me.*

608 — D, *Oie.* — A, G, *por*; C, D, *por l'o.*

609 — D, *Avoir.*

610 — C, *Que mal avoit ma fille.* — Ce vers et le précédent sont remplacés dans D :

Avoir de vostre pain levet ;
Vo femme qui pas ne vos het
Et mout volentiers m'en donna,
Car ma fille me demanda
Por che qu'on ne pooit gouster
De blanc mengier ni avaler.

611 — D, *Oie, je i fui.* — A, *or m'en;* C, D, *bien me;* G, *ce me.*
612 — D, *Vo femme.*
613 — D, *U.*
614 — A, *Ilueques vi;* C, *Sor son lit ot;* D, *Et là vi(eu)c je;* G, *Sor .1. lit vi.*
615 — E, *Estandre.*
616 — A, C, *Ainz.* — si. D, *plus.*
617 — G, *qu'il.* — C, *que sor mon conte.*
618 — A, D, *Que je m'endormi sor la;* C, *m'endormi trés desor la;* G, *M'endormi iluec sor la.*
619 — D, *Tant que vo femme;* G, *Tant que la dame.* — A, D, G, *m'esveilla.* — Ce vers et les trois suivants manquent à C.
620 — D, *Et.*
622 — A, D, *Et je me mis lues.*
623 — D, *Cel jour meïsme ensi.* — A, *en celui jor.* — A, C, D, G, *m'avint.*
624 — G, *Que.*
625 — A, *ne mès;* C, G, *mès tant.* — A, G, *souche;* C, *sache;* D, *sousque.*
626 — A, *souz la;* G, *sor ma.* — C, *Que jo laissa desoz la coute;* D, *Que je l'embloia en le coute.*
627 — les. G, *ces.* — D, *la novele.*
628 — D, *A grant merveille li fu belle.*
629 — A, D, *s'il i.* — G, *deé.* — Ce vers et les trois suivants manquent à C, et sont remplacés dans B :

Mout li sont venues à gré :
N'ot tel joie puis qu'il fu nés.

630 — A, *N'ot mès*; C, G, *Il n'ot.* — D, *pour Noel.*
631 — A, G, *Com il avra*; D, *Que il avra.* — le. A, *li.*
632 — A, G, *l'esprueve.* — D, *Talant a que il voie l'evre.*
633 — B, C, D, G, *vers son ostel se trait.* — A, *A son ostel vient tout à tret.*
634 — B, *A sa huge vient.* — A, B, C, D, G, *si en trait.*
635 — A, *qu'il i ot.* — A, B, C, *mucié*; D, *couchiet.*
636 — B, *Quant il i.* — A, C, D, E, *i trueve* [E, « i » manque].
637 — à tote. A, *et tenir*; G, *o toute.* — D, *Le del et puis tenir l'aguille ensanle.*
638 — B, *Qu'il.* — C. *Qui .xx. mars li donast ensamble.*
639 — « il » manque à D.
640 — A, C, D, G, *Par.* — B, C, D, *le creator.*
641 — B, C, *tot vraiement* [C, *tot* manque]. — Ce vers et le suivant sont remplacés dans D :

> Bien sai, me femme n'est pas fole,
> Mais voist souvent à la carole.
> A tous jours mais voir l'amerai,
> A nul jour mais nel mesquerrai ;
> La servirai, car chou est drois,
> Car ainsi le porte li lois,
> De cest sercot dont le mescroie,
> Et grant mal i souspecenoie
> A ma femme qui simple cose
> Que plus est vermeille que rose,
> Car bien ai le cosse esprouvée.
> Benoite soit or dame Aubrée !

643 — G, *Quant l'ai.* — D, *chi trouvé.* — la. B, C, *sa.* — Ce vers et les cinq suivants manquent dans A.

645 — B, D, se.

646 — B, G, *A dame*. — D, *Aubrée si*. — C, *en raporte*.

647 — B, C, D, G, *Le surcot*. — B, C, *et si li bailla*; D, *et si li donna*; G, *si le li livra*. — Après ce vers, D ajoute les suivants :

> Et li vallès bien les garda
> Qui tout en adiès fu en agait ;
> Del joie en a ne set qu'il fait,
> Que pour un poi ne muert de ris
> Pour le bourgois qu'est abaubis.
> « Tenés, » fait li bourgois, « Aubrée,
> Boine estrine et boine journée !
> Or alés tost, mandés le vin ;
> Faites le nuit de saint Martin,
> Car vous ravés vos .xxx. saus.
> — Sire, » ce respont li Richiaus,
> « Vous m'avés fait mout boine estrine
> Et si m'avés mis hors de lime
> Du vallet qui estoit mout fols,
> Qui me demandoit .xxx. sols
> Del sercot qui ne vaut que vint. »
> Ensi du bourgois [en] avint
> Qui de sa femme se douta.

648 — C, *Qu'ans[i]*, — D, *Aubrée*.

649 — *de*. G, *dou*. — B, C, D, *de son mal p*. — A, *Ainsi fu hors de mal p*.

650 — B, C, G, *Que puis* [B, *plus*] *ne li plot* [C, *lut*].—A, *Quar onques puis n'i vout penser*; D, *Que il n'i puet nul mal penser*.

651 — A, *Quant il fu du surcot*; B, *De ce surcot fu si*; D, *Car du surcot fu il*; G, *Que de ce surcot fu*.

652 — E, *cel*. — A, B, *Et la vielle ot*; C, *La vielle ot ses*; D, G, *Et cele ot ses*. — A, C, D, G, *.XL. livres*.

653 — *ot*. A, C, G, *a*. — Ce vers et le suivant manquent à B.

654 — A, C, D, *Car tuit troi sont à* [D, *en*] *gré*.

655 — D, *proverbe vuel*. — A, B, *prover*; D, *conter*.

656 — A, D, G, *Que poi*. — B, *Qu'on ne puet en*; C, *Mieus ne puet on*.

657 — *de*. D, *par*.

658 — D, *Sel*.

659 — A, *Tele est en bone*; B, *Tele va hors de*; C, G, *Telle ist fors de sa*; D, *Car telle ist de sa*.

660 — B, C, *Se femme n'iert*; D, G, *Se feme n'ert*. — *la*. A, B, *le*.

661 — A, C, G, *Qui seroit nete et*; B, *Qu'il seroit bone et*; D, *Qui nete seroit*. — D, *femme et ferme*.

662 — C, *Ici*. — D, *chieus essamples*. — C, JEHANS *cest fablel ci define*; G, *A cest fabliaux se define*.—Après ce vers, D ajoute les vers suivants :

> De dame Aubrée de Compiengne.
> S'en dites tout, maus li aviengne
> Et li et toutes les Richiaus
> Qui se mellent d'estre pichaus !
> Li bourgois dont je di l'afaire
> Qu'il ne vesqui puissedi waires,
> Ains morut et ala à fin ;
> Et li vallès ens en la fin
> Par le conseil de Jacopins
> Prinst le femme ; com pelerins
> L'en convint aler outre mer
> Et si l'estat bien confesser.
> Et si le dis tout as preudommes :
> Pour chou si [nous le vous] dissommes
> C'ains Dieus ne fist li mal avoir
> Comme de male femme avoir,
> Que femmes font et mal et bien :
> On nes puet tenir en loiien.
> Qui bone l'a, si le maingtienne
> Et la mauvaisse son frain tiengne.

L'explicit est différent dans plusieurs manuscrits. Dans

A, « Explicit d'Aubrée de Compiègne » ; dans B, « Chi define de dame Aubrée » ; dans C, « Explicit d'Aubrée » ; dans G, « Explicit de la vielle Auberée ». Il est à noter que le nom de l'auteur ou plutôt de *l'arrangeur* du fabliau, « JEHAN », ne se trouve que dans le ms. C au dernier vers ; s'agit-il ici du poète picard Jean de Boves, dont nous possédons plusieurs autres pièces ? La chose est probable, si l'on remarque que la scène de notre fabliau se passe à Compiègne, à la limite de la Picardie.

Ce conte, d'origine orientale, qu'on trouve déjà dans les paraboles de Sendebad et dans le *Roman des Sept Sages*, a été postérieurement imité par les Novellieri italiens, entre autres par Domenichi dans ses *Facéties*. On peut rapprocher du type de l'entremetteuse au moyen âge, que nous présente ce fabliau, le portrait que le poète Regnier a fait, au XVIe siècle, du même personnage, dans sa XIIIe satyre (Macette). Un conte de La Fontaine, *On ne s'avise jamais de tout*, inspiré indirectement par une des *Cent nouvelles nouvelles* (nouv. XXXVIIe), offre quelques traits de ressemblance avec notre récit, qui a fourni aussi à Imbert le thème d'une de ses pièces.

CXI. — DE LA DAMOISELE QUI N'OT PARLER DE FOTRE QU'I N'AUST MAL AU CUER, p. 24.

Donné en extrait par Legrand d'Aussy, IV, 315-317.

Vers 2 — * Vos ; ms., *Nos*.
12 — * son ; ms., *so*.
31 — * qui ; ms., *que*.
66 — * « set » manque au ms.
72 — * homes ; ms., *home*.

75 — * longues; ms., *longue*.
100 — * el; ms., *ele*.
131 — * Ce; ms., *Se*.
161-162 — Ces deux vers riment mal, l'un ayant une finale en *ée*, l'autre en *iée*.
195 — « et a » manquent au ms.

Cette pièce, jusqu'ici inédite, est une nouvelle version d'un fabliau déjà publié dans notre troisième volume, p. 81-85. Voyez, pour les rapprochements qu'on peut faire de ce conte, le troisième volume, p. 342-343.

CXII. — DE .III. DAMES QUI TROVERENT .I. VIT, p. 32.

Imité de très loin par Legrand d'Aussy, IV, 196-198, sous le titre « Des trois femmes qui trouvèrent une image ».

Vers 10 — Il s'agit ici du mont Saint-Michel, ce qui permet d'attribuer à ce fabliau une origine normande.
48 — Lisez *qu'ele ot sa*.
49 — * s'els; ms., *s'el*.
66 — * et; ms., *et en*.
86 — * ne sera; ms., *n'ert ja*.
92 — * el; ms., *ele*.

Voyez, sur cette nouvelle version allongée d'un fabliau anglo-normand, publié précédemment (IV, 128-132), les notes de notre quatrième volume, p. 274-275.

CXIII. — DO PRESTE QUI MANJA MORES, p. 37.

Vers 52 — * trespassasse; ms., *trespassage*.

Une autre version de ce conte a été publiée dans notre quatrième volume, p. 53-56 ; voyez-en les notes, p. 235-236.

CXIV. — Du Vilain Asnier, p. 40.

Publié par Robert, *Fabliaux inédits*, p. 15-16, et donné en extrait par Legrand d'Aussy, III, 219-220.

Vers 40 — « a » manque au ms.
49 — * ne sens ne ; ms., *et sens et*. Corrigez mieux *ne fait sens ne*.

Ce récit, dont il existe une rédaction latine (*Histoire littéraire*, XXIII, 206), n'a aucun rapport avec *le Vilain Asnier* ou *Dit de Merlin Merlot*. On le retrouve dans les *Histoires facétieuses et morales*, p. 189.

CXV. — De l'Espervier, p. 43.

Publié par M. G. Paris, *Romania*, VII, 3-9, dont nous reproduisons le texte à peu de chose près.

Ce fabliau porte dans le ms. le titre : « C'est le lay de l'Espervier, » par analogie avec certains lais bretons contenus dans le même ms.

Vers 13, 21, 51 et 84 — * entre eus ; ms., *entreus*.
41 — * sire ; ms., *sires*.
65 — * Molt durement ; ms., *Moldurement*.
68 — Sur cette locution « c'est la compaignie Tassel », qui fait sans doute allusion à un traître célèbre, voyez une note de M. G. Paris, *Romania*, VII, 5.

99 — * s'il i ; ms., se il.
105 — * ses ; ms., sen.
200 — Il y a certainement une lacune après ce vers.
202 — * Ms. Son escuier qui le tenoit.
212 — * mes sire ; ms., messires.
217 — * Ostés ; ms. Oste.

Cette histoire est d'origine indienne ; on la trouve dans le Çukasaptati, l'Hitopadeça, et dans un récit de Sendebad. Quant aux imitations, elles sont nombreuses : elles se présentent, d'abord, dans une traduction allemande des *Gesta Romanorum*, puis dans Boccace, dans le Pogge, et, après eux, dans Sansovino, Henri Estienne, etc. Pour plus de détails, voyez l'article de M. Gaston Paris, *Romania*, VII, 9-21.

CXVI. — DE BOIVIN DE PROVINS, p. 52.

A. — Paris, Bibl. nat., Mss. fr.   837, fol. 66 v° à 68 v°.
B. —   »   »   »   24432, fol. 49 v° à 52 r°.

Publié par Barbazan, III, 1, et par Méon, III, 357-369 ; traduit par Legrand d'Aussy, IV, 209-216.

Ce fabliau est attribué à COURTOIS D'ARRAS par Fauchet (*Œuvres*, 1610, fol. 584 a), sans que nous puissions voir la raison de cette attribution ; Dinaux, reprenant cette thèse, suppose que le nom de l'auteur BOIVIN, qui paraît au v. 379, n'est que le pseudonyme de COURTOIS.

Vers 1 — B, *Un bon.* — B, *de vins.*
2 — B, *Si se pensa.*

4 — B, *Et qu'il.*
5 — B, *fist com l'ot.*
6 — B, *Tout se vesti.*
7 — B, *tretout ensemble.*
8 — B, *Tout fu d'un drap.*
9 — B, *Si ot chauces d'un gros.*
12 — B, *tant de.*
13 — B, *fu bien.*
14 — Après ce vers, B ajoute :

> Et ces cheveus avoit mellés ;
> Ne voult que peigne i fust boutés
> Le jour ne .iiii. fois ne trois.
> Bien contrefist le vilenois.

15-16 — Ces vers se lisent dans B :

> Et pour mieus resembler vilain,
> Prist .1. aguillon en sa main.

17 — B, *Une grande b.*
19 — B, *Ainz n'en n'i ot.*
20 — B, *Lors.*
21 — B, *Trésdevant la maison.*
23 — B, *qui à Provins fust.*
24 — B, *Il c'est assiz de lez.*
25 — B, *devant la.*
26 — B, *Lez lui a mis.*
28 — B, *Or orrez ja qu'il dit.* — Après ce vers, B ajoute :

> Et comment il se goulousa
> Et le moquois qu'il recorda.

29 — B, *Dit le vilain.*
32 — B, *Je deüsse de.*
33 — B, *Du tout en tout.*

35 — B, *J'ai.* — B, *.xxxii.*
38 — B, *male hart le puist on.* — Les quatre vers suivants manquent à B.
43 — B, *Et il vendra.* — Ce vers et le suivant sont intervertis dans B.
45 — B, *Que il voudra.*
46 — B, *Male goute ait il en la g.*
47 — B, *Que jamès li fera.*
48 — B, *Je li metrai tretout.* — Les deux vers suivants manquent à B.
51 — B, *J'ai de Brunel* .L.
52 — B, *Illec.*
55 — Ce vers et le suivant manquent à B.
57 — B, *Et s'en vousist.*
59 — B, *.lii. et .xix.*
60 — Après ce vers, B ajoute :

> Et la laine de mes aingnaus,
> Et ma gument et mes porciaus
> Furent vendus tout autretant
> .ii. fois .l., ce sont cent.

61-62 — Ces deux vers se lisent dans B :

> Ce dit .i. gars qui m'en fist compte,
> .v. livres me dit que ce monte.

Les deux vers suivants manquent à B.
65 — B, *Mès je nel savroie.*
67 — B, *A chascun pois prendre .i. sost.*
68 — B, *savré je bien tost.* — Les douze vers suivants (69-80) manquent à B.
82 — B, *qui est bien.*
85 — B, « *Mabile, quar.*
87 — Ce vers et le suivant manquent à B.
89 — B, *fetes nous pès.*

90 — Ce vers et les deux suivants sont remplacés dans B :

> Ne faites pas noise ne plès.

93 — B, *Touz ces.*
94 — B, *Crevez moy l'ueil et.*
95 — B, *S'il li en remest ja.*
97 — B, *Qu'il ne pensent, si con moy semble.*
98 — B, *Et li.*
100 — B, *Tant les conta et reconta.*
101 — B, *or ai.*
102 — B, *seroit il.*
103 — B, *Que les estuie, si ert cens.*
104 — B, *Helas ! » dit il, « quant me porpens.*
105 — B, *De Mabile.*
107 — B, *Qui s'en fouï par fol avoir.*
108 — B, *Or fust dame de mon avoir.*
109 — Ce vers et le suivant manquent à B.
111 — B, *Mès .1. clerc l'en mena par guile.*
113-114 — Ces vers se lisent dans B :

> Comment eüs si fol courage
> Qui estiez de bon parage.

Les huit vers suivants (115-122) manquent à B.
124-126 — Ces vers sont remplacés dans B :

> Or orrez qu'il avint en l'eure.
> Mabile issi de sa maison :
> « Pour l'amour Dieu, sire, pardon,
> Le vostre non quar me fust dit ! »
> Et cil respont sanz contredit.

127 — B, *J'ai non dan.*
128 — B, *Et vous.*
129 — B, *Plus que fame qui soit vivont.*
130-138 — Ces vers sont remplacés dans B :

> Après ce li vilains respont,
> Com s'il fust marriz et plain d'ire :
> « Niece, » dit il, « je ne puis dire.

139 — B, *La joie que j'ai à mon cuer.*
140 — B, *N'estez.*
141 — B, *Ouïl, » dit el(le).*
142 — B, *dit il, « grant piece.*
143 — B, *Et mout lonc temps.*
144 — B, *Tout maintenant.*
145 — B, *En tel maniere li fet joie.*
146 — B, *Et li h. de mi.*
147 — B, *Qui issirent de.*
148 — B, *Demandent qui est ce pr.*
149 — B, *ore de.*
150 — B, *Il est mon.*
151 — B, *Dont je vous ai tant de.*
152 — B, *se torna.*
153 — B, *Tret la langue et torne.*
154 — B, *Et li ribaut li.*
155 — B, *il vostre.* — B, *por voir.*
156 — B, *Mout en devez grant joie avoir.*
157 — B, *Et lui servir du tout en tout.*
158 — B, *Et il vous amer sans redout.*
159 — B, *Sire preudon, tous sommes.*
160 — B, *Foy que doi saint Pere l'apostre.*
161 — B, *avez.* — Allusion à S. Julien, patron des hôteliers : avoir l'hôtel S. Julien, c'est être bien accueilli.
163 — B, *Que nous aiens de vous plus chier.*
166 — Ce vers et les quatre suivants (166-170) sont remplacés dans B :

> Et puis [l'ont] en .I. banc assis.
> Mabile les mist à raison :
> « Or ça, mi gentil compaignon,
> Querrez moi oes et poucins,

> Et si pourchaciez de bons vins,
> Et si querrés de gras chapons. »
> Adont parla .I. des gloutons :
> « Dame, » fait il, « venez avant ;
> Que pourrons nous faire d'argant?
> — Qu'avés vous dit, (elle) ribaut failli?
> Vous semblez mouton acueilli...

171 — B, *Engagiez cotes et sourcos.*

172 — B, *gist li.*

173 — B, *Vous avrez sempres ces .C. solz.*

174 — B, *Ce mengier vous sera bien solz.*

175-178 — Ces vers sont remplacés dans B :

> Adont s'en vont sans demorance
> Et aporterent sanz doutance...

179 — B, *.IIII. chapons atout .II. oies.* — Les deux vers suivants manquent à B.

182 — B, *Ce dit Mabile : « Ysanne, soies.*

183 — B, *Isnelle de l'ap.*

184 — B, *doncques veïst cil.* — B ajoute après ce vers :

> Rire mout fort et eschivier,
> Et si aprestent le mengier.

185 — B, *Plument ces chapons et ces oes.*

186 — B, *fait.*

187 — B, *a à.*

189 — B, *parole à.*

191 — B, *Et vostre f. et mi neveu.*

192 — B, *Sont il ore vaillant et preu.*

193-196 — Ces vers sont remplacés dans B :

> Belle, » dit il, « il sont tuit mort ;
> Mès vous serez mon reconfort.

197 — B, *En vo païs, en vostre.*

198 — B, *M'en iré o vous,* » *dit Mabile.*
199 — B, *Par pou me* (ms. *ne*) *faitez* [*vous*] *pleurer.*
200 — *Mès se ce fust après souper.*
201 — B, *Il alast ja tout autrement.*
202-203 — Ces vers sont remplacés dans B :

> Et Ysanne haste forment
> Le mengier tant que tout fu prest,
> Et les tables metre s'en vest,
> Pour ce qu'au preudomme n'ennuit.

204 — B, *Dame,* » *dit Ysanne,* « *c'est cuit.*
205 — B, *oes tretes du.*
206 — B, *Ysanne illecques mout se haste.*
207-209 — Ces vers sont remplacés dans B :

> Qui veïst ces tables garnir
> Et apareillier à plesir
> De sel, de coutiaus, de bons vins,
> Au brouet furent les poucins
> Dont chascun ot grant escuelle.
> Si ot .I. ribaut qui oeille,
> Qui souvent fait au vilain corne.

210 — « voit » manque dans A. — A, *n'ert pas.* — B, *Il le voit bien, il n'est pas borgne.*
211 — A, *Qui.* — B, *Qu'il est gabez.*
212-218 — Ces vers sont remplacés dans B :

> Devant lui met on .I. chapon
> Et demie oe par delez,
> Et si i ot de bons pastez
> Et oublées et chanetiaus.
> Bien fu serviz le vileniaus.

219 — B, *li donnerent à.*
222 — B, *Ses mains desous sa chape.*
223 — B, *Si.*
224 — B, *Biaus oncles, qu'alez vous.*

225 — B, *Dit Mabile.*
226 — B, *foy que doy toy.*
227 — B, *Je vueil paier .XII. deniers.*
228 — B, *Ice mengiers vous est trop chiers.*
229 — B, *Ce dit Mabile.*
230 — B, *Que il ja n'i metra.*
231 — B, *Quant orent mengié et beü.*
232 — B, *Mabile ne c'est plus teü.*
233 — B, *Seigneurs, alez [vous] en.*
234 — B, *Grant bien vous fera.*
235 — B, *Et si repensez du souper.*
236 — B, *Quar mout bien vous va du disner.*
237-250 — Ces vers sont remplacés dans B :

> Adont s'en vont en mi la rue.
> Mabille ne c'est arrestue;
> Après eulz leur a bien l'uis clos :
> Bien fu fermé, non pas esclos.
> Lors a pris à parler Mabille,
> Qui mout savoit barat et guille :
> « Oncle, dites moi par vostre ame,
> S'onques eüstez part en fame,
> Que la vostre fame fu morte.
> Folz est li hons qui trop sorporte;
> Soulas de fame qui est faille
> Nient plus ne vault que fet paille.
> — Belle niece, par saint Germain,
> Bien a .III. anz, j'en sui certain,
> Qu'à fame n'oy ne part ne hart :
> De tieus chose ne m'est pas tart,
> Et si n'ai de tout ce que faire.
> — Tesiez vous, oncle debonnaire. »

252 — B, *Atant.*
253 — B, *Lasse ! j'en avré grant pechié*
254 — B, *A ces amis la fortrei gié.*
255 — B, *G'en cüsse eü grant avoir.*
256 — B, *Pour le sien pucelage avoir*

257 — B, *car je*.
258 — B, *en a guingné l'euil*.
259 — B, *Que sa*.
260 — B, *Et celle en fu toute apensée*. — Les huit vers suivants (261-268) manquent à B.
269 — B, *Ysanne ala*.
270 — B, *Après lui ala dant Fouchier*.
271-280 — Ces vers sont remplacés dans B :

    Li vilains ne s'oublia mie
    Pour parfaire sa lecherie;
    Copa sa bourse de sa main
    Et si la mist dedens son sain,
    Et tant qu'en la chambre en entra,
    Et tant qu'il [i] fu avala,
    Et tant a fait qu'il asouvit
    Tout son talent et son delit.

281 — Ce vers manque à B.
282 — B, *Quant se lieve, si a veü*.
285 — B, *Comme j'ai fait*.
287 — A partir de ce vers, le ms. B change toute la fin :

    ...J'ai perdu .c. soulz de deniers;
    Niece, ci a maus acointiers! »
    Quant Mabile escouta Fouchier,
    Si se commance à escrier :
    « Or hors, filz à putain, larron,
    Issiez tost hors de ma maison.
    — Ainz me faites ma borce rendre.
    — Ainz avrez la hart à vous pendre !
    Se vous de ce ent n'issiez hors,
    Je vous feré moudre les os;
    Je li redout au prevost dire. »
    Or tost vilain sans contredire
    Samblant fet d'aler au prevost.
    Après le cul li ont l'uis clos.
    Dont va à Ysanne Mabille;
    Si li a dit tretout par guile :

« Or ça, » dit elle, « douce amie,
Celle grosse bource farcie?
— Dame, comment vous bailleray, »
Dit Ysanne, « ce que je n'ay?
Par le baron saint Nicolas,
Dame, la bource n'é je pas.
Si l'ai je assez cerchiée et quise.
— Tu mens, a po que ne te brise
Orendroit tretoutes les dens;
Tant par ores [es] de maupens,
Tu la copas, jel sé de voir.
La cuides tu por toi avoir,
Par la sainte digne char Dé?
Mar te vint onques en pensé! »
Lors l'a Mabille si combrée
Que contre terre l'a getée ;
Si l'a tant frapée et batue
Par .I. petit qu'el(le) ne la tue;
Et son houlier i est venus
Qui mout en par fu iracus.
Quant il voit sa meschine batre,
Entr'eulz .II. se vont entrebatre,
Et l(i) 'autres houlier[s] i survient,
Qui à mout grant merveille vient.
Quant il voit Mabile en tel point,
Lors [et] fiert et frape et empoint
Et se prent au houlier Ysanne :
Sa robe qui est de couleur fauve
Li despiece toute et chapigne ;
N'i remest coiffe de Compigne
A descirer ne chaperon.
Tant s'entrebatent li glouton,
Et tant ont hurté et bouté
Que tuit se sont ensanglanté ;
Il se derompent les poitrines,
Et ausi furent les meschines ;
Il s'entrerompirent les piaus.
Sachiez s'il i eüst coustiaus
(Ja) se fussent entredommagiez ;
Mès il les orent engagiez
Pour le vin qu'orent au disner.
Chier leur couvandra acheter,
Ce vous dis je bien, cest escot,

Si en seront tenuz pour sot,
Si comme vous pourrez oïr,
Mès que vueilliez .1. pou tesir.
　　Li vilains tout droit s'en ala
Où le prevost trouver cuida,
Car il savoit bien où il ere ;
Li vilains ne se tret arriere,
Ainz va là où li prevost fu.
Quant dant Fouchiers l'ot conneü,
Tretout li conta mot à mot
C'onques n'en failli d'un seul mot
La lecherie qu'il ot faite,
Et li prevolz vers lui s'esploite :
Si le fist .III. jours sejorner
Pour la moquerie conter.
Et quant dant Boivin s'en ala,
Le prevost .xx. soulz li donna,
Et Mabile si fu monstrée
Et par Prouvins de tous moquée
Qui mieus amast estre à Coloigne
Que venu(e) li fust tel(le) besoigne
Pour ce qu'el(le) cuidoit plus savoir
D'omme trichier et decevoir
Par barat et par traïson
Que nulle fame ne nulz hon ;
Pour ce di à touz, ce me semble,
Bon larron est qui autre[s] emble.

　　Explicit Bovin de Provins.

Cette nouvelle, mise en vers par Imbert, est l'original d'un conte de Boccace (*Journ.* II, *nouv.* 5) ; voy. à cet égard *Die Quellen des Decamerone* de Marcus Landau, p. 39.

CXVII. — De Saint Piere et du Jougleur, p. 65.

A. — Paris, Bibl. nat., Mss. fr.　837, fol. 19 r° à 21 r°.
B. —　　"　　　"　　　"　　19152, fol. 45 r° à 47 r°.

Publié par Barbazan, II, 184, et par Méon, III,

282-296; traduit par Legrand d'Aussy, II, 243-250, sous le titre « du Jongleur qui alla en enfer ».

Le ms. B a comme titre : « D'un jungleor qui ala en enfer et perdi les ames as dez. »

Vers 6 — « pas » manque à B.
7 — Ce vers et les trois suivants manquent dans A.
11 — A, *Mès mout sovent en la chemise.*
12 — A, *Estoit au vent et à la bise.*
13 — A, *De lui ne sai.*
15 — B, *chauce.* — Ce vers et le suivant manquent dans A.
19 — B, *deferretez.*
20 — B, *estoit.* — B, *fiertez.*
21 — B, *Par estoit mout de grant ator.*
25-26 — Ces deux vers manquent dans A.
27 — B, *La tav. et les dez.*
28 — B, *Quanque il avoit il.*
29 — B, *voloit il estre en boule.*
30 — « la » manque à B. — A, *la foule.*
31 — B, *chapelet vert.*
32 — B, *Tous tens.*
35 — B, *contint.*
36 — B, *Dès or orrez que.*
40 — B, *ne velt.*
42 — B, *Vint à la mort.* — Les quatre vers suivants manquent à B.
47 — B, *qu'il est morz.*
48 — B, *li fu mie.*
49 — B, *Sor.*
50 — B, *Droit en enfer.*
54 — B, *Li autre usurier ou larron.*
55 — B, *Vesques, prestres, moines.*
57 — B, *Qui en vilain pechié menoient.*

59 — B, *Venu s'en sont droit en anfer.*
61 — B, *vit.*
62 — B, *« En la foi, » fist il.*
63 — B, *mie tost esté.*
65 — B, *Giter les fait en la chaudiere.*
66 — B, *ce m'est aviere.*
67-68 — Ces vers sont intervertis dans B :

> Vous n'estes mie tuit venu
> A ce que ge ai ci veü.

71 — B, *le siecle engignier.*
72 — B, *Si ne set ame gaaignier.*
74 — B, *à loisir.*
79 — si. B, *l'en.*
80 — *« Di va, » fait il, « comment t'esta.*
81 — B, *Es tu.*
82 — B, *Sire, nennil.*
86 — B, *Mainte parole laide et.*
89 — B, *Ami, de chanter n'ai.*
90 — B, *Quar d'autre arc nous covenra traire.*
91 — « tu » manque à B.
95 — B, *ai ge.*
96 — B, *s'est assis au.*
100 — B, *Estoient trestuit.*
107 — B, *mes ames sor le[s] ieus.*
108 — B, *Que ges te.*
109 — B, *Se en perdoies une seule.*
113 — B, *que ge.*
115 — B, *Amis, sor ce.*
116 — B, *par foi.*
117 — B, *Se tu une seule en perdoie.*
118 — B, *Lues trestot vif te mengeroie.* — Les six vers suivants manquent dans A.
127-128 — Ces vers sont remplacés dans B :

> En enfer toz seus est remés ;
> Seignor, .1. petit m'entendés.

129 — B, *Comment.*
130 — B, *En enfer tot droit s'en ala.*
131 — B, *Quar mout fu.*
132 — B, *Barbe longue.*
133 — B, *En enfer entre tot senez.*
134 — B, *i porte.*
136 — B, *Trestout soëf et puis.*
138 — B, *pour dez geter.*
139 — B, *Et si aport .III. dez pleniers.*
146 — B, *que ma.* — Ce vers et le précédent sont placés dans B après le v. 148.
147 — B, *Laissiez m'en pais.*
149 — B, *Et dist S. P. : « Biaus amis.*
150 — B, *Met des ames ou.*
151 — B, *Dist li jougleres : « N'oseroie.*
154 — B, *Ou.*
158 — B, *Voiz gaaignier ces esterlins.*
159 — B, *Qui sont toz forgiez.*
160 — B, *Ge t'en doig à .C. s. fardel.*
161-162 — Ces deux vers se lisent dans B :

> Quand cil vit que en i a tant,
> Sachiez mout li vint à talent.

163-164 — Ces deux vers sont intervertis dans B.
165 — B, *Et dist à S. P. à dr.*
169 — B, *bon a.*
170 — B, *Moi ne chaut s'ele est bl.*
173 — B, *Avant.*
177 — B, *Si s'assiéent.*
178 — B, *Il.*
181 — B, *a geté, que qu'il anuit.*
182 — B, *Et dist S. P. : Ge ai .VIII.*

187 — B, *Voire,* » fait il, « *ge sui honiz.*
188 — B, *si vaille.*
190 — B, *tot maintenant.*
191 — B, *.XVII. poins à cele.*
193 — B, *Voire,* » fait il, « *tot ai perdu.*
196 — B, *tu me doiz.*
197 — B, *Puis vaille .XII.*
198 — B, *dit S. P.*
203 — B, *Voire,* » fait il, « *par les elz beu.*
204 — B, *Il n'avint onques mès de gieu.*
209 — « *le* » manque à B.
212 — B, *Sera ce à.*
213 — B, *huimain adès.*
214 — B, *.XXI. avant et tant après.*
217 — B, *.XV.*
219 — B, *ge l'otroi.*
220 — B, *après ce.*
221 — B, *a geté par le.*
224 — B, *Que je voi sines en .II. dez.*
227 — B, *si m'aïst Dieus.*
228 — B, *A duel me tornera cist gieus.*
231 — B, *Que vos nes asseoiz...*
233 — B, *que fustes mout.*
234 — B, *Qui encor.*
235 — B, *Encor.*
236 — B, *De.*
237 — B, *forment s'aïre.*
240 — B, *costume est de tel.*
242 — B, *li assiet.*
243-244 — Ces deux vers manquent dans A.
245 — B, *vous mauvais gloton.*
246 — B, *vos me tenez.*
247 — B, *Si..... Michiel.*
248 — B, *doig sur le chief.*

250 — B, *Liere estes vos.*
251 — B, *Qui noz ames volez trichier.*
253 — B, *que vous.* — A, *le mes;* B, *les me.*
254 — Après ce vers, B ajoute :

> Savoir se il vos remenroient,
> Par ceste teste non feroient.

255 — B, *Et cil saut por.*
258 — B, *Et il.*
259-260 — Les deux vers sont intervertis dans B.
261 — B, *Roidement.*
263 — B, *Sa chemise jusqu'au.*
265 — B, *Quant il voit sa cheveceüre.*
266 — B, *Passer jus c'outre sa.*
267 — B, *Mout par ont entr'aus .II. luitié.*
268 — B, *Feru, bouté et desachié.* — Après ce vers, B ajoute :

> Li uns saiche, li autres tire,
> La robe au jugleor descire.

269 — B, *Iluec voit li joglié trés bien.*
271 — B, *Quar il n'est.*
273 — plus. B, *si.*
276 — B, *fait il.*
279 — B, *S'à gré vos vient et atalent.*
280 — Lisez « Mout ». — B, *Mout m'atalent.*
281 — B, *Ainz du gieu.*
283 — B, *ge dis grant vilenie.*
284 — B, *Or me repent de ma folie.*
285 — B, *Pis me feïstes vos assez.*
289 — B, *ge l'otri.*
290 — B, *Adonc s'acorderent ainsi.*
291 — Lisez « Piere ». — B, *Sains Peres dit : « Or m'escoutés.*

292 — B, .LXIII.
294 — « geu » manque à B.
295 — B, *Sire, joons, s'à bel.*
296 — B, *Ou soient ui .xx.*
297-298 — Ces deux vers sont remplacés dans B :

    Ge le ferai par tel couvent
    Que tu me feras ensement. »
    Li jogleres dit : « N'en doutez
    Que ja vos i soit deveez.

299 — B, *Or me di donc.*
300 — B, *Paieras me tu.*
301 — B, *il, « sanz maltalent.*
302 — B, *Prenez ames à vo talent.*
304 — B, *Volez, champions, larrons, moines.*
305 — B, *cortois, volez, vilains.*
306 — B, *princes ou chastelains.*
307 — B, *Dist Sains Pere.*
308 — B, *mesprison.*
313 — B, *Dieus n'en a.*
314 — B, *gieus m'a trahi.*
315 — B, *Li joglerres gita avant.*
316 — B, *puerement.*
318 — B, *Encore vaura cest.*
319 — B, *.XII. .xx. vaille.*
320 — *Li joglerres dit.*
321 — B, *Tous les .XIX. .xx. vaille bien.*
322 — B, *Getez.*
324 — B, *en .II. et el tierz as.*
325 — B, « *Compains,* » *fait il,* « *ge l'a joé.*
327 — B, *il.*
329 — B, *Dieus! con je sui maleüreus.*
330 — B, *C'onques ne fui aventureus.*
331 — B, *Et sui toz jors mout.*
332 — B, *vivans.*

334 — ce. B, *bien.*
335 — a. B, *ot.*
338 — B, *atendomes tuit.*
339 — B, *l'otri.*
340 — B, *à mi.* — Les deux vers suivants manquent dans A.
343 — B, *S'eüsse mon argent.*
344 — B, *Nient eüssiez.*
345 — B, *Se ge puis.*
347 — Ce vers et les cinq suivants sont remplacés dans A :

> Ne sai que plus vous en deïsse,
> Ne que lonc plet vous en feïsse.

354 — B, *Tant a.*
356 — B, *les gita.*
357 — B, *Si s'en revait.*
358 — B, *esmaris.*
359 — B, *Qui durement fu esperduz.*
361 — B, *Li maitres entre en sa.*
362 — B, *Et garde.*
363 — B, *N'i voit.*
366 — B, « *Vassal,* » *fait il,* « *con a ouvré.*
367 — Lisez « ames ».
370 — B, *.I. vielz hons vint çaienz.*
371 — B, *Qui aporta.*
372 — B, *Ge le cuidai mout bien avoir.*
374 — B, *Si me.*
375 — Ce vers et les cinq suivants manquent dans A.
381 — B, *lierres trichieres.*
382 — B, *Vos jogleries sont trop chieres.*
383 — B, *Et qui çaienz.*
384 — B, *Par saint Pol.*
385 — B, *Au malfé en vienent.*

386 — B, *celui aporté avoit.* — Les six vers suivants manquent dans A.

393 — B, *et chevelé.*

394 — B, *le lor a creanté.*

395 — B, *Et dit que jamais à nul jor.*

397 — B, *Li maitres vint.*

398 — B, *Vassal, » dit il.* — Les deux vers suivants manquent à B.

401 — Ce vers et les cinq suivants manquent dans A.

407 — B, *Vuidiez l'ostel, de vos n'ai cure.*

408 — B, *s'en fuit.*

409 — B, *enchacent tirant.*

410 — B, *acorant.*

412 — B, *Si.* — B finit ainsi :

> Cil entre euz or est à garant ;
> Adonc retornent li tirant.
> Or faites feste, jogleor,
> Ribaut, houlier et joeor,
> Que cil vos a bien aquitez
> Qui les ames perdi as dez.

Ce conte a été rimé par Imbert. Un récit du même genre, dans lequel S. Bernard joue un rôle analogue à celui de S. Pierre dans le fabliau, est rapporté par l'*Histoire littéraire* (XXIII, 110-112).

CXVIII. — Du Prestre qui dist la passion, p. 80.

Publié par Méon, II, 442-444, et donné en extrait par Legrand d'Aussy, IV, 141-142.

Vers 4 — Le « venredi aouré » est le Vendredi Saint.

23 — Le prêtre commence à dire les vêpres du dimanche, au lieu de l'office de la Passion.

CXIX. — Le Meunier et les .ii. Clers, p. 83.

Publié par Th. Wright, *Anecdota literaria*, 15-23. (La pièce n'a pas de titre dans le ms.)

Vers 35 — * jo ai ; ms., *j'ai*.
90 — * amors ; ms., *amort*.
154 — * nient ; ms., *ni*.
155 — « en » manque au ms.
173 — * Aus ; ms., *Au*.
176 — * aitre ; ms., *artre*.
199 — * Que ne m'en aille ; ms., *Que je n'aille*.
295 — * Se viaus ; ms., *Serviaus*.
318 — * molu ; ms., *nolu*.

Cette pièce est une seconde forme d'un fabliau de Jean de Boves, publié précédemment (I, 238-244) sous le titre « De Gombert et des .ii. Clers ». Nous avons dit dans les notes relatives à ce fabliau (II, 301-304), auxquelles nous renvoyons, qu'il y avait trois versions de ce récit en ancien français ; c'est une erreur. Le texte du ms. de Berne 354 (fol. 44 r° à 45 v°) porte le titre « d'Estula et de l'anel de la paelle », mais contient la rédaction publiée dans notre premier volume. C'est donc un troisième ms. à ajouter aux deux qui nous ont déjà fourni ce texte.

CXX. — La male Honte, p. 95.

A. — Paris, Bibl. nat., Mss. fr.   837, fol. 233 r° à 233 v°.
B. —   »   »   »   12603, fol. 278 r° à 279 r".

Publié par Barbazan, II, 70, par Méon, III, 204-209, et donné en extrait par Legrand d'Aussy, IV, 159.

NOTES ET VARIANTES

Vers 1-4 — Ces vers sont remplacés dans B :

> En Engleterre fu manans
> .I. vilains riches et poissans.

3 — Il s'agit dans ce vers de Cantorbéry.
5 — B, *ert à mout.*
6 — B, *enforche.*
11 — B, *Del vilain.*
12 — B, *On l'apeloit.*
13 — B, *ricoise(s) estoit casés.*
16 — B, *en doit.*
17 — B, *A mis.*
19 — B, *si le quarqua .I.*
22 — B, *desroi.*
23 — B, *si s'en tourna.*
24 — B, *prist, si le carcha.*
25 — B, *Dessi.*
27 — B, *Au mieus qu'il pot.*
28 — Ce vers manque à B.
30 — B, *et les.*
31 — B, *Puis si a dit.*
32 — B, *Rois, je t'aport.*
34 — B, *Que.*
35 — B, *le boin.*
36 — B, *Jel vous ai fait si bien.*
38 — B, *Si ne vous.*
40 — B, *li malfés.*
41 — B, *U tu aies.*
42 — B, *Anchois que j'aie d.*
43 — B, *me volés (trop) malvais.*
44 — B, *Que... m'apremmès.*
46 — B, *son palais grant.*
47 — B, *Son palais grant et sa.*
50 — B, *Pour.*

51 — B, *Et cil qui ert prins en.*
53 — B, *en a portée.*
56 — B, *li vilains.*
57 — B, *C'ariere ne repair[er]a.*
58 — B, *si tant que.*
60 — B, *reçoivre.*
61 — B, *Ne son boin compere en couper.*
64 — B, *bien porra avoir.*
66 — B, *Qui tous en a froissiés.*
67 — B, *nuit herberge ens en.*
69 — B, *A la court revint.*
72 — B, *avoec li.*
73 — B, *De ses barons.*
76 — « Nichole », aujourd'hui Lincoln (évêché).
77 — B, *moi escouter, si.*
79 — B, *Si ne.*
80 — B, *l'aiez.* — Après ce vers, B ajoute :

>La male honte par raison
>Doit demourer en vo maison.
>— Oiés, seignor, » ce dist li rois,
>« Con cis vilains me tient mes drois !
>Fel estes et fiers et hardis,
>Qui moi laidengiés et maudis :
>Tu i dev(e)roies mout bien perdre ! » (ms. prendre)
>A .II. serjans le fait aerdre
>Qui le traient fors de la court,
>Mais ains que li vilains s'en tourt,
>Li ont donné ces .xxx. cols
>Qui tous li ont froissiés les os ;
>Et li vilains mout se demente
>Et mout durement se tormente :
>« Mar vi, » fait il, « la male Honte !
>Tant en avrai anui et honte.
>Cis mauvais rois que me demande,
>Que si laidengier me commande,
>Et mout est grans et plains de visces
>. . . . .
>S'il ne reçoit demain la male,

NOTES ET VARIANTES

> N'en orai mais parole male,
> Ne plus ne l'en ferai proiiere,
> Ains m'en retournerai arriere. »
> Le nuit en la ville s'aaise,
> Mès des grans cols fu à malaise.
> L'endemain se leva au jour,
> Dusc'à palais ne quist sejour ;
> La male Honte à son col pent,
> D'aler à court ne se repent.
>   Des barons est la sale plaine,
> Et li vilains trés bien se sainne ;
> Anchois k'en la court soit entrés,
> A les barons tous encontrés,
> Et le roi tout premierement.
> Si aloient (tous) communaument
> Tout messe oïr à .I. moustier,
> Et li vilains dist son mestier :
> « Je revieng, » fait il, « sire rois,
> La tierce fie, c'est le drois ;
> Si vous aport à boine estrine
> La male Honte, » et puis l'encline ;
> « Ne voeil vers vous de riens mesprendre :
> Tost me feriés ardoir u pendre
> U renfoncier tout men linage !
> Si aimme mieus en mon corage
> Que vous la male Honte aiiés,
> Que mors en fuisse ne plaiiés.

82 — B, *Sel departez.*

84 — B, *Dieus, » dist li rois, de cest.*

85 — B, *Que ja ne sera.*

86 — B, *fait il, « qu'il soit loiiés.* — B ajoute :

> Livrés doit estre à grant escil. »
> De toutes pars salirent cil.

87 — B, *Gardés, » dist li rois.*

89 — B, *appele isnelement.*

90 — B, *laidement.*

91 — B, *cest preudon.*

92 — B, *Si ne savés pas l'ocoison.* — B ajoute :

> De son conte ne de son dit ;
> Si ne savés s'il a mesdit.

93 — B, *Mais souffre le anchois à dire.*
94 — B, *Car il ne quide riens mesdire.*
96 — B, *vers vous vilaine ne.*
97 — B, *set sa raison.*
98 — B, *Ne sa parole à chief moustrer.*
99-102 — Ces vers sont remplacés dans B :

> Car ne siert pas à roi de pris,
> S'uns fos se melle de mesdit,
> Qu'il soit pour chou contraliiés,
> Ains faiche samblant qu'il soit liiés.

105 — B, *Se sa raison savoit.*
107 — B, *S'il a la.*
109 — B, *Si li amendés le fourfait.*
110 — B, *li an* (vers faux).
117-122 — Ces vers sont remplacés dans B :

> En la terre de Cantorbile
> Mest uns vos hons à une ville ;
> Ja ne vous ert ses nons celés ;
> Honte ert el paiis apelés.
> Quant [il] gisoit el li[t] mortel,
> Si me manda à son ostel.

125 — B, *Si parti.*
126 — B, *Vostre part vous envoiie chi.*
128 — B, *en vo court voise.*
129 — B, *Tant mi an batu le dos.*
130 — B, *Que tous en ai.* — Les deux vers suivants manquent à B.
133 — B, *Or recevez.*
135-136 — Ces deux vers manquent à B.
137 — B, *La raison vous ai..*
138 — B, *Lors a li rois la male Honte.*

140 — B, *toute la.*
143-150 — Ces vers manquent à B.
151 — B, *Et li vilains a raportée.*
153 — B, *l'ont.*
154 — B, *Encore en ont mainte.*
155-156 — Ces deux vers sont remplacés dans B :

> Sanz la male [en] ont il assés,
> Car chascun jour lor croist viltés ;
> Par malvais sejour et par lasque
> Nous a li honte pris en tasque.

157 — B, *Ains que li ans fust trespassés.*

Ce conte est la seconde rédaction d'une pièce déjà publiée dans notre quatrième volume, p. 41-46 (voyez, pour les notes, IV, 233-235). Il faut ajouter que le texte du ms. 354 de Berne (fol. 45 v° à 47 r°) appartient à cette dernière version ; il n'y a donc que deux rédactions de *La male Honte*, et non trois, comme nous l'avions dit précédemment.

CXXI. — DE L'ESCUIRUEL, p. 101.

A. — Paris, Bibl. nat., Mss. fr. 837, fol. 333 r° à 344 r°.
B. — Bibl. de Berne, Mss. 354, fol. 39 v° à 41 r°.

Le ms. de Berne porte un autre titre : « De la mere qui deffendoit sa fille vit a nomer. »

Publié par Méon, IV, 187-193.

Vers 1 — B, *Conter vos voil ci d'une dame.*
2 — B, *d'un riche borjois feme.*
4 — B, *Issi me dit l'en.*
5 — B, *Qu'il orent.*

6 — B, *mout ert... damoisele.*
7 — B, *Si con nature l'avoit fete.*
8 — B, *Et si l'avoit bien.*
9-12. — Ces vers sont remplacés dans B.

> Car tote i ot mise sa cure ;
> Mout i ot bele criature.

14 — B, *A lor.*
15 — B, *nul des autres.*
16 — B, *meschine avoit .*XIIII.
19 — B, *Trop fole ne trop vilotiere.*
20 — B, *Ne de parler trop prinsautiere.*
21 — l'en. B, *en.*
22 — B, *A feme, quant en l'ot.*
24 — B, *chastier se.*
25 — B, *Feme de.*
26 — B, *Car il en mesavient sovent.*
27 — B, *choses garde bien.*
28 — B, *tu ne nomes.*
29 — B, *si grant.*
30 — B, *Que nos femes, amommes tant.* — Les vingt vers suivants (31-50) manquent à B.
52 — B, *Ma bele mere, est ce donc loche.*
53 — B, *peson qui sache.*
54 — B, *Et noer par nostre.*
55 — la. B, *sa.*
57 — B, *Bele mere.*
58 — B, *Mout me poise quant je no voi.*
59 — B, *Par la foi.*
61 — B, *Bele felle, ce est lo vit.*
62 — B, *Si no quidai nomer anuit.*
63 — B, *Quant la meschine l'ot oï.*
64 — B, *Si s'en sorit et esjoï.*
65 — B, *M'an vit.*

71 — B, *Vit,* » *dist chascuns.*
72 — mere. B, *dites.*
73 — toute. B, *fole.*
74 — Après ce vers, B ajoute :

>[Et] vit certes nomerai gié :
>Je meïsmes m'en doinz congié.

78 — B, *ce qu'ele dit.*
79 — B, *est partie.*
80 — B, *Ez vos demanois.*
81-82 — Ces deux vers se lisent dans B :

>.I. varlet, Robin est nomez ;
>Gros ert et gras et bien rosnez.

83 — B, *estoit niés d'un.*
84 — B, *S'ot de miches.* — Les deux vers suivants manquent à B.
88 — B, *Oï quanque la mere.*
89 — B, *Dit à sa fille qui ert bele.*
91 — B, *Avoit encontre.*
93 — B, *gros et.*
94 — B, *Lo vit tenoit.*
95-98 — Ces quatre vers sont remplacés dans B :

>Aval et amont lo manoie,
>Et cil fu gros, forment coloie.

99 — « *Dieus vous salt,* » *fait il.*
100 — B, *Robin, et Dieus te.*
102 — B, *ce qu'il,* » *et dit.*
103 — B, *Amie, c'est.*
104 — B, *Robin,* » *fet el,* « *certes.*
105-106 — Ces vers sont remplacés dans B :

>L'avroie je à moi joer
>Par mi mes chanbres deporter,

Et estre ilueques hautement,
Et norir soi à son talent ?

107 — B, Robins li dist : « Ça, vostre main.
108 — B, Si lou tenez trestot de plain.
110 — B. Et se volez, sel manoiez.
112 — B, la prent de maintenant.
114 — mès. B, mire.
115 — tout. B, mout.
116 — B, Voire, dame.
117 — B, Il ne fu puns sains dès ersoir.
118 — B, Por les membres Dieu, diz tu voir?
119 — B, Robin, » fet ele, « il.
120 — B, Ahï, » fet ele, « las!
121 — B, Il se.
122 — B, sentue.
123 — B, ceci.
124 — B, Dame.
125 — B, gisent .I. oef.
126 — B, O .II., ce cuit, o plus de .IX.
127 — B, En i a. — Non a. — Por coi donques?
128 — B, Douce amie, il ne post onques.
129 — B, en l'an.
130 — B, Robin, » fet ele, « il.
131 — B, Qu'il est.
133 — B, à plaies saner.
134 — B, Et si set bien femes curer.
136 — B, De tant, » fet el, « l'ai je.
137 — B, et que.
138 — B, En non Dieu, dame, noiz, » fet il.
139 — B, Noiz, » fet ele.
140 — B, Tant fui or ersoir mal senée.
141 — B, Car.
143 — B, se.
144 — B, N'aiez paor, » ce.

145 — B, *Que il les trovera.*
146 — B, *en doteroiz de rien.*
149 — B, *N'aiez paor, en moie foi.*
151 — B, *Comment ?*
152 — B, *Metez li donques.*
154 — B, *l'a Robins.*
155 — B, *l'a gitée tote.*
156 — B, *Si li lieve la robe.*
157 — *Sa chemise et son.*
160 — *des.* B, *les.*
161 — B, *Et à ferir et à.*
162 — B, *Si que de rien ne se vialt.*
164 — B, *Ensi, » fait ele.*
165 — B, *del boter.*
166 — B, *trover.* — Après ce vers, B redouble l'idée :

    Or, douce beste, do cerchier !
    Bones noiz puissiez vos mengier !

167 — B, *Entrez bien, cerchiez !*
168 — B, *De si que là o les noiz sont.*
169 — B, *Se Dieus me garisse.*
170 — B, *a en vos souée.*
173 — B, *mort mie la gent.*
174 — B, *Ne ne me blece de noient.*
175 — B, *del querre.*
177 — B, *Entretant que el se disoit.*
178 — B, *La pucelle et que il.* — « que » manque dans A.
180 — B, *hurté, tant a.*
181 — B, *Si ne sai.*
182 — B, *Mès, je sai bien, ce fist.*
183 — B, *Mal prist au cuer.*
184 — B, *de l'uel.*
185-190 — Ces vers sont remplacés dans B :

> Et à vouchier et à crachier,
> Et puis après à moloier.
> « Esta, » fet ele, « ne boter,
> Je sent ne sai coi degoter.

191 — B, *Ne faire.*
192 — B, *feru.*
193 — B, *Et tant as empaint.*
194 — B, *Que tu as un des oes crevé.*
195 — B, *ce est domage.*
196 — B, *Ce as tu fet par ton outrage.*
197 — B, *Atant se leva Robins sus.*
198 — B, *Il.* — A partir de ce vers, la fin change dans B :

> Cele atendoit que l'escuiruel
> Venist encor el con, son vuel ;
> « Ça venez, » fet el, « biaus amis,
> Querez les nois en cest porpris :
> Vos n'i avroiz mès point de mal
> Por querre n'à mont ne à val.
> — Il n'en vialt plus, » ce dit Robins.
> De cest fablel est ce la fins.

CXXII. — Le Jugement des Cons, p. 109.

Publié par Barbazan, III, 174, et par Méon, III, 466-471.

Vers 162. — vois ; ms., *voist.*

CXXIII. — Du Segretain ou du Moine, p. 115.

Vers 26. — * abeïe ; ms., *abie.*
61 — * Fait la dame ; ms., *Fait ele.*
84 — Allusion à l'esprit rusé du personnage principal du fameux roman de *Renart.*

101 — « Et » manque au ms.
153 — « .I. » manque au ms.
270 — * dolant ; ms., *dolante.*
286 — * qu'il ; ms., *qui.*
303 — * porretures ; ms., *porreture.*
346 — « i » manque au ms.
429 — l'avés ; ms., *l'avé.*
463 — Le deuxième « le » manque au ms.
480 — « Mais » manque au ms.

Nous avons souvent rencontré et nous rencontrerons encore l'histoire dont il s'agit ici (voy. notre quatrième volume, p. 232-233). Ce texte, inédit jusqu'à ce jour, est une nouvelle version du fabliau publié plus loin dans ce cinquième volume (p. 215-242) sous le titre du *Segretain moine*, et déjà connu par Méon.

CXXIV. — DE LA DAME QUI FIST ENTENDANT SON MARI QU'IL SONJOIT, p. 132.

Publié par Méon, *Nouveau Recueil*, I, 343-352, d'après un autre ms. de même famille que nous n'avons pas retrouvé, et traduit par Legrand d'Aussy, II, 340-346.

Vers 16 — * en ; ms., *enz.*
53 — * levée ; ms., *levé.*
69 — * eschat ; ms., *eschap.*
84 — * loiez ; ms., *liez.*
98 — Le deuxième « s'i » manque au ms.
104 — * Tiens ; ms., *Tien.*
146 — * en nul ; ms., *enul.*
183 — On lit dans le ms. : *com cil* ou *com al repox.*
223 — * s'an torne ; ms., *s'an retorne.*
231 — * el ; ms., *ele.*

243 — * Voir dit; ms., *Voir dist.*

262 — « ne » manque au ms.

268 — On lit dans le ms. : *Jes copai à mon ostel.*

278 — Ce vers manque dans le ms. de Berne; nous l'avons restitué d'après le texte de Méon.

290 — * botée por la tresse; ms., *botées por les fesse.*

311 — * tous; ms. *tout.*

313 — * que sont; ms. *que ce sont.*

Ce conte est une seconde version du fabliau des *Tresces*, publié précédemment dans notre quatrième volume (p. 67-81), auquel nous renvoyons (p. 236-238) pour les notes et rapprochements.

CXXV. — DU PRESTRE QUI OT MERE A FORCE, p. 143.

A. — Paris, Bibl. nat., Mss. fr. 837, fol. 229 v° à 230 v°.
B. —   »   »   »   19152, fol. 57 r° à 58 r°.

Le ms. B porte ce titre : « Du Prestre qui ot mere malgré sien. »

Publié par Barbazan, II, 47, et par Méon, III, 190-196, et traduit par Legrand d'Aussy, III, 117-121, sous le titre « Du curé qui eut une mère malgré lui. »

Vers 5 — B, *noire et.*
9 — B, *Ne voloit.*
10 — B, *Que ele entrast en.*
11 — B, *cuiverte et.*
12 — B, *Or ot une amie.*
15 — B, *Et .II.*
17 — B, *Si ot.*
18 — B, *Assez en parole.*

19 — B, *vielle en.*
21 — B, *Si a dit.*
22 — B, *l'aime.*
24 — B, *A lui.*
25 — B, *Ne bon mantel ne bone cote.*
27 — B, *menez.*
30 — B, *Encor le fai ge.*
31 — B, *dit mainte.*
32 — B, *ne vos.*
33 — B, *Quar ge vorrai d'or.*
35 — B, *D'or en avant.*
36 — B, *a dit.* — Les quatre vers suivants sont remplacés dans B :

> Jamais du sien ne mengera;
> Or face au mielz qu'ele porra
> Ou au pis tant que il li loist.
> — Si ferai, mais que bien vos poist...

41 — B, *Fait ele, quar.*
42 — B, *le conterai.*
45-46 — Ces deux vers sont remplacés dans B :

> Assez a à mengier et robes,
> Et moi volez paistre de lobes.

47 — B, *De vostre avoir n'ai nule part.*
48 — B, *A itant... s'en part.*
49 — B, *Autresi.*
52 — B, *noient ne.*
53 — B, *Si ne li fait honeur ne bien.*
54 — B, *Ne que il.*
55 — B, *De tot en tot.*
56 — B, *Qu'il aime plus que sa cousine.*
57 — B, *Cele a des robes à plenté.*
58 — B, *Quant... aconté.*

59 — B, *que lui plot.*
60 — B, *à .1. seul mot.*
61 — Ce vers est remplacé dans B par un autre placé après le v. 62 :

   Atant ne li volt plus respondre.

62 — * semondre. A, *repondre.*
63 — B, *Ainz vint.*
64 — B, *La... l'en a.*
65 — B, *Puis.*
66 — B, *fist la.*
67 — B, *A son fill que il.*
68 — B, *Qu'il le voira tenir si.*
70 — B, *Ge crieng que mout chier.*
71 — B, *Quant li termes.*
72 — B, *Et li.*
74 — B, *Et provoires plus de .II. cens.*
76 — B, *A l'evesque en est venue* (faux).
78 — B, *pas ne.*
79 — B, *Que tantost.*
80 — B, *Bien sache qu'il.*
81 — B, *Et toudra tot.*
83 — du. B, *de.*
84 — B, *Crient que son filz ne face pendre.*
85 — B, *Lors dist en bas.*
91 — B, *Et durement fu.*
93 — B, *Qu'ele fera l'evesque acroire.*
96 — B, *En l'ostel, qui savoit le ventre.*
97 — B, *Le col reont et gros et gras.*
98 — B, *Tantost la vielle.*
99 — B, « et » manque à B.
100 — B, *Sire, » fist el(e).*
101 — B, *C'est mes filz cist.*
102 — B, *Tantost l'evesque.*

103 — B, *Si li dist.*
105 — B, *qui est ici.*
109 — B, *Que vos tenez povre et frarine.*
110 — B, *tenez vostre.*
111 — B, *A bone.*
112 — B, *Mout est or bien la rente.*
113 — B, *Dont estes tenanz et.*
115 — B, *li evesques dit.*
118 — B, *Ne ge ne cuit mie ne pens.*
119 — B, *Que mais.*
120 — B, *Bien sachiez ne vos en mentisse.*
121 — B, *Foi que doi vous, se fust.*
123 — Ce vers et le suivant manquent dans A.
125 — B, *Qui vostre mere renoiez.*
126 — B, *Vos seroiz escommeniez.*
127 — autre. B, *el.*
128 — B, *Or ot.*
129 — ot. B, *sost.*
130 — B, *Toz li sans li est esmeüz.*
133 — B, *Et dit li vesques :* « *Ge.*
135 — B, *Si montez.*
136 — B, *Gardez que ge n'en.*
137 — B, *Parole.*
138 — B, *Ainz la tenez à.*
139 — B, *Con vostre mere.*
140 — B, *Li prestres tantost.*
141 — B, *Con li fu donez li congiez.*
142 — B, *qu'il soit.* — Les quatre vers suivants manquent dans A.
147 — B, *Ainz qu'il ait.*
148 — B, *En mi le.*
150 — B, *le chemin entra.*
153 — B, *.I. plait.*
154 — B, *Lors regarde, sa mere voit.*

155 — B, *li cligne.*
156 — B, *De mile riens ne l'arainast.*
157 — B, *Et il s'en est.*
158 — B, *L'autre prestre li dit assez.*
160 — B, *i doint autel.*
161 — B, *Con j'a[i] fait ceste matinée.*
166 — B, *Lors ne se pot mie.*
168 — B, *Si li a dit : « Beaus trés dolz sire.*
170 — B, *Ja ne vos en.*
171 — B, *Moie deables, » fait.*
173 — B, *Quar.*
174 — B, *Lors li dist l'autre prestre donques.*
175 — B, *Par foi, merveilles me contez.*
177 — B, *Qui por vos la mere peüst.*
178 — B, *Et livrast que li esteüst.*
179 — Ce vers et le suivant manquent dans A.
182 — A, *Quoi? » fet l'evesque.*
183 — B, *Qui ge sui hons.*
184 — B, *Ja n'en ere fous.*
186 — B, *Si que la vielle l'otroiast.*
187 — B, *Ge li dourrai* .LX.
189 — Ce vers et le suivant manquent dans A.
191 — *il.* B, *cil.*
192 — B, *Cele li dit.*
193 — B, *Et ge l'otroie.*
194 — B, *Lors fiancent.*
195 — B, *A terme et les deniers.*
198 — B, *Quar.*
199 — B, *Il s'aquita.* — A, *comme.*
200 — B, *A icest mot falt li flabeaus.* — Les deux vers suivants manquent à B.

Cette histoire, versifiée par Imbert, a été reprise par le comte de Chevigné dans ses *Contes rémois*.

CXXVI. — DE LA GRUE, p. 151.

A. — Paris, Bibl. nat., Mss. fr. 837, fol. 188 r° à 189 r°.
B. —   »   »   »   1593, fol. 152 r° à 153 r°.
C. —   »   »   »   19152, fol. 56 v° à 57 r°.
D. — Bibl. de Berne, Mss. 354, fol. 41 r° à 42 r°.

A ces quatre mss. il faut en joindre un cinquième (Bibl. nat., fr. 12603, fol. 277 v°-278 r°) dont le texte fort effacé ne peut malheureusement pas être utilisé.

Publié par Barbazan, III, 194, et par Méon, IV, 250-255; donné en extrait par Legrand d'Aussy, IV, 302-303.

Vers 1 — Ce vers et les neuf suivants ne se trouvent que dans D.
3 — « je » manque à D.
8 — « en » manque à D.
11 — A, B, *Jadis estoit;* C, *Jadis avint c'uns.*
12 — A, B, *n'estoit ne.*
14 — haut. C, *grant.*
15 — A, B, C, *bele estoit.*
16 — C, *A enviz avenoit cele eure.*
21 — B, *O li n'avoit.* — que. C, *for.*
22 — B, *Que.*
23 — * sage. D, *sages.* — Ce vers et le suivant manquent dans A, B et C.
26 — A, B, C, *bone* [C, *une*] *destinée.*
28 — B, *A sa.* — C, *Assez à boivre et à.*
29 — A, B, *Se.*
30 — C, *De.* — B, C, *torna.*
31 — A, *A l'ostel qui n'estoit;* B, C, *A la maison qui n'iert.*
32 — A, *Va querre ce dont ot.* — B, *elle ot.*

36 — B, *qui.*
37 — C, *à la mein.*
38 — B, *damoissele iert* (faux). — « la » manque à D.
39 — A, *Por esgarder;* B, *A esgarder.* — C, *Si esgarda hors de la porte.*
41 — A, *Apelé, et li dist :* « *Biaus douz frere.*
42 — Ce vers manque à C.
43 — C, *Or me di quel oisel tu tiens.*
45 — A, B, *gente et.*
46 — A, C, *dist.*
47 — C, *S'el.* — B, *bien granz;* C, *et grant.*
48 — A, B, C, *Se je n'en* [C, *ne*] *fusse mescreüe.*
49 — ja. B, *ore.*
50 — A, *Ma damoisele, par* [*ma*] *foi.* — B, C, *il,* « *foi que vous doi.*
51 — A, *Se la volez, jel;* B, C, *Se volez, je la.*
52 — A, *Or me di donc que t'en.*
54 — C, *sainte paternostre.*
57 — D, *eüsses.*
58 — A, B, C, *Maintenant fust.*
59 — A, *Li vallès dist;* B, C, *Li valez respont :* « *Ce.*
60 — B, *Que ce.*
61 — A, *Que vous.* — B, *n'aiez planté.*
63 — A, B, C, *Cele dist.* — D, *Ele.*
65 — B, *fait il,* «*c'or.* — C, *avant.* — Ce vers et les trois suivants manquent dans A.
66 — B, *Et quier à aval, à amont;* C, *Si quier soz lit, si quier soz bans.*
68 — B, C, *Se foutre ja tu le verras.*
69 — B, *Et cil fu sages et.* — A, C, *preus et.*
70 — A, C, *entre.*
71 — de. B, *du.*
72 — C, *Li vallez dit.*

73 — B, *desoz vo.*
74 — A, *fu et fole;* B, *estoit fole.*
75 — C, *Si li dit : « Vien, et si.* — A, *esgarde.*
76 — C, *Li bachelers plus ne se.* — Ce vers manque à B.
77 — A, B, C, *Ainz enbrace* [B, *enbraça*] *la damoisele.*
78 — A, C, *Qui mout estoit et gente* [C, *ert avenant*] *et bele;* B, *Qui ne sanbloit mie mesele.*
79 — A, *Sor .i.;* B, *Ou lit;* C, *En .i.*
80 — A, B, *Se;* C, *Si.*
81 — B, *chanbes.*
82 — B, *A con.*
83 — A, *Son vit i bota.* — C, *durement.*
84 — C, *fiers trop radement.*
85 — Ce vers et les cinq suivants manquent à B.
86 — A, C, *Et li valez* [C, *Li bachelers*] *commence.* — D, *arrire.*
87 — A, *Qui mout est liez;* C, *Qui bien est pris.* — A, *de sa.*
88 — A, *Dame, or est drois;* C, *Dame droiz est.*
89 — A, *La grue est vostre toute;* C, *La grue or soit et vostre.*
91 — A, B, C, *pucele.* — D, *or.* — A, *et 'cil s'en torne;* B, C, *or t'an retorne.*
92 — A, *Si.* — C, *Et li vallez atant s'en torne.*
93 — A, *Et.*
95 — A, *Qui la grue a aperceüe;* B, *Or a la grue illuc vetue;* C, *Si a la grue aperceüe.*
96 — B, *fremie.*
97 — A, C, *Et l'apela* [C, *apela*]; B, *Adonc parla.*
98 — cest. C, *tel.*
100 — A, *Ma bele mere;* B, *Dame, » dit elle;* C, *Dame, » fist ele.* — Après ce vers, B ajoute :

Je vos an dirai verité ;
Jai par moi ne vos iert celez.

102 — B, *la m'a çaianz.*
103 — B, *Qu'an dones tu.*
104 — C, *Il ne volt plus du mien.* — A, *foi que doi m'ame.*
105 — A, B, C, *Foutre! chetive doloreuse.*
106 — A, B, *Con* [B, *Tant*] *par sui or.* — C, *Tant par sui mal aventureuse.*
107 — B, *or lessié.* — Ce vers et le suivant sont intervertis dans A et C. — On lit dans A après le v. 108 :

Qui bien resamble .i. preaus d'oule.

108 — A, .C. *mal dehais*; B, *Ha! grant dehait*; C, *Ba! .c. dahez.* — A, B, C, *ait hui ma goule.*
111 — A, *la recevrai*; B, *metrai, ce cuit.*
112 — A, C, *A poi.*
113 — A, *si s'est*; B, C, *assez s'est.*
114 — A, B, C, *Et ne pourquant si a.*
115 — et. B, a. — « bien » manque à C.
116 — B, *N'i ferai pes*; C, *Ja n'i fera.* — A, *Et dist ja n'i fera.*
117 — C, *l'estovra.*
118 — A, *Quar sovent.* — C, *Qu'ele a sovent oï(r).* — B, *en ai.* — A, B, C, *mentoivre.*
119 — B, *Et raconter en plus de lue.*
120 — A, B, *Que domages.* — Ce proverbe est cité d'après ce fabliau dans le *Livre des Proverbes* de Leroux de Lincy.
121 — B, *Vaut essez mieus que fors ne fest.*
122 — B, *Que il soit bel ne qui desplest.* — C, *en poise.*
123 — A, *atorna.* — B, *et torne à bien, à bel.*

124 — « si » manque à B; C, s'en.
125 — A, ele dut; C, ele vost.
126 — A, B, C, pucele. — C, ert.
127 — B, por regarder.
128 — B, C, Et vit. — A, Le vallet prist à rapeler.
129 — B, C, ert. — Ce vers et le suivant manquent dans A.
130 — B, à bone eüre.
131 — C, revien tost ça. — A, « Vallet, » dist ele, « venez ça.
135 — A, C, Biaus sire; B, Biaus freres.
137-138 — Ces vers manquent dans A.
139 — A, Li vallès tantost; B, Li vallès est lors. — B, montez; C, monta.
140 — A, B, C, geta.
141 — C, Entre les... — La fin de ce vers a été grattée, ainsi que plusieurs autres vers de cette pièce.
142 — A, B, C, remet. — C, son.
143 — Puis s'an retorne, si s'an va. — Ce vers et le suivant sont remplacés dans A par le vers suivant :

>La grue n'a pas oubliée.

144 — B, ne.
145 — A, B, C, lui.
146 — B, Quant. — Ce vers est remplacé par les deux suivants dans A :

>Et s'en issi de la tor fors,
>Et la norrice i antra lors.

147 — B, vost eschauder.
148 — A, « Mere, ne vous chaut de; B, Celle dit : « Pas ne vos; C, Cele li dit : « Ne vos.
149 — A, Si n'aït Dieus, que cil; B, C, Belle mere, car [C, que] cil.

151 — jel. A, *je*; B, C, *ce*.
153 — lors. A, *et*. — B, *Don... don se demente*.
154 — Après ce vers, A, B et C ajoutent :

> Qu'ele est hui [B, *mq.*] de la tor issue,
> Quant sa fille li est [A, *ont*] foutue.

155 — A, *Lasse! por qoi l'oi je en garde*; B, *Et esse je an fait male garde* ; C, *Mout en ai fait malvaise garde*.

156 — A, *C'or.* B, C, *Dieu !* [C, *Lasse!*] *por quoi l'ai je en garde.*

157-158 — Ces vers manquent dans A, B et C.

160 — Le *Livre des Proverbes français* de Leroux de Lincy cite un exemple de ce proverbe dans le *Roman de Renart*.

Ce fabliau a été mis en vers par Imbert.

CXXVII. — DE LA VIELLE QUI OINT LA PALME AU CHEVALIER, p. 157.

A. — Paris, Bibl. nat., Mss. fr. 2173, fol. 97 r° à 97 v°.
B. — Bibl. de Berne, Mss. 354, fol. 111 v° à 112 r°.

Publié par Méon, *Nouveau Recueil*, I, 183-184, et donné en extrait par Legrand d'Aussy, III, 320-321.

Vers 2 — A, *Un cort fabliau(s)*.
5 — A, *erent al pré alées*.
8 — A, *la veile sot*.
10 — *Et proie.* — Les deux vers suivants sont reportés plus loin dans A (après le vers 16).
13 — B, *lie*. — A, *ne li chaille*.
14 — A « *Par mon chief,* » *fet il,* « *dame.*
15 — A, *Ainz en paierez chier l'escot*.

16 — A, *De divers mufitz de voz pot.* — On lit ici les deux vers 11 et 12.

> Assez lo prie, rien ne li vaut ;
> Car au felon prevost n'en chaut.

18 — A, *Tote marie et ch.* — B, *chiere torte.*
20 — A, *recointe.* — B, *son.*
21 — Ce vers manque à B. — A, *chivaler.*
22 — A, *E dit qu'aut parler à (cel) aut home.*
* 23 — A, *et soit.*
24 — A, *Aviez.*
25 — A, *Voz vaches vos.*
26 — A, *Totes... autre avoir.*
27 — A, *fame quist.*
28 — A, *engin ni.*
33 — A, *La veile.*
35 — A, *Et quant cil sent sa main.*
38 — A, *Ai, gentis chivalier, merci.*
39 — A, *Loé me fu.*
42 — « tout » manque à B.
43 — A, *qui le tei a fait faire.*
44 — A, *Entendoit.*
45 — A, *pour ce ja.*
48 — A, *La nature.*
49 — A, *Retrait des.* — B, *riche home.*
50 — « plus » manque dans A. — B, *lociz et.*
54 — A, *n'a loi.* — Le *Livre des Proverbes français* de Leroux de Lincy n'offre pas d'exemple de ce proverbe.

Cette histoire bien connue et souvent renouvelée se trouve déjà dans les *Latin stories*, publiées par Thomas Wright. Voyez l'*Histoire littéraire*, XXIII, 168-169.

CXXVIII. — De Connebert, p. 160.

Publié par Méon, *Nouveau Recueil*, I, 113-123.

Vers 1 — Ce fabliau du *Prestre taint*, dont le texte était jusqu'ici inconnu, sera publié dans notre prochain volume.
3 — * prestre; ms., *pierre*.
8 — * volez; ms., *velez*.
14 — * dame; ms., *dane*.
23 — Il s'agit dans ce vers de la ville d'Angleterre, Glocester.
28 — « en » manque au ms.
41 — « à » manque au ms.
46 — * qe ainsi; ms., *q'ainsi*.
77 — * Trestote; ms., *Tote*. — * foie; ms., *foiée*.
78 — * foie; ms., *foiée*.
81 — * cuide; ms., *cuit*.
88 — * tote part; ms., *totes parz*.
101 — * ce; ms., *te*.
123 — Il manque un vers dans le ms.
150 — « et » manque au ms.
167 — * enguisse; ms., *engoisse*.
171 — * ses debiaus; ms., *toz ses debiaux*.
173 — * baisa; ms., *baise*.
197 — * ont; ms., *on*.
189 — * ont; ms., *et*.
211 — * vo coille; ms., *voz coilles*.
226 et 232 — * cous; ms., *coilles*.
230 — * cervele; ms., *cerveles*.
250 — Corrigez « et povre ».

CXXIX. — De la Viellete ou de la Vielle Truande, p. 171.

A. — Paris, Bibl. nat., Mss. fr. 375, fol. 295 v° à 296 r°.
B. —   »   »   »   » fol. 344 r° à 344 v°.
C. —   »   »   »   837, fol. 212 r° à 213 r°.
D. —   »   »   »   2168, fol. 239 r° à 240 v°.

Publié par Barbazan, I, 239, et par Méon, III, 153-160 ; donné en extrait par Legrand d'Aussy, IV, 199.

Vers 1 — C, *De fables.*
5 — D, *chi aconter.*
6 — C, *fablel que j'oï.* — A, *rimer.* — D, *Un fabelet pour deliter.*
8 — D, *me resjoï.*
9 — D, *Si.*
10 — A, *barat et.*
11 — D, *Je.*
14 — C, *Ou l'en copoit.* — A, *où on.* — A, *sovent bois.* — D, *Tout seul aloit à cele fois.*
15 — C, *Cil.*
17 — D confond ce vers et le v. 19, en supprimant le v. 18 :

> S'estoit il biaus outréement.

18 — C, *Ce ne fu ne droiz ne.*
19 — Ce vers et le suivant manquent à C.
21 — C, *et cointes et.*
22 — D, *est.*
24 — A, *cil fu mout bien* ; C, D, *si fu si bien.* — A, C, D, *doctrinés.*
25 — D, *si sages et.*

28 — A, D, *Puis*. — Ce vers et le précédent manquent à C.

29 — C, *Qu'il ne cremist*.

30 — A, *sera mus*. — D, *mas*.

31 — A, C, *mus*; D, *pris*.

33 — C, D, *tout une*.

34 — C, *Et voit*; D, *Si vit*.

35 — C, D, *Ce fu .i. poi devant moisson*.

39 — tot. D, *molt*.

40 — ot. C, *ont*. — D, *Veü orent*.

41 — D, *du mains*.

42 — D, *puet*.

43 — * Escuelle. A, B, C, D, *Escroele*. — D, *drapel*.

44 — C, D, *Qu'ele*. — D, *n'i acoude*.

45 — D, *n'ot*.

46 — A, *Con il i a de*; C, *Comme il ot en ses*; D, *Comme avoit en ses*.

47 — A, *s'esgoele*; D, *s'agoele*.

48 — A, C, D, *poçonet*.

50 — C, D, *Ongnement avoit*. — D, *iloeques*.

51 — C, D, *De vif*.

52 — D, *viaire*.

54 — A, *Et si*. — Allusion à la sœur d'Olivier, la fiancée du preux Rolant.

56 — D, *Mais ele*. — C, *se duit et*.

57 — C, *encor voloit*.

60 — C, *de s'amor si*; D, *si de s'amour*.

61 — A, *C'onques Tristans*; C, *Blancheflor ne*. — Allusion aux romans de *Tristan* et de *Flore et Blanchefleur*.

62 — cest. A, *ce*.

63 — C, *si fort*; D, *autant*.

66 — B, (*vous*) *hui ci*; C, *hui ci*; D, *vous chi*.

67 — C, *Nenil*.

68 — A, *Car;* D, *C'or.* — C, *Pleüst à.* — D, *qu'en moi et vous.*

70 — A, *Et.* — C, *Si demeuriemes;* D, *Et si demissons.*

71 — C, *le cul Dieu;* D, *les ieus bieu.*

73 — D, *Par foi.*

74 — A, C, *Or en soiomes.* — D, *en essai.*

75 — A, C, *nel;* D, *ne.*

76 — A, *dist il.* — C, *Ainçois li maufés.*

77 — C, *Que descende por tel afere.*

80 — A, *plus plaisans;* C, *plesanz;* D, *plus sade et.* — C, *et si viste;* D, *plus eslite.*

81 — A, *sanle par;* D, *pere par.* — C, *Plus qu'il ne pert par ça.*

82 — C, *Et si sui si plesanz de;* D, *Si sui trop deduisans de.*

83 — D, *Et savereuse.* — Ce vers et le suivant manquent à C.

84 — A, *Et se;* D, *Et si.*

85 — C, *Et nous avons;* A, C, *bon.*

86 — D, *biaus.* — A, C, D, *pour.*

91 — D, *Que li maufé.* — « .c. » manque dans A et B.

92 — D, *ele le vit.*

93 — D, *Qu'el n'i porroit.*

94 — C, D, *Ne por proier ne por rouver.*

95 — D, *en ira.*

96 — C, *Ja cel lieu aler ne savra.*

97 — C, D, *Prent.*

99 — A, *s'atorne.* — D, *Et son hernois près de li torne.* — Ce vers et le suivant manquent à C.

100 — D, *D'aler.*

101 — C, *Et si le suit et si.* — A, D, *trace.*

103 — D, *l'a.*

104 — D, *rouchi.*
105 — A, *Quant*; C, *Ou.* — D, *Passer doit une iaue.*
106 — D, *vint.*
108 — C, D, *Ainsi,* » dist. — B, *n'irés vous mie.*
109 — C, *la mort bieu*; D, *les ieus Dieu.*
112 — D, *Pullente vielle.*
114 — A, C, *dist.*
115 — C, D, *En mes... toz entiers.*
116 — A, *Et.*
118 — B, *lai.*
120 — C, D, *Ainçois la male mort.*
122 — B, *torte ne*; D, *laide ne.*
123 — B, *me me.* — C, *riche*; D, *bele.*
124 — A, *dist.* — A, *forment me*; B, *comme or me.*
125 — A, C, *Que vous estes.* — A, B, *desvoiet.*
126 — D, *de fi.* — C, *seürs soiez.*
127 — C, D, *Et vous, mes fius.*
128 — D, *Que gré.*
129 — C, *cil.* — C, *bieu.*
130 — C, *Con sui honis à ci biau*; D, *Bien sui honis chi à biau.* — A, *chi à bon.*
131 — C, *pute vielle torte*; D, *vielle qui si cloche.*
134 — C, D, *Lors se reprent.*
135 — A, *cuide.* — C, D, *Quant il cuide remonter sus.*
136 — C, *retret.*
137 — C, *Mout le detret*; D, *Molt le portrait.*
138 — C, *Si con cil est.* — A, *à tel.*
139 — C, D, *Que la vielle le tient.*
140 — D, *revenoit.*
141 — Ce vers et les neuf suivants manquent à C.
142 — D, *Cele part vient.*
144 — A, *mescontée.* — D, *Or i a il maille trouvée.*
145 — D, *Biaus frere.*

146 — D, « *Or ne soiés pas si.*
147 — D, *la dame.*
149 — D, *Fait il :* « *Or sui.*
151 — C, *Et la vielle esraument li crie.*
152 — B, *li escrie.* — C, « *Sire, ja Dieu le fil Marie.*
153 — A, « *Sire,* » *fait il.* — C, *Faites moi tout maintenant.*
154 — A, D, *orendroit.*
155 — A, *chi à ce* ; C, *seul à cest.*
156 — C, *Sire, envers moi a mout grant tort* ; D, *Sire, dites li qu'il me port.*
158 — D, *Sire, c'est mes fius, jel.* — Ce vers et le précédent manquent à C.
159 — C, D, *Fait* [C, *Dist*] *li sires :* « *Biaus dous.*
160 — *fait.* D, *fol.* — C, *itel point.*
161 — C, D, *Qui ci volez lessier vo.*
162 — A, C, D, *Car le.* — Les vingt-quatre vers suivants (163-186) manquent à C.
165 — D, *C'ausi.*
168 — D, *enherbés.*
169 — D, *Ains mès de mes ieus.*
170 — D, *onkes à li.*
171 — D, *Qui ne set.* — Ce vers et le suivant sont intervertis dans D.
172 — D, *Mais est.*
173 — Ce vers est remplacé dans D par le vers suivant, placé après le v. 174 :

    Ainc de mes ieus ne li vi mais.

175 — D, *Climent.*
176 — D, *Se savoie or.*
179 — A, *convenroit.* — Ce vers et le suivant sont intervertis dans A.
180 — D, *Or dui je dit avoir.*

181 — D, *la vielle.*
182 — D, *tous les sains.*
184 — A, D, *Ne onques mais ne.*
185 — D, *icest.*
187 — Ce vers et les cinq suivants manquent à D.
188 — A, C, *Ançois la passions.*
189 — Ce vers et les vingt-trois vers suivants (189-212) sont remplacés dans C :

> Quar ma mere ne fustes onques. »
> Et li chevaliers li dist : « Donques
> Issi le vous covient à fere ;
> Je vueil aler en mon repere :
> Ou vo mere porterez outre,
> Ou il le vous covendra foutre! »
> Quant la vielle ot le chevalier,
> En haut li prist à escrier ;
> Ne set que fere ne que dire,
> Tout maintenant li prist à dire :
> « Fetes moi droit, por Dieu le grant ! »
> Li chevaliers dist maintenant :
> « Or tost venez, si la foutez,
> Ou outre l'eve la portez. »
> Quant li vallès ot le seigneur,
> Si ot tel duel, ainc n'ot greignor :
> « Sire, » fet il, « ce est ma mere.
> — Or n'i a plus, » fet il, « biaus frere.
> — Outre l'eve la porterai :
> Ja ma mere ne fouterai.

193-198 — Ces vers, placés dans D après le v. 206, sont suivis de deux autres :

> C'est ma mere, bien le sachiés :
> Ja par moi n'iert fais tés pechiés.

197 — D, *Trop.*
198 — D, *Se je chi.*
199 — D, *si a grant ris.*
201 — D, *sifaite gent.*

202 — D, *Dis me tu voir ou ele ment.*

204 — D, *a el donques.*

206 — D, *voiant moi.* — Après ce vers, placez dans D les vers 193-198, suivis de deux nouveaux.

208 — A, *certes nel.* — Ce vers et le précédent manquent à D.

209 — D, *Adont l'a prise isnelepas.*

210 — D, *Si la leva entre ses bras.*

211 — D, *Par desor.*

212 — A, *Si passa.* — D, *Le porte outre l'iaue.*

213 — A *daarrain tel;* D, *Et le vielle tel.*

214 — D, *Au daarrain.* — A, *Si con la store me conta.*

215 — C, D, *Que.* — C, *il li;* D, *cil li.*

216 — C, *Li covint il li donst;* D, *Covient que il li doinst.*

217 — A, *Et.* — Ce vers et les deux suivants manquent à C et D.

220 — C, D, *Puis l'a.* — Suit un autre vers, dans C :

Dont i ot des gens grant risée;

dans D :

Adonc i ot molt grant risée.

221 — C, D, *Tout maugré sien, ce m'est avis.*

221 — C, D, *Cil s'en torna.*

223 — C, *Que la;* D, *Et la.* — C, D, *l'a si.* — A, *avoit tant mené.*

224 — C, *Que le renvoie;* D, *K'envoié l'a tout.*

225 — D, *di je en la fin.* — Ce vers et les trois suivants manquent à D.

226 — D, *bien fin.*

227 — A, *tout sans mençone.* — D, *sachant tout sans essoigne.*

228 — D, *Qui l'a mout povre à la besoigne.*

On peut rapprocher de cette pièce un passage de l'*Orlando furioso* de l'Arioste (ch. xx, str. 106-128), où les personnages sont un peu changés.

CXXX. — Do Maignien qui foti la dame, p. 179.

A. — Paris, Bibl. nat., Mss. fr. 1593, fol. 148 v°.
B. — Bibl. de Berne, Mss. 354, fol. 115 r° à 116 r°.

Le ms. A, qui est incomplet à la fin, porte le titre suivant : « De cele qui se fist à .1. maignien refaitier ».

Publié par Méon, *Nouveau Recueil*, I, 170-173.

Vers 3 — A, *j'ai novelement*.
5 — A, *Qui mout ert riche*.
10 — A, *Sa*.
12 — A, *fu apresté*.
13 — A, *dut entrer enz*.
14 — Le vers manque dans A.
15 — A, *des genz*; B, *de gent*.
16 — A, *sachiez que il n'i ot qu'eus deus*. — Le vers suivant manque dans A.
18 — A, *Une selete à* .III. *pecols*.
19 — A, *la meschine*.
22 — A, *Li pecou*. — Après ce vers, A ajoute :

> Quant el leva l'un de ses piez,
> Li pecoul remestrent chargiez.

23 — A, *Et sus l'autre remest*.
24 — A, *Li pecoul*.
26 — A, *Sus le trenchant du fust*.
29 — A, *Sa meschine avoit apelée*.

30 — A, *Et ele s'est mout tost alée.* — * *apelée.* B, *apelé.*
31 — A, *Ele li dist : « Ma douce amie.*
33 — A, *que.*
34 — A, *Et la chamberiere li.*
35 — « li » manque à B. — A, *« Voire, ma dame, mal feu l'arde.*
36 — A, *Di va, » fet ele, « car pren garde.*
37 — « ne » manque à B. — A, *Et si me di s'il i.*
38 — A, *se joint.*
39 — B, *estepous.*
40 — *mie.* A, *pas.*
41 — A, *De veoir par derriere con.*
42 — B, *foies.*
43 — * *lo.* B, *la.* — A, *Au mien escient vous chiet.* — Après ce vers, le reste de la pièce manque dans A.

Ce récit a été imité dans une farce de l'*Ancien Théâtre français* (II, 90 et suiv.).

CXXXI. — LI SOHAIZ DESVEZ, p. 184.

Publié par Méon, *Nouveau Recueil*, I, 293-300.

Vers 58 — *à*, lisez *a*.
60 — « li » manque au ms.
63 — * *ains*; ms., *ains se.*
95 — * *en*; ms., *de.*
119 — « Laranie » signifie ici Lorraine.
121 — * Ce vers semble corrompu dans le ms. : *Qui bien fait auan d'eumaje.*
131 — * *vers*; ms., *ver.*
167 — * *buen*; ms., *bon.*

201 — * Ne demandez; ms., *De demande.*

209 — Ce JEHAN BEDEL est-il le même que le trouvère artésien JEAN BODEL ? la chose est probable. En tout cas, plutôt que de refuser, comme le fait l'*Histoire littéraire* (XXIII, 115), à Jean de Boves la paternité des neuf fabliaux que lui attribue le fabliau des *Deus chevaus* (I, 153), ne peut-on admettre que Jean de Boves et Jean Bedel ont traité l'un et l'autre le même sujet ?

CXXXII. — LE POVRE CLERC, p. 192.

Publié par Méon, *Nouveau Recueil*, I, 104-112, et traduit par Legrand d'Aussy, IV, 55-61.

La pièce ne porte pas de titre dans le ms.

Vers 59 — * delez; ms., *lez.*
68 — * uns; ms., *un.*
91 — * el; ms., *ele.*
92 — * A! sire; ms., *Assire!*
105 — * seroie; ms., *seroi.*
109 — « ne » manque au ms.
124 — « en » manque au ms.
128 — * Mainte; ms., *Maintes.*
148 — « je » manque au ms.
150 — * petis; ms., *petit.*
181 — * garçon; ms., *garçons.*
182 — * Aporta; ms., *Apor.*
227 — * prestres; ms., *prestes.*

Cette pièce, dont on peut rapprocher certains autres fabliaux tels que le *Clerc qui fu repus derriere l'escrin* (IV, 47-52), a été imitée par Imbert.

CXXXIII. — Les .IIII. Souhais saint Martin, p. 201.

A. — Paris, Bibl. nat., Mss. fr. 837, fol. 189 r° à 190 r°.
B. — Bibl. de Berne, Mss. 354, fol. 167 v° à 169 r°.
C. — Oxford, Bibl. bodl., Digby 86, fol. 113 r° à 114 r°.

Un quatrième ms. que nous désignerons par la lettre D (Bibl. nat., mss. fr. 12603, fol. 244 v°) ne contient que vingt-quatre vers, correspondant aux vingt-deux premiers vers de notre édition.

Publié par Méon, IV, 386-392. Une partie de la rédaction du ms. Digby a été publiée par M. Ed. Stengel dans sa description de ce ms. (*Codicem manu scriptum Digby 86... descripsit... Dr. E. Stengel... Halis,* 1871), p. 36-38.

Vers 1 — D, *Un preudome.*
2 — B, *ne lairé que ne.* — D, *Je ne lairai que je n'en.*
4 — D, *Li preudons.* — B, *ot li vilains.* — a, *lisez* à.
5 — que. B, *et.* — D, *qu'il reclamoit.*
6 — B, *A tote l'uevre qu'il;* D, *En toutes oeuvres qu'il.*
7 — B, *Ja ne fust ne dolanz ne liez.* — Ce vers et le suivant sont remplacés dans D :

>Ja cele oeuvre ne labourast
>Que saint Martin ne reclamast.

8 — B, *Que saint Martins n'alast premés.*
9 — D, *Il n'oublioit pas saint Martin.*
10 — D, *Li preudons.*
11 — D, *soit.*
12 — D, *voloit.*
13 — D, *fait il.* — or. B, *hez;* D, *ches.*

14 — D, *li vient.* — B, *Lors li vint S. M.* — Après ce vers, D ajoute :

>Si le commenche à (a)raisonner
>Et puis après à doctriner.

15 — D, *Preudon.* — B, *dist il.*
16 — D, *Et s'as souffert mout de meschiés.* — Les deux vers suivants manquent à D.
19 — la. B, D, *ta.*
20 — Après ce vers, B ajoute :

>Et si soies joiauz et gaiz ;
>Je te donrai .IIII. sohaiz.
>Ja ne t'estuet mais traveiller
>Ne matin lever ne veillier.

D ajoute aussi :

>Car je te doins .IIII. souhais :
>Or ne t'estuet labourer mais.

21 — B, D, *Or.*
22 — D, *Car je te di mout.* — B, *veraiemant.*
23 — B, *Ce que tu ja sohaideras.*
24 — B, *Par .IIII. foiz.*
25 — B, *Garde toi bien au.*
26 — ja. B, *nul.*
28 — B, *Arriere s'en est retorné.*
29 — B, *A son ostel s'an vient.*
30 — B, *Il li sera mal.*
31 — B, *chauçoit.*
33 — B, *As tu ja si tost.*
35 — B, *disner jusqu'à .v. liues.*
36 — tes. B, *les.*
37 — B, *Vos avez por noiant.*
39 — B, *N'ovrez pas volantiers à feste.*

40 — B, *Tost avez la jornée faite.*
41 — Ce vers et le suivant manquent à B.
43 — B, *Vos iestes fous con une beste.* — or. C, *huy.*
— Avec ce vers commence le fragment qui représente le ms. C; ce ms., écrit en anglo-normand, offre toutes les irrégularités orthographiques et rythmiques particulières à ce dialecte.
44 — B, *Tais, bele suer;* C, *Tès ta sere.*
45 — C, *Pur voir te di.* — B, *que;* C, *qui.*
46 — B, *Et desormais charront les;* C, *Desoremès remeindrount nos.*
47 — B, *Et lo travail, gel te.* — C, *E nos travaus ount pris fin.*
48 — C, *Jeo ay uy.* — B, *Hui main encontrai.*
49 — C, *me ad doné.*
50 — B, *N'en fu nul;* C, *Mès ne ay pas.*
51 — B, *Devant q'aüsse à toi;* C, *Devaunt que jeo eüse o tey.*
52 — B, *Suer, ce.*
53 — B, *Demanderai isnelemant.* — Ce vers et les neuf suivants (53-62) sont remplacés dans C :

> Et cele l'acole, si rist :
> « Sire, » fest ele, si Deu m'ayst,
> Jeo vous say ben cunsiler:
> Wous me devez ben amer.

54 — B, *Certes* (pour *Terres*).
55 — B, *l'ot, cort.*
56 — B, *Mout s'umelie par.*
57 — B, *Mes amis, me dites vos.*
58 — B, *Oïl, ma bele suer, por voir.*
59 — B, *biaus dolz.*
60 — « je » manque à B. — Les deux vers suivants manquent à B.

DU CINQUIÈME VOLUME

63 — B, *Or*. — C, *Ore vous pris jeo, si*.
64 — « vous » manque à C.
65 — B, *soient*.
66 — B, *Et vous seroiz mout*; C, *Mout par serez*. — Les deux vers suivants manquent à C; les deux autres sont placés plus loin (voyez la note du v. 77).
67 — B, *Taisiez,* » *fait il*.
69 — B, *Fames ont mout*.
70 — « .III. » manque à B.
71 — B, *o de laine*. — C, *Jeo ne osseray,* » *dist il enfin*.
72 — B, C, *Bien me membre*.
73 — B, *qui dist que trés bien*.
74 — C, *Qui*. — B, *demandasse*.
76 — C, *les veil*.
77 — B, *Car se sachiez*. — On lit dans C, à la place de ce vers et des treize suivants (77-90) :

> Car femmes ount foles pensées :
> Toust suheyderez fusé[e]s
> De chaunve, de leine ou de lin :
> Membrer me deit de seint Martin.
> — Sire, » fest ele, « pur Deu, merci !
> Ja estes vous moun douz amy ;
> Jeo vous eim taunt cum ma vye,
> Ne me devez faillir mie :
> Jeo vous demaund, si vous plest,
> Qui me donez un suhet.
> Woustre soient li autre troy ;
> Mout par serrez ben de moy.

79 — B, *ne deïssiez*.
80 — B, *Que vos de moi ne joïssiez*.
81 — B, *Je ne conois pas vostre cuer*.
82 — B, *que je fusse or*.
83 — B, *Une chievre o une jument*.
86 — B, *O soit,* » *fait il*, « *à boene foi*.

88 — B, *vos seroiz toz jorz.*
89 — B, *por.*
91 — B, *fait il.* — C, *Sere,» fest il,* « *e vous l'eiez.*
92 — C, *Mès pur Deu, tele.*
93 — B, *Ou je.* — C, *Dount checun de nous grant prou eyt.*
94 — B, *Je di, » fait ele, « de par Deu;* C, *De par Deu,» fest ele, « jeo suhet.*
95 — B, *que tot.* — C, *Mout volunters noun pas en viz.*
96 — B, *Ne remaigne oil ne en viz;* C, *Qui soyez chargez de viz.*
97 — B, *Ne teste, ne braz, ne costé.* — Lisez *braz, piez ne costé.* — Ce vers et le suivant manquent à C.
98 — B, *Qui ne soient de viz.*
99 — B, *Et si ait chascuns viz sa coille;* C, *Checun si gros cum un aundoyle.*
100 — B, *Si ne soient baine ne doille;* C, *E si eyt checun vit sa coille.*
101 — B, *Toz jorz.* — Ce vers et le suivant manquent à C.
103 — B, *Et si tost con ele l'ot dit;* C, *Meint esraunt cum cele l'ont dit.*
104 — B, *Si saillent do vilain;* C, *Issirent del vilein.*
105 — C, *li issent.*
106 — C, *pas delés.* — Après ce vers, C ajoute :

> Tout contre val deques as pez
> Fust li vilein de viz chargez.

107 — A, *quarrez.* — Depuis ce vers jusqu'au v. 138 les mss. B et C sont assez différents d'A; on lit dans B :

> Or poez oïr grant mervoilles :
> Li vit li vaillent des oroilles,
> Darriere [et] aval et amont,

Et par devant, en mi lo front.
Tot contreval de si q'as piez
Fu li vilains de viz chargiez.
Li vilains fu de viz cornuz,
De totes parz mout bien vestuz ;
Sor lui avoit maint vit carré,
Et grant et grox et rebolé,
Maint noir, maint blanc et maint vermoil.
Bien poïst en giter en l'oil
Une feve, tot de plain vol,
N'arestast, si venist au fol
De la coille qui desoz pant.
Mout ot ci bon sohaidemant ;
Maint vit i ot, et lonc et grox.
Sor le vilain n'ot si dur os
Don vit ne saillent merveillox ;
Li vit li saillent des genox.
Quant li vilains se vit si fait :
« Suer, » fait il, « ci a mout mal plait :
Por quoi m'as tu si conreé ?
Assez m'amasse miauz tué
Que sor moi fussient tant de vit.
Onques mais nus hom tant ne vit,
Sanpres iert mon con .i. boiaus ;
Mais or sui riches de viz biaus,
Et si i avroiz autre preu
Que jamais n'irois en cel leu
O vos doigniez point de paaje.
— J'ai esté au sohaidier sage :
Si n'en devés pas estre irous.
— Merveillose beste a en vos, »
Dit li vilains ; « ce poise moi :
Or sohaiderai par ma foi.....

On lit dans C :

Ore out vit gros et vit quarrez,
Wit court, vit long, vit reboulez,
Checuns si gros com un aundoiles
E si out checun vit ses coilles.
Wiz out plus que ne say dire,
Dount li vilein out del et ire,

> Quant si se vet countrefest :
> « Ci, » dist il, « ad mauveis suheit,
> Pur quy me avez si aturnez,
> Dount jamès ne seray savez?
> — Par fay, » fest ele, « jeo vous dirai,
> Qui ja de mot ne mentiray ;
> Ore vous diray saunz demorer :
> Un soul vit ne my avoit mester.
> Ne jeo nel preisoye une briche,
> Mès ore suy jeo des bons viz riche,
> Et si avez autre avantage,
> Qui ja ne payerez payage
> En lu là où vous vendrez. »
> Lors fu le prodoume mout irez.

108 — A, *reboulez.*

139 — B, *Je resohait;* C, *E jeo suhet.* — B, *fait li bons hons.*

140 — B, *raies.* — C, *qui vous eiez ataunt de couns.*

141 — B, *Comme... viz sor moi.* — C, *Ataunt des couns ne sent sur tay.*

142 — B, *raies.* — C, *Cum jeo ay viz de sus may.*

143 — B, *Lors fu la fame;* C, *Lors fu cele.*

144 — B, C, *Ele ot un con en* [C, *en mi*] *la veüe.*

145 — C, *Deus out el frount couste à couste.*

146 — B, C, *encoste.*

147 — Ce vers et le suivant sont intervertis dans B. — Ce vers et les dix-sept suivants (147-164) sont remplacés dans C par les suivants :

> E coun velu e coun boçu,
> E coun novel rés e toundu,
> E coun plumez e coun forcilez,
> E coun de novel adoubez ;
> E quel deble vous countereyt
> Les semblaunces des couns qui ele avoit?
> Quant ele vi qui fust issi :
> « Frere, » fest ele, « douz amy,
> Jeo veil qui toust suheydez

> Qui jeo coun ne vous vit neiz. »
> Li prodoume suheida et dist
> Qui ele n'eust coun ne il n'eust vit.
> Lors fu cele moust marie,
> Quant soun coun ne trova mie,
> Et le prodome fust coroucé
> Quant sun vit n'out aparilé.

149 — B, *Con droit, con tort.*
151 — B, *joene et con bien fait.*
152 — B, *pucel et con retrait.*
153 — B, *parfont et à croce.*
154 — B, *Et bellonc et con sanz boce.*
155 — B, *Con ot au chief, con ot.*
156 — B, *Adonc... mout liez.*
157 — B, *fait ele.*
159 — Ce vers et le suivant sont remplacés dans B :

> Por coi m'as tu ensi navrée?
> Jamais jor ne serai senée.
> — Jel te dirai, » fait li bons hons;
> « Or sui je riches de bons cons
> Si com tu ies riches de viz.
> Or est li jeus à droit partiz,
> Car or a chascuns viz sa borse. »
> Cele fu iriée et reborse.

161 — B, *Et dit : « Male avanture aiez.*
162 — B, *Suer, » fait il.*
163 — B, *n'anteroiz en rue.*
164 — B, *Que ne soiez bien coneüe.*
165 — B, *fait ele.* — C, *Cheytifs, » fest ele.*
166 — B, *Or.* — C, *Les suhès havoum perdus.*
167 — *vous.* B, *pluz.* — Le fabliau finit ainsi dans C :

> Del quart suhet qui nous avoum
> Suheidez, qui jeo eye moun coun
> E vous heyez voustre peché.
> Si ne averouns perdu ne gagné. »

> Si fust li vilains deceüs :
> Il n'i out ounques meins ne plus.
> Par ceo vous di, n'est mie fable,
> Li vilein perdi par soun deable
> De estre riches tousjours mès,
> Si il eust gardé ses suhès.

Après ces vers vient dans le ms. C une assez longue pièce sur les tromperies des femmes. Cette pièce, dont une partie avait été déjà donnée d'après un autre ms. par Th. Wright et J.-O. Halliwell dans les *Reliquiæ antiquæ* (II, 222-223), a été publiée complètement par M. Stengel, *loco citato*, p. 38-40.

168 — B, *et si lo laissiez.*
169 — B, *.I. en avron.*
170 — B, *Don riche seron et menant.*
171 — B, *Et [li] prodom.*
173 — B, *Lors fu la jantis dame iriée.*
174 — B, *Com.*
176 — B, *Qu'il n'avoit mie.*
178 — B, *fait ele.*
179 — B, *soait encor.*
180 — B, *Que vos aiez vit et je com.*
181 — B, *Puis si seron.*
182 — B, *Si n'i avron.*
184 — B, *Que ne.*
185 — B, *Car ses viz.*
186 — B, *Mais.*
187 — Ce vers et le suivant sont remplacés dans B :

> Mout durement s'en repantoit
> De ce que sa fame creoit.

189 — B, *Qui plus.*
190 — B, *en a au cuer anui.*

Cette nouvelle, imitée par Philippe de Vigneulles, a

fourni à Perrault le thème de ses *Souhaits ridicules* et à La Fontaine celui des *Trois souhaits.*

CXXXIV. — DE LA DAMOISELE QUI SONJOIT, p. 208.

A. — Paris, Bibl. nat., Mss. fr. 837, fol. 178 r° à 178 v°.
B. — Bibl. de Berne, Ms. 354, fol. 112 r° à 112 v°.

Publié par Barbazan, III, 155, et par Méon, III, 455-457; donné en extrait très court par Legrand d'Aussy, IV, 307.

Vers 2 — B, *biaus bachelers l'amoit.*
4 — B, *de tort.*
6 — B, *Ensi com ele se sonjoit.*
7 — B, *Entra icil en la.*
8 — B, *l'oï nus hon.*
9 — son. B, *lo.*
11 — B, *la ribaut.*
12 — B, *si fist.*
13 — B, *cele.*
14 — B, *estoit à roit.*
15 — B, *Si la prant et corbe et enbronche.*
16 — B, *ronche.*
18 — B, *Ainz.*
20 — B, *ja une mervoille.*
21 — B, *ovre, si l'a.*
22 — B, *si l'a.*
23 — B, *tu ies pris.*
25 — B, *Vos covanra à droitoier.*
26 — B, *lo parc peçoier.*
27 — B, « je » manque à B.
28 — B, *Si Deus me doint mès que je voie.*
32 — B, *Jamais ne serai mariée.*

34 — B, *Per acordé.*
38 — B, *il ne.*
40 — B, *D'une blanche.*
42 — B, *Deus male honte.*
44 — B, *Esploitiez que.* — Les quatre vers suivants manquent à B.
50 — B, *Si l'anbrunche bien et entoise.*
51 — * laron. A, *baron.* — B, *Car n'i vialt pas qui li eschape.*
53 — B, *Mais la meschine.*
54 — B, *C'est por noiant, il ne vos crient.*
55 — B, *ceste pointe.*
56 — B, *Se vous estoiez or.*
58 — B, *ce estes bien paignié.*
59 — ce. B, *assez.*
60 — B, *Par cui.*
62 — de. B, *por.*
66 — B, *Se je de vos.*
70 — B, *Car je revoil.*
76 — B, *Lo premier que il songeront.*
77 — B, *Soit autresi come ce fu.*

CXXXV. — Del Couvoiteus et de l'Envieus, p. 211.

A. — Paris, Bibl. nat., Mss. fr. 19152, fol. 51 v° à 52 r°.
B. — Bibl. de Berne, Mss. 354, fol. 111 r° à 111 v°.

Le titre n'est plus le même dans le ms. B, qui fait allusion à l'intervention de S. Martin : « Des sohaiz que sainz Martins dona envieus et coveitos ».

Publié par Barbazan à la suite de l'*Ordene de chevalerie*, p. 153, et par Méon, I, 91-95 ; donné en extrait par Legrand d'Aussy, III, 85-87.

Vers 5 — B, *Por une haute cort servir.*
7 — fers. B, *cers.*
8-9 — Allusion au proverbe *entre deux vertes une mûre.*
13 — B, *mout male.*
14 — B, *Car li uns ert.*
15 — B, *à delivre.*
17 — B, *Que nus ne lo porroit plus dire.*
18 — ainsi. B, *assez.*
19 — Ce vers et les trois suivants sont remplacés dans B :

>   Covoitise preste à seüre,
>   Et fait recoper la mesure,
>   Homes an bataille perir,
>   Mès Deus fait ele relanquir.
>   Courtois[i]e fait l'ome prandre,
>   L'autrui don ele la fait pandre.

23 — B, *Et il en cuide avoir.*
24 — B, *est ore.*
25 — B, *va le mont covoitant.*
26 — et. B, *est.*
27 — B, *andui ensamble.*
28 — B, *Si encontrerent.*
33 — B, *ert.*
34 — A, *voiées.*
35 — B, *Qui.*
36 — A, *home.*
38 — B, *en cest.*
40 — « Et » manque à B. — A, *nos.*
42 — B, *Li uns de vos demant.*
43 — B, *S'il avra tot à son comant.*
45 — B, *aurament.*
46 — B, *s'apensa.*
49 — A, *Mout goulousent;* B, *Mout dolosoit.*
51 — que. B, *quant.*

54 — B, *Se del rover.*
56 — ot. B, *a.*
60 — B, *s'estoient par anui.*
61 — B, *De.*
62 — B, *Demande qu'il.*
64 — B, *S'en.*
65 — B, *mar vos [va] tardant.*
71 — B, *Se demant argent ne avoir.*
73 — B, *Mais rien n'i avroiz.*
74 — B, *fait il, « je te ruis.*
79 — Ce vers et le suivant manquent à B.
81 — B, *nule rien nule.*
82 — B, *et l'autre.*
83 — B, *por lo lor.*
84 — B, *Cui il perdirent. Dahaz ait.*
85 — * part.—A, *par.* B, *Par mi lo col cui il en poise.*
86 — B, *Qui.*

Cette pièce a été imitée par plusieurs auteurs, entre autres par Imbert. Voyez, sur l'origine du conte, l'*Histoire littéraire*, XXIII, 237-238.

CXXXVI. — Du Segretain moine, p. 215.

A. — Paris, Bibl. nat., Mss. fr. 19152, fol. 36 r° à 39 r°.
B. — Bibl. de Berne, Mss. 354, fol. 136 r° à 143 r°.

Publié par Méon, I, 242-269, et par Renouard dans Legrand d'Aussy, IV, app. 1-9.

Vers 2 — B, *ert d'une.*
3 — A, *Qui aama;* B, *Si aama.*
8 — B, *Preuz et cortoise et.*
10 — B, *Bien.*

11 — B, *Si estoit mout.*
12 — pas. B, *mie.*
13 — B, *Car il n'estoit pas tançonier.*
14 — B, *Ainçois estoit et baut et fier.*
17 — A, *S'un.* — B, *S'uns menestrés li demandast.*
18 — B, *li donast.*
19 — B, *Riches hom.*
20 — B, *toz jorz.*
24 — B, *Ne pot mais au change durer..*
25 — B, *A la foire.*
26 — B, *Avec lui porta.*
32 — B, *gaitoient.*
33 — B, *Et les trespas et les chemins.*
35 — B, *remest .III.*
37 — B, *Il.*
38 — B, *Qu'il sont en la forest.*
41 — B, *Quant Guillaume virent.*
43 — B, *Si.*
44 — B, *Ne li firent point d'autre.*
45 — B, *A que faire vos mentiroie?*
46 — B, *Puis sont venu.*
47 — B, *Et li sergent son char menoient.*
48 — B, *Qui après lor seignor aloient.*
49 — B, *Li mal larron sore lor.*
50 — B, *Et à lor costiaus les acorent.*
51 — B, *les.*
52 — B, *A pié.*
53 — Ce vers et le suivant sont remplacés dans B :

> Qant il ne lor pot aidier,
> Lors n'ot en lui que correcier ;
> Ainçois s'an fuit mout tost à pié,
> Car il n'a gaires gaaignié.

55 — B, *A cez qui.*
56 — B, *Lor deniers.*

57 — B, *il revandront.*
58 — B, *Diront.*
59 — B, *vostre.*
60 — B, *isnelemant.*
61 — B, *a dit.*
62 — B, « *Avoi, seignor, je ai molins.* — Les deux vers suivants manquent à B.
67 — B, *Cil li otroient, si.*
68 — B, *Tot à lor gré paié se sont.*
69 — B, *Et cil remaint.*
71 — Ce vers et le suivant sont remplacés dans B :

> Mout belement l'an araisone,
> Por ce que il la vit si morne.

73 — B, *bele amie.*
74 — B, *esmaiez mie.*
76 — B, *Que nostre avoir aions perdu.*
77 — B, *est Deus là.*
78 — B, *Si nos conseillera, si vialt.*
79 — B, *Cele li respondi.*
82 — B, *Que toz jorz en serai.*
83 — B, *Et des sergenz qui sont.*
84 — B, *ne me chaut.*
85 — B, *ne puet en restorer.*
86 — B, *l'an recovrer.*
87 — B, *jurent.*
88 — B, *entor midi.*
89 — à. B, *en.*
91 — B, *Don cele eglise.*
92 — Après ce vers, B ajoute :

> Ydoine, puis entre el mostier :
> Au crucefi ala proier.

94 — gaaignier, lisez *gaaing.*

95 — B, *Sor l'autel a mis.* — A, *chandele.*
96 — B, *De ses iaux qui sanblent.*
97 — B, *Plore, et de parfont.*
98 — B, *Que l'...* — « ne » manque à B.
99 — B, *escoutée.*
101 — B, *Si vient avant, si.*
103 — B, *Ce dit li moine.*
106 — B, « *Sire, Damedeus bien.* — Les deux vers suivants manquent à B.
109 — B, *Bele,* » *ce.*
110 — B, *Je ne voldroie.*
111 — B, *Avoir le bien fors.*
112 — lit. B, *leu.* — Les deux vers suivants manquent à B.
114 — *ai.* A, *a.*
116 — B, *Donrai vos mout de mes deniers.*
117 — B, *.C. livres vos donrai.*
118 — B, *poez.* — Après ce vers, B ajoute :

> Et aquiter d'une partie;
> Je ai vostre parole oïe.

120 — B, *Comança soi.*
121 — B, *Se ele les prandra.*
123 — B, *Et ele.*
124 — B, *le changeor.*
125 — B, *Sans consoil nel feroit el pas.*
126 — A, *pranra.* — B, *Si dist à soi meïsme(s)* en bas.
127 — B, *Li moines encor.*
132 — B, *ainc ne.*
135 — B, *De.*
136 — B, *c'est.*
137 — B, « *Sire,* » *fait ele.*
138 — Après ce vers, B ajoute :

> Envieus estes et vilains :
> Ostez à deiable vos mains.
> — Dame, » fait il, « por Deu merci ;
> Manbre vos de ce que je di :
> Se le faites, preu i avrez ;
> Se por vos muir, pechié ferez.

139 — B, « *Sire,* » *fait el,* « *je m'en iré.*
140 — B, *Et à mon seignor pareleré.*
142 — B, *Dame,* » *fait il.* — Les deux vers suivants sont remplacés dans B :

> Non feroiz, se vos estes sage ;
> Ja n'en sache vostre corage
> Ne ja consoil n'en requerrez. »
> Cele dit : « Ne vos esmaiez...

147 — A, *proire.*
148 — B, *Lors prant li moine(s).*
149 — B, *Où ot .x. livres, si.*
151 — B, *Et puis s'an vait.*
153 — la. B, *lo.*
154 — B, *Por la perde.*
156 — B, *Ele parole.*
160 — B, *Ainz ne verroiz .II. mois.*
161 — B, *Comant.*
162 — trait. B, *prant.*
164 — B ajoute « Li » au commencement du vers.
165 — Ce vers et les trois suivants sont remplacés dans B :

> Les deniers prant que il trova ;
> .X. livres ot, bien les conta,
> Puis li a dit : « Nel tenez mie,
> Sire Guillaume, à vilenie.

172 — B, *Au mostier qant.*
173 — B, *Et que.*

174 — B, l'ot et.
175 — B, et Nabugor.
177 — B, c'ome.
178 — B, de li charnement.
179 — B, Ainçois iroit.
180 — B, Et par terre.
182 — B, coiemant.
187 — A, cesseroit.
188 — B, Ja ne s'an.
189 — B, Ne à prior ne à abé.
190 — B, Cil.
192 — Après ce vers, B ajoute :

 Par covant que il n'aüst mie
 Avec vos charnel compaignie.

194 — B, porroit l'an.
195 — B, fait ele, « ge irai.
196 — B, Or oez que ge li dirai.
198 — B, dedevant l'autel s. M.
199 — B, seoir et arester.
200 — B, Se puis au sogretain parler.
201 — à. B, o.
203 — B, m'a promis.
204 — B, Certes volantiers les randra.
205 — B, Et qu'aport o lui.
207 — B, Guillaume dit.
208 — B, Mal dahaiz ait.
210 — B, Certes, » fait il.
211 — B, Huimais deussiens nos panser.
212 — B, Mangerons.
215 — com. B, que.
216 — B, O .x. livres qu'el li bailla.
219 — B, s'en est venuz en maison.
220 — B, Ydoine apela.

221 — A, B, *Que ele envoia* [A, *envoi*] *au vin.*
222 — « si » manque dans A. — B, *Et prist del poivre et del comin.*
223 — B, *Et si a faite sa.*
224 — B, *Lors si mangerent par.*
225 — B, *Li et son seignor boenement.*
226 — B, *Et lor sergant tant.*
228 — B, *Li vont cochier, com il.*
229 — B, *Lors se baisserent et joerent.*
232 — B, *Ainz dormirent trestot.*
233 — B, *Ydoine par matin leva.*
234 — B, *Bel se vesti et atorna.*
236 — B, *Et afublée et liée.*
241 — B, *Et del mostier la gent.*
242 — B, *Qui lor service oï.*
244 — B, *Devant.*
246 — vint. B, *vait.*
248 — fu. B, *est.*
249 — B, *Don vient.*
251 — B, *Dame, dites.*
252 — B, *Vous m'avez mis.* — * cor. A, B, *cors.*
253 — B, *Car.*
255 — B, *Ydoine dist : « Ne vos tamez.*
256 — B, *Que je ferai vos volantez.*
257 — B, *Si que sampres.*
258 — B, *Porroiz faire.*
260 — B, *en riant.*
261 — B, *fait il, « n'en parlez.*
262 — B, *Vos avroiz .c. livres.*
263 — B, *les aport.*
264 — B, *se de vos n'ai.*
265 — B, *vivre plus o mont.*
266 — B, *Dame, foi que doi saint Omont.*
267 — A, *Des.* — B, *Li moine(s) assez argent.*

269 — B, *Et.*
271 — Puis. B, *Don.*
272 — B, *Et après toz les.*
273 — B, *les genz.*
274 — B, *Qu'il.*
277 — B, *Vaillant .c.*
278 — B, *Encore plus.*
279 — B, *I aüst il encore mis.*
282 — plus. B, *point.*
285 — Ce vers et le suivant sont remplacés dans B :

    Por lo moine qui venir doit
    S'an va, si s'an torne tot droit.

287 — B, *Et en sa main porte.*
290 — B, *Orent mangié.*
291 — B, *En lor dotor se vont.*
292 — B, *Li sogretains vait au.*
293 — qu'il. B, *il.*
295 — B, *Lors s'an issi celéement.*
296 — B, *Par l'impostiz privéement.*
297 — B, *A la maison.*
301 — B, *referme après.*
304 — B, *Li sogretains.*
307 — B, *Ydoine dist.*
309 — B, *Li moines li a dit : « Tenez.*
310 — B, *C'est[e] gorle, et si lo.*
311 — B, *Qu'il.*
313 — les vait. B, *lo cort.*
314 — B, *Puis retorne.*
315 — B, *qu'il avoit aportées.*
316 — B, *Desoz... a.* — B ajoute après ce vers :

    Ydoine demande : « Par on
    Venistes en ceste maison ?
    — Dame, je ving par lo portiz
    Qui est delez lo plaisseïz.

318 — Après ce vers, B ajoute :

> Il se lieve, si la baisa ;
> Ne sai quantes fois la baisa.

319 — B, *Jus l'abati, foutre la vost.*
321 — B, *Qant ele crie.*
322 — B, *Amedui serien honi.*
323 — B, *Car je dot que les gens nel voie.*
325 — B, *me menez.*
326 — B, *Iluec feroiz.*
328 — B, *Et sachiez bien.*
329 — B, *Ce qu'ele va tant desloiant.*
330 — « de » manque dans A. — B, *s'an va corant.*
331 — Ce vers et le suivant sont remplacés dans B :

> Lors prant Ydoine, si l'anbrace,
> Baise li les iauz et la face ;
> Enversé l'a, ses braies oste :
> Par po ne fu conpainz son oste.
> Guillaumes saut qant ce oï,
> Par po qu'i ne fu esbaï.
> Bien set que li moines est chalt,
> S'il aüst fait au premier saut
> Qu'il a lo vit tot estandu.
> Lores n'a il plus atandu :
> Saut sus, si a pris son baston,
> Et dit : « Moines, par saint Simon.

333 — B, *Vos n'i feroiz plus.*
334 — por. B, *à.*
335 — « si » manque à B, ce qui est la leçon à adopter pour la mesure du vers.
337 — B, *Se je ice.*
340 — puis. B, *si.*
341 — mais. B, *et.*
343 — A, B, *estonez.*

345 — B, *Si lo fiert si.* — Le vers suivant manque à B.
347 — B, *chiet morz atant.*
350 — B, *De son cuer gita.*
351 — B, *pullante.*
354 — B, *De tant male ore fu jor née.*
355 — B, *par moi est bastiz ci.*
356 — B, *por coi as ce fait.*
357 — B, *fait il,* « *car jel.*
361 — B, *jamais en.*
362 — fors. B, *que.*
365 — B, *fait ele,* « *ne porrion.*
367 — borc. B, *pont.*
368 — B, *i sont.*
369 — B, *Guillaume panse, Ydoine plore.*
370 — B, *Et si mal dit lo jor et l'ore.* — Après ce vers, B ajoute :

> Qu'ele onques s'acointa do moine,
> Mout en cuide travail et poine :
> De ce c'ot fait mout se repant,
> Car esploitié a malement.

371 — .I. poi. B, *assez.*
372 — B, *dreça.*
377 — B, *Je vi les clés sor vostre banc.*
378 — B, *Lors prist la dame un drap mout blanc.*
379 — B, *lo moine.*
380 — B, *Puis l'a desus son col gité.*
381 — B, *Guillaume o lo moine s'an va.*
382 — B, *Ydoine les clés li porta.*
385 — sor. B, *lez.*
387 — B, *Qu'il est droit.*
388 — B, *moine(s) estoit.*
389 — A, *Ile.* — B, *mist jus, si.*

390 — B, *Et puis après soi referma.*
391 — B, *Si s'an entra en un vergier.*
393 — B, *Guillaume [droit] en la chanbre entre.*
395 — Corrigez *l'asist*. — B, *Lo moine assist sor un pertuis.*
396 — vers. B, *par.*
398 — B, *Don.*
401 — B, *bailla.*
402 — B, *s'an torna.*
403 — B, *charrue.*
406 — B, *mout estoit.*
408 — B, *Et duremant.*
410 — B, *qui estoit tué.* — Après ce vers, B ajoute :

> De Guillaume vos laisserai ;
> Qant mestiers ert, ge revanrai.

412 — B, *male colée.*
413 — en. B, *el.*
419 — A, *Atent ;* B, *Li moine(s).*
420 — B, *que il trova.*
421 — B, *Si se comance à esforcier.*
422 — B, *Qui ot grant talant de voidier.*
426 — B, *dist il,* « *com ies.*
428 — B, *Si lo.*
430 — B, *S'il avoit.*
431 — B, *N'avroit il.*
432 — B, *Que il a ore de ce fait.* — B ajoute :

> Car il est plains de mal engain[e],
> Qu'il s'an dort sor ceste longaigne. »
> Or dit que il l'esveillera
> Que plus dormir ne le laira.
> A lui en vient, si l'apela,
> En tel meniere (l') araisona.

434 — or. B, *estre.*

435 — B, Que dormir.
437 — B, tel honte vos a hui.
438 — B, Ainz me fusse.
440 — vill. B, ort.
441 — B, dist.
442 — B, Par lo moine vient, si li dist.
444 — fu. B, est.
445 — B, Si gisoit trestoz en travers.
446 — B, Sor l'or de.
447 — chaoir. B, ensi.
448 — B, Que est ce, por saint E.?
449 — B, est donc cist moines morz.
450 — B, Certes, je ai aü grant tort. —Les deux vers suivants manquent à B.
453 — B, comant me puis.
455 — A, veritez.
458 — B, Mout... esbaï.
459 — B, Porpanse soi, ne set que faire.
460 — B, N'a quel chief il en puisse traire.
461 — B, Donc a dit qu'il lo portera.
462 — B, lo borc et sel laira.
465 — B, entor lo firmament.
467 — B, Qu'iluec avra esté tué.
469 — B, De desus là ò il gissoit.
470 — B met en place de ce vers le v. 469.
471 — B, Et li s'an va. — * porta. A, porte.
472 — B, O il avoit pris. — B, après ce vers, ajoute :

> Don jamais nul jor ne garra ;
> A l'uis Ydoine l'apoia.

473 — B, Puis lo guerpi, si s'an depart.
474 — se. B, s'an.
475 — B, Que se l'an lo trove au matin.
476 — B, soit près.

477 — B, *Guillaume et Ydoine se jurent.*
479 — B, *Mout... duremant.*
481 — B, *aurament ferue.*
482 — B, *Qui mout les.*
483 — B, *A la paroi.*
484 — B, *Ydoine a dit : « Por.*
487 — B, *Longuemant nos a escoté.*
488 — B, *Guillaume levé.*
489 — prent. B, *prist.*
490 — B, *Et vint à l'ui tot erraumant.*
491 — B, *l'a desfermé.*
492 — B, *Lo moine que il ot tué.*
493 — B, *Qui li chaï.*
494 — B, *set sor.*
495 — B, *fust abatuz.*
498 — B, *Por Deu.*
499 — B, *ça hors.*
500 — B, *Ja Damedeus n'aït son cors.*
501 — B, *Se s'est home, s'il ne lo tue.*
503 — B, *l'aluma.*
504 — B, *Lo moine vit, si s'escria.*
506 — B, *vei lo ci.* — Après ce vers, B ajoute :

> Quant Guillaumes l'ot, si saut sus :
> Halas! » fait il, « il n'i a plus
> Cher no me convieigne acheter ;
> Je n'an puis autrement passer.

507 — B, *Sire, » fait el(e).*
508 — B, *Maudit soit or.*
509 — B, *et maus non.*
510 — B, *Car n'an.*
511 — B, *Don n'est il.*
512 — B, *cil et cil.*
513 — B, *que ce est.*

514 — B, Qui lor a iluec aporté.
515 — B, Ydoine dit mout li est grief.
516 — B, A Guillaume baille.
518 — B, Ele li baille et cil.
519 — B, Qui... se fia.
520 — B, s'an ala.
521 — B, Tant qu'est venuz à un fumier.
522 — B, Seigneur Tiebaut lo marenier.
524 — B, Bien plain mui de deniers avoit.
525 — B, De richece à grant planté.
526 — B, Il ot .I. grant porcel tué.
527 — B, Contre Noel.
528 — B, Si avoit pandu lo bacon.
529 — B, Desus son for.
533 — B, Encor nel sot pas li vilain.
534 — B, Et Guillaume a lo sogretain.
535 — B, Sor lo fumier c'est aresté.
536 — B, Or sachiez, mout li a costé.
538 — B, Donc se.
540 — B, lo vost.
541 — B, Et li poples demain dira.
542 — B, Que li vilains tué l'avra.
543 — trou. B, crot.
545 — B, Lo sac i trove o lo bacon.
546 — B, Q'avoit enfoï lo larron.
547 — B, Si li comance à desloier.
548 — B, Et vit la coe neroier.
551 — molt. B, si.
552 — B, Or les voil metre toz.
554 — B, monseignor s. L.
555 — B, Fait G.; « si n'i porra.
556 — B, Porpanse soi que il fera.
557 — B, Lo moine i met qu'il a tué.
558 — B, Del sac a le bacon osté.

560 — B, *perdu tot.*
561 — B, *Que je perdi en la forest.*
562 — B, *Deniers ai, el char mout me pleist.*
565 — B, *Ensi com il estoit.*
567 — B, *Quant Ydoine le vit trossé.*
568 — B, *Hastivement a demandé.*
569 — B, *Guillaume.*
573 — B, *Icil.*
575 — B, *bevoit.*
576 — n'en. B, *ne.*
578 — fist. B, *fait.*
579 — B, *Je cuit bien se nos avions.*
580 — B, *Grant charbonée de bacon.*
581 — B, *buvrions.*
582 — B, *respondi par.*
584 — B, *Mais n'an porrion.*
585 — B, *Car.*
586 — B, *Et si cuit que n'avon denier.*
587 — B, *Par foi, »* fait il, *« g'en enblai .1.*
588 — B, *Que ja porterai à comun.*
589 — B, *Et à trestoz lo vos donré.*
590 — B, *Mout volantiers, car je l'enblé.*
591 — B, *Avant arsor chez dan Tiebaut.*
592 — B, *Mais en son fumier l'ai repost.*
593 — B, *font il,*
594 — B, *covoite.*
595 — B, *droit au fumier.*
596 — B, *O il ot lo bacon boté.*
597 — Ce vers et les trois suivants sont remplacés dans B par les suivants :

>Lo sac trove trestot lié ;
>Onques n'i ot autre marchié,
>Mais il lo lieve sor son col.
>Arriere s'an va come fol,

> A la taverne est revenuz :
> Chascuns li dient : « Bien venuz ! »

601 — B, *Cil est mout las, et dit :* « *Mout poise !* »
602 — B, *Cil ont apelé la.*
604 — B, « *Di va, di nos.*
605 — B, *A faire feu à.*
606 — cez. B, *les.*
607 — B, *Esploitiez.*
610 — B, *Cil eschastent.*
611 — B, *Si s'an vont droit.*
613 — B, *arechié.*
614 — A, *arriés.*
615 — A, *conigniée.*
616 — B, *Qui volantiers lor fu.*
617 — A, *Cel.*
618 — B, *Droitement au sac est.*
619 — B, *El lo.*
620 — B, *sache par.*
624 — B, [*Et*] *la meschine l'o*[*t*] *mout bien.*
625 — B, *Si lor dit.*
626 — B, *Ce m'est avis qu'il est chauciez.*
627 — B, *Lors sont levez, trestuit en piez.*
633 — Après ce vers, B ajoute :

> Tuit li autre sont merveillié ;
> Nus ne se set preu conseillier.

634 — B, *ci dit.* — A, *taverners.*
635 — cest. B, *lo.*
637 — B, *Ainz par saint Nicolas nel soi.*
638 — B, *Mais c'est deiables, bien lo voi.*
639 — B, *moine a fait.*
644 — A, *ecuit.*
646 — B, *Va tost,* » *fait il.*

647 — B, *Gar qu'il soit mis en heriçon.*
648 — B, *Là don tu ostas.*
649 — Ce vers et les trois suivants manquent à B.
653 — B, *Et cil esgarde en.*
654 — B, *Si a veü un charretil.*
656 — B, *Puis va contremont san perece.* — Après ce vers, B ajoute :

> O tot le moine en haut monte ;
> Mout sovant oroille et escote,
> Que nus ne l'oie ne le voie ;
> Mout a bien tenue sa voie.

657 — B, *qu'il.*
658 — B, *Par où lo bacon avoit trait.*
659 — B, *Lo moine avoit.*
660 — B, *Si a lo ardeillon trové.*
661 — Ce vers et le suivant sont remplacés dans B :

> Mout fieremant l'a atachié,
> Puis est arriere repairié.

665 — B, *Comant lo moine avoit.*
667 — B, *De Garnot.*
668 — B, *Et del vilain vos voil.*
669 — B, *se gisoit o.*
671 — A, *ele.* — B, *fait ele,* « *il est.*
672 — B, *Si est tans.*
673 — B, *Car nos n'avons mie de pain.*
674 — B, *ce li dit.*
675 — Ce vers manque à B.
677 — B, *Ce garçonet.*
678 — B, *Vient ceianz .IIII. foiz.*
679 — B, *promete grant.*
680 — B, *fait ele.*
681 — B, *Martinet, frere.*

682 — B, *fait il.*
683 — te. B, *t'an.*
684 — B, *Por Deu, dame.*
686 — B, *de sanc ne de boel.*
689 — B, *que gis en vostre.*
690 — *Lisez cest.* — B, *En tost cest païs n'a.*
691 — B, *Qui autretant ne m'an donast.*
692 — B, *Et assez plus ne m'an prestast.*
693 — B, *Que cil de ceianz ne me fait.*
694 — « or » manque à B.
695 — B, *S'or te donoi je do bacon.*
696 — B, *Charbonée sor le sablon.*
697 — B, *à desjuener.*
698 — B, *vers toi.*
701 — B, *mais qanque.*
702 — B, *or est bien droiz.*
703 — B, *tu en.*
704 — B, *Del cote a son seigneur.*
705 — B, *car vos levez.*
706 — B, *si portez.*
708 — B, *si ira au.*
709 — B, *saut sus, qu'i baaille.*
710 — B, *taille.*
712 — B, *qui autre.*
713 — B, *est vostre que il.*
714 — B, *Dans Tiebost respont.*
715 — B, *Or m'alume, et je irai.*
716 — B, *Par mon chief,* » *fait il.*
718 — B, *i tant.*
719 — B, *Prant lo moine par lo talon.*
720 — B, *cuide panre son pacon.*
721 — B, *Et copa.*
722 — B, *La char.*
723 — B, *La hart ronpi.*

724 — A, B, *feru.*
725 — B, *Que maintenant jus.*
726 — B, *Desus lo quepou une.*
727 — B, *li vilains.*
729 — Ce vers et le suivant sont intervertis dans B.
731 — Ce vers et les vingt-trois suivants (731-754) sont remplacés dans B :

>Martins saut sus, lo feu alume :
>Vos savez bien, ce est costume,
>Qant noise lieve en aucun lo
>Que l'an vait alumer lo feu.
>Martinet lo feu aluma ;
>Lo moine vit, si l'esgarda :
>« Sire, sire, » dit Martinet,
>« Li demorer n'i vaut .i. pet :
>Parpansez vos en quel meniere
>Li moines soit portez en biere. »
>Qant dant Tiebost a ce veüz,
>Son baron moine devenu,
>Ne set que c'est, mervoille s'an.
>A po qu'il n'ist hors de son san
>De la peor que il en a
>Qant il lo moine avisa.
>Sa fame vint, si aluma ;
>Lo moine vit, si l'esgarda :
>« Baron, » dist ele, « Dieu merci ;
>Ainz mais tel mervoille ne vi,
>Deiables no vialt enchanter :
>Do bacon fait moine sanbler.
>D'une rien sui je bien certains
>Que cist morz est li sogretains.
>Nos serons et honi et mort.
>— Par foi, » fait il, « bien m' i acort.

741 — A, *avons.*
755 — B, *Martin, » ce a dit.*
756 — B, *si amoine.*
757 — B, *do lier.*
758 — B, *Je me cuit bien de lui vangier.*

760 — B, *Et li vilains.*
761 — B, *Del moine lier mout forment.*
762 — Ce vers est remplacé dans B :

> Es arçons mout estroitement,
> .I. escu li ont mis au col.
> Ce dit Martinès : « Par saint Pol.

763 — B, *Or voit ceste.*
764 — B, *Après si irons.*
765 — *Laiens. A, B, *Lais.*
766 — B, *qu'il part, qu'il tort.* — Lisez *quel part qu'il tort.*
769 — Ce vers et le suivant manquent à B.
771 — B, *Venez moi aidier, bele gent.*
772 — B, *vienent corant.*
773 — B, *Trestuit cuident.*
775 — B, *venuz à.*
778 — B, *estoit mutin.*
779 — B, *Tel cop lo feri de la lance.*
780 — B, *Que mort à la terre lo lance.*
781 — B, *Li autre s'an mervoille[nt] tuit.*
782 — B, *Si escrient tuit.*
783 — B, *Fuiez, fuiez, malaürez.*
784 — B, *forsenez.*
785 — il. B, *ja.*
786 — B, *Il n'i ot ainz.*
787 — B, *Qui el cloistre orast ester.*
788 — B, *El mostier.*
789 — Ce vers et les trois suivants sont remplacés dans B :

> Li polains saut de ça, de là,
> Le segretain par tot porta.

794 — B, *En un jardin.*
795 — B, *debrisiée.*
796 — B, *Atant est la noise apaisiée.*

797 — B, *erré.*
799 — B, *Si s'esforce par tel aïr.*
802 — B, *Emmedui chient.*
803 — B, *Li moines desoz lo cheval.*
804 — B, *El fonz del fossé contreval.*
809 — par. B, *por.*
810 — B, *Voloit.*
813 — B, *Blasmez.*
814 — A, *Ainz.* — B, *Mais danz Tiebost i a perdu.*

On lit comme explicit dans B : « Ci fenit do Sogretain. »

Voyez, plus haut p. 336, la note finale du fabliau CXXIII. Legrand d'Aussy raconte (IV, 285-292) une histoire analogue de sacristain; mais cette nouvelle se rapporte, non à ce texte, mais à un fragment encore inédit du ms. de Berne (fol. 6 r° à 9 r°).

CXXXVII. — Le lai d'Aristote, p. 243.

A. — Paris, Bibl. nat., Mss. fr. 837, fol. 80 v° à 83 r°
B. —   »   »   »   1593, fol. 154 r° à 156 v°.
C. —   »   »   nouv. acq. 1104, fol. 69 v° à 72 r°.
D. —   »   »   »   19152, fol. 171 v° à 173 v°.

Publié par Barbazan, I, 155, par Méon, III, 96-114, et par M. A. Héron dans les *Œuvres de Henri d'Andeli* (Paris, Claudin, 1881), p. 1-22; donné en extrait par Legrand d'Aussy, I, 273-279.

C'est à tort que le nom de Henri d'Andeli, l'auteur de ce fabliau, n'a pas été mentionné, comme d'ordinaire, en tête de la pièce.

Vers 1 — B, C, *De conter biaus moz.*
2, 3 et 4 — C, *l'en.*

3 — D, reprandre.
4 — B, quant... entandre.
6 — A, De bien; B, C, Des biens. — A, B, se doit on esjoïr.
7 — A, Li bons. — B, Li bons cors soit.
8 — A, B, C, Et. — A, la frume; B, l'anfurne.
9 — D, Ausi tost con.
10 — A, Ausi. B, Ainsi. — A, li .I. — D, le desloent.
11 — A, loant. — B, les bones gens dissant. — C, Et vont adès le bien disant.
12 — A, C, le; D, la.
14 — A, de lor.
15 — B, en.
16 — A, A ceus... en tel.
17-18 — Ces deux vers manquent dans A et B.
19 — A, por qoi il. — « por qoi » manque dans B.
22 — A, meffet.
23 — A, fol. — B, Cil ai. — D, Molt en ovrez vilainement.
24 — D, Si pechiez. — C, mortement.
25 — D, L'un.
26 — A, D, Et li autre s'est; C, Et li autres rest.
27 — A, vilonie. B, vos vilenie. — C, As genz la vostre felonnie.
28 — A, c'est cuers de felonie. — B, cruel villenie. — D, cruez
29-32 — Ces quatre vers manquent à A, B et C.
31 — D, demorez.
33 — D, A.
34 — C, Qu'en.
35 — B, Que.
36 — B, se ne.
37 — B, issont.
38 — D, Ge. — C, D, revenrai; B, revenra. — A, itié; B, tracier.

39 — D, *D'un affaire que g'enpris ai.*

40 — B, C, *matire.* — D, *l'aventure.*

41 — B, *j'oi la verité;* C, *j'en oi la reson;* D, *ge oi la matere.*

42 — B, *Que.* — D, *desploiée.*

43-44 — A, B, C, *Et dire par rime et retrere, Sanz vilonie* [B, C, *vilenie*] *et sanz* [B, *contraire*] *retrere.*

46 — B, *en.* — C, *contée en;* D, *escoutée à.*

47 — B, *lors.* — A, *rimer.* — D, *Ne ja jor que je vive en m'uevre.*

48 — A, *de vilonie ouvrer.* — B, *Ne quier je vilenie nommer;* D, *N'orroie vilanie remuevre.*

49 — A, *Ne le l'empris.* — D, *Qu'ainz ne.* — B, *ne enpanrei.* — C, *Nonc ne l'empris n'empenrai.*

50 — B, *Ja ce vilain ne respondrei;* D, *Ne vilain mot n'i reprandrai.* — Le vers manque à C:

51 — A, *En n'en dit n'en oevre.*

52 — A, B, C, *se.*

53 — A, *Et toute riens a.* — B, *A tote riens et sa seür;* C, *Et toute chose a sa saveur.*

54 — B, *Ne ne me fera troveür;* D, *Ne ne quier estre troveür.*

55 — A, C, *De rien que voie;* B, *De riens que vive.*

56 — A, *Quar vilain mot vont anuiant.* — B, *va.*

58 — A, *doit;* B, *peust;* C, *puet.*

59 — A, *S'ert.* — B, *S'iert en li de frut et d'espice.*

61 — A, *si.*

62 — A, *Qui.*

63 — B, *et bessier.* — C, *danter.*

64 — B, *henorer.*

65 — D, *Soz lui.*

66 — A, *est.* — D, *Qui as autres sanble estre.*

68 — A, *Que tant;* B, *Et tout.*

69 — A, *larguece.* — D, *por.* — C, *maintenir.*

71-84 — Ces quatorze vers manquent à A, B et C.
76 — * chascuns. D, *chascun.* — * recince. D, *rechine.*
85 — D, *Li sires.*
87 — B, *De novel vice le majour.*
88 — A, *Où ert.* — B, *S'ert la demorée à sejour.*
89 — A, *Se vous me voliiez.* — « vous » manque à D.
90 — °B, *Par quoi.*
92 — B, *Si vos direi.*
93 — C, *tant.*
95 — A, *en buies*; B, *en bracie*; C, *en braie.*
96 — B, *iert.*
98 — A, B, *trové.*
99 — D, *Si beles.* — A, *c'on pot.*
101 — B, C, *Fors avec.* — B, *à estre.*
102 — B, *Moult.* — A, B, C, *poissanz.*
103 — D, *Que.* — B, *desmonte les plus puissant.*
104 — « et » manque à B.
106 — B, *oblie.* — D, *obeïst tot à.*
107 — B, *haut pris.*
108 — D, *puis qu'el.* — A, *empris*; D, *sorpris.*
110 — B, *Qu'atant*; D, *Que tant.*
112 — D, *Quant sor trestout le plus preudome.*
114 — Le vers manque à B.
116 — B, *mout li tesmaint.*
117 — A, *De ce que.*
118 — A, *que.*
119 — A, *Oncques d'avoec.* — D, *Que d'avuec lui ne se remuet.*
120 — A, *refuser.* — B, *qu'amander ne lo puet.*
121-136 — Ces seize vers manquent à A, B et C.
128 — * Car de. D, *Garde.*
129 — * Rest. D, *Qu'est.*
134 — * Parfornir. D, *Por fornir.*
137 — D, *ses genz.*

138 — A, *Mès par derriere mout*; C, *Mès en derriere ant.* — B, *le.*
139 — A, *Quant.*
140 — A, *Si est bien droiz.* — B, *que il deslot.*
142 — B, *Dit li* : « *Moult* ; D, *Et dit* « *Mar avoir.* — C, *avez à riens mis.*
143 — D, *Les bachelers de son reaume.* — B, *de nos.*
144 — C, *Por une seule.* — D, *d'une feme baude.*
145-146 — Ces deux vers manquent à D.
146 — C, *Qui autrement ne s'escondi.*
148 — D, *Ge croi.*
149 — A, *Qui por fol*; D, *Qui por fol l'en.* — B, *me.*
150 — « m'en » manque à B.
151 — B, *Nan n'an*; C, *Ne m'en.* — D, *Par droit n'en doit paire.*
152 — C, *Et qui de cele me*; D, *Et qui de ce le roi.*
153 — B, *Si maint.* — D, *Si fait ce que.*
154 — A, *d'amors.* — B, *d'amours de treuve*; D, *en son cuer trueve.*
156 — D, *Ce qu'en... estoit.* — C, *Quanqu'en.* — B, *tote clergie estoit.*
157 — A, B, *se* ; C, *sil.* — D, *Vint au roi et puis.*
158 — A, *Que on li tornoit.* — B, *atornent.*
159 — A, *Que il en.* — B, *que en... se mainne.*
160 — B, *tot.* — D, *Et que trestote.*
161 — C, *Maint avec.*
162 — B, *Que il ne fait solaz.* — D, *Ne ne fait.*
164 — D, *Or croi.*
165 — D, *fait.* — A, C, D, *son.*
166 — D, *Si vos porra on.*

167 — B, *Ainsi com une... proie.*—C, *Aussi comme une.* — D, *Ausi con autre.*

168 — B, *le san fors de voie.* — C, *destrempé.*

169 — D, *pucele.*

170 — C, *Vo.* — D, *Le vostre cuer.* — B, *estrange.*

171 — D, *raison.*

173 — A, *A departir.* — C, *Que guerpissiez si fet.*

174 — B, *mesage.*

175-180 — Ces six vers manquent à A, B et C.

181 — C, *einsint.* — D, *Ainsi Alexandre.* — B, *demuere.*

182 — B, *Et s'estint mainz jors et mainte huere.*

185 — B, *Que il ost.*

187 — C, *Ne qu'il seut.*

188 — A, *l'en aime et miex l'en.* — D, *Que mielx... mielx la velt.*

189 — A, *Que il ne feïst onques mès*; B, *Qu'il ne fist omques mais*; C, *Plus qu'il ne fest onques mès.*

199-216 — Ces vers sont remplacés dans A, B et C, par les trois vers suivants :

>   Hontes et mesdiz et esmès [A, meffès]
>   L'en fet tenir [A, couvrir] tant qu'à celi
>   Revait qui tant [C, molt] li abeli.

217 — A, *Est la dame*; B, *La dame estoit*; C, *Est la bele est em.*

218 — B, *Que.* — C, *ere.*

219 — A, *Por.*

220 — D, *Puis dist.* — A, *Por vostre.*

221 — D, *Me sui bien perceüe.*

222 — B, *se porsivre.*

223 — A, *D'aler veoir ce que*; B, *De tant veoir ce que*; D, *De veoir chose qui.*

224 — D, *puis.*

226 — B, *Ne vos am mervoilliez vos mie*; D, *Or ne vos en merveilliez mie.*

227 — B, *Ou demorer*; D, *El demorer.*

229 — D, *blasmerent.* — C, *molt.* — A, *malement*; D, *laidement.*

230 — B, *eschaufemant.*

231 — A, *Aloie et venoie.* — D, *Estoie sovent avuec ax.*

232 — A, *mon mestre.* — B, C, *c'est.* — D, *max.*

233 — B, *Que.*

234 — B, *sai que.* — D, *Et ge sai bien que g'ai.*

235-236 — Ces vers manquent dans A, B et C.

235 — D, *amis.*

237 — D, *ge douta.*

239 — D, *fait.*

240 — D, *Mais s'arz et enging.* — B a interverti les deux vers 239-240.

241 — B, *verroiz.* — C, *Je me voudré de lui*; D, *Ge m'en saurai molt bien.*

242 — B, *li porroiz.* — C, *Si que miex porroiz.* — D, *Que mielx li porroiz reproschier.*

243 — A, *Et prendre de honte*; B, *Et repranre de mute.*

246 — C, *me.* — D, *force abandonne.*

247 — A, *Qui ja poissance.* — B, *Que puissance ja nu faurai.* — C, *ja ne ne.*

248 — D, *Ja contre moi.* — B, *vorrei.*

249-252 — Ces vers sont remplacés dans A, B et C, par ces deux vers :

> Dialetique [A, Dyaletique] ne clergie,
> Dont [B, Dan; C, Ou] savra il [B, savrei; C, il savra]
> [trop d'escremie.

253 — B, *si l'apercevrez*; C, *parceverez*; D, *si le parcevroiz.*

255-264 — Ces dix vers manquent dans A, B et C.

267 — D, *s'esbahi.*
269-270 — Ces deux vers manquent dans A et B. — C donne à leur place :

> Si en commença à noter
> Et ceste chanson à chanter.

271 — D, *fins cuers dolz.*
273 — D, *Dont me.*
275 — A, B, *Si qu'à nul autre.* — B, *n'an.* — Au lieu des cinq vers 271-275, C donne :

> Main se levoit bele Erambours.
> Mout estes vaillanz, biaus cuers douz,
> D'autre ne quier avoir regart.
> Si me doinst Dex mauvès escueil.
> Amor ai te[les] con je veil,
> Si qu'à nule autre ne claim part.

277 — C, *vet.*
278 — B, *A matin.* — A, *fu tens.*
279 — B, *d'autrui.* — D, *La bele, la blonde.*
280 — C, *Et li*; D, *Mais li.*
281 — D, *Lors s'est.*
282 — C, *Enz ou.* — D, *El vergier desoz.*
283 — D, *inde et gosté.*
284-287 — Ces quatre vers sont remplacés dans A et B, par les deux suivants :

> En la matinée d'esté
> Si fesoit douz [B, coi] et qoi [B, douce] oré;

et dans C, par :

> Car la matinée d'esté
> Estoit douce et de qoi oré.

288 — A, B, *l'avoit.* — D, *floré.*
290 — D, *En tote.*

291 — B, *ne.*
292 — B, *Et si cuidiez qu'ele n'eüst;* C, *Si ne cuidiez pas qu'ele eüst;* D. *Ne ne cuidiez qu'ele eüst.*
293 — A, *Loié;* B, *Lié;* C, *Liée.* — D, *Ne guimple loie.*
294 — B, *Ci.*
295 — B, *La bale.* — A, *treche.* — C, *Sa tresce grosse.* — D, *blonde et longue.*
296 — A, *le.* — B, *pes.*
299-300 — Ces deux vers manquent dans A, B et C.
301 — B, *Si vet;* C, *Si vait;* D, *S'en vait.*
302 — B, *Chante voiz bes;* C, *Chantant voit bas;* D, *Chantant basset..*
303-308 — Ce couplet diffère beaucoup dans les mss.; les vers 307-308 se lisent ainsi dans A :

> Or la voi, la voi, la bele
> Blonde, or la voi.

Leçon de B :

> Or la voi, la voi, la voi,
> La fontenne i cort serie
> A glaiolai desoz l'anoi :
> Or la voi, la voi, la voi,
> La bale blonde, et li m'ostroi.

Leçon de D :

> C'est la jus desoz l'olive,
> Là la voi venir m'amie.
> La fontaine i sort serie
> El jaglolai soz l'aunai.
> Là la voi, la voi, la voi,
> La bele, la blonde, à li m'otroi.

Leçon de C :

> Or la voi, la voi, m'amie,
> La bele blonde, à li m'otroi.

> La fontainne i sort serie.
> Or la voi, la voi, m'amie.
> Une dame i ot jolie
> Ou glaiolai desouz l'aunoi.
> Or la voi, la voi, la voi,
> La bele blonde, à li m'otroi.

Ces refrains présentent de grandes ressemblances avec d'autres déjà connus. Voyez le *Recueil des motets français*, publiés par Gaston Raynaud, t. II, p. 131 et suivantes.

Après le vers 308, B donne ces vers qui ne sont pas dans A, C et D :

> Alixandres estoit levez,
> A la fenestre iert escoutez...

309 — A, *Quant li rois la chançon*; B, *Ou la chançonate*. — D, *sa*.

310 — A, *Qui l'oreille et li cuer i*; B, *Car son cuer et s'oroille i*.

312 — B, *le*; C, *li*. — D, *S'amor le fait tot resjoïr*.

313 — D, *et son*.

315 — A, C, D, *Son*.

316 — A, *A bone leaus lontaine*. — B, *loigtennes*; C, *lointainnes*. — D, *fines loiax loigtaignes*.

317 — D, *Sont molt bones à raproschier*.

318 — D, *Ne mais ne l'ira*.

319 — A, *ne n'en rendra*.

320 — A, *Tant savra de folie*.

321 — B, *Et iert de volunté*; C, *Qu'il ert de volenté toz*; D, *Et tant ert de volentez*.

322 — C, *Levez s'ert et sist*. — D, *Levez est et*.

323 — D, *Voit celui*. — C, *la bele*.

324 — A, *Au*. — B, *mat el*.

325 — D, *Tex que ses livres*.

326 — B, C, *Et dist :* « *Hé* [C, *Ha*] *Dex, car venist ore.* — D, *Ha*.

329 — A, B, *se*.

331 — C, *Quant je.* — B, *tot sai et tot puis*.

332 — A, *De ma folie*.

333 — A, *C'un seul*; B, *Qui sans*; C, *C'un sens.* — D, *sels*.

334 — B, *vueil que je teigne.* — D, *gel tiegne*.

335-336 — Ces deux vers manquent à D.

336 — B, *à*. — A, *hommage*.

337 — A, *mon cuer*; D, *mes sens*.

338 — A, *Que je sui toz viez et chenuz*.

339 — B, *pelez.* — D, *Tains et noirs et pales*.

340 — A, *Et plus en sui aspres et*; B, *Et plus en filorpres et.* — C, *Et plus en filosophie egres.* — D, *agres*.

341 — B, *Qu'on ne sache ne cuide.* — C, *ne qu'en*; D, *ne qu'an*.

342 — A, *Mal ai emploié mon*; D, *Bien ai emploié mon*.

343 — B, *Que.* — D, *cessai.* — B, *apanre*.

344 — B, *desprant*.

345 — B, *tant*.

346 — A, *aprendant*. B, *esprandre.* — D, *En aprenant ai*.

347 — B, *esprandant*.

348 — C, *vait.* — Les vers 348-355 sont réduits aux quatre suivants dans A et B :

> Puis qu'amors me va si prenant [B, *prendrant*]
> Que je [B, *je mq*.] ne le [B, *la*] puis contredire.
> Ainsi li mestres se detire
> Et mout durement se demente.

dans C :

> Pus qu'amors me vait si prenant
> Que je ne li puis contredire
> Ne son voloir pas escondire.
> Ainsi li mestres se demente.

356 — D, *chapel.*
357 — D, *I assenbla de plusors.*
358 — B, *A faire.*
359 — A, *en cueillant.* — B, *en coillir les florates.*
360 — Ce refrain se retrouve à peu près semblable dans le *Recueil des motets*, t. II, p. 13, etc.
361 — Ce vers manque dans A, B et C.
362 — A, *Bele.* B, *Doucetes.*
364 — B, *m'amiate.*
365 — B, *s'abenoie.*
366 — A, *Mestre.* — B, *s'esmoie.*
367 — A, *De ce qu'ele plus près ne vient;* C, *De ce que près de li ne vient.*
368 — B, *quanque li vient.*
369 — D, *De lui.* — A, *retrere.*
370 — C, *li.*
371 — B, C, *empanée.*
372 — A, *Mout.*
373 — A, B, *Que sa volentez;* B, *Qu'à sa volunté.*
374 — Ce vers manque à B.
375 — D, *sor son blon.*
377 — B, *Qu'elle voie.* — D, *Que maistre Aristote.*
378 — D, *Mais.*
379 — A, D, *vait.*
380 — D, *Vint vers la fenestre.* — C, *vient.* — B, *sa fenestre en chantant.*
381 — A, *Les vers.* — B, *.I. vers d'une chançon descuevre.* — C, *.I. ver d'une chançon à toile.*

382 — A, *pas que cil se.* — B, *cuevre.* — D, *Quar nature que cil se cueille.*

383 — Ce vers manque à B.

384 — A, *Lez .I.* — D, *fontele.* — Voyez une chanson publiée par P. Paris, *Romancero fr.*, p. 37, et par Bartsch, *Rom. et Pastourelles*, p. 13.

385 — « et » manque à B. — D, *Dont l'aive est bele et clere.* — Ce vers manque dans A.

386 — B, *Siest fille en sa main.* — D, *ses dels li renouvele.*

388 — A, *Ahi quens Guis.*

389 — B, *mi.* — « me tot » manque à D.

390 — A, *si s'en.* — D, *Quant ot ce dit, si trés près.*

391 — A, *Lez la.* — B, *longue.* — D, *De la fenestre qui ert.*

392 — A, *Et cil.* — D, *Que maitre Aristote.*

393 — B, *Qu'il cuide trop;* C, *Qui cuide trop.*

394-397 — Ces quatre vers manquent à D.

394 — A, *a desirré la pucele.*

395 — A, *A cest mot.* B, *A cest col.* — A, B, *l'estincele.*

396 — C, *jus a.* — A, *vil.* — B, *jusqu'a terre l'abat.*

397 — B, *Que prins.*

398 — D, *Bien fait senblant d'estre marrie.*

399 — B, C, *Qui est ce, Diex ? » fet ele « aïe;* D, *Cele puis a dit « : Diex, aïe.*

400 — A, *A foi.* — D, *Qu'est ce qui ci m'a* — A, *retenue.*

401 — B, C, *Vos soiez bien.*

402 — D, *prevoz ert.*

404 — A, *Sire.*

406 — B, *fait il.* — D, *amie.*

407 — D, *et vie.*

408 — *Honeur et tot en.*

411 — A, *Ha, sire.* — C, *dit;* D, *fist.* — B, *dois puis.*
413 — B, *ne.* — D, *seroiz.*
415 — B, *que.*
416 — A, *Et mout.*
417 — A, *à moi esbanoiant;* D, *avuec moi arestant.*
418 — B, *fait il.* — D, *Dist Aristotes : « Or laissiez.*
419 — D, *Quar.* — B, *apaiez;* C, *apesiez;* D, *abaissiez.*
421 — B, *escris.*
422-423 — Ces deux vers manquent à A, B et C.
425 — B, *desier.* — D, *Et mon desirrer m'apaiez.*
426 — B, *gent cors et.*
427 — B, *Mestres, avant que vos.* — D, *Ha! maistre, avant.*
428 — D, *Fait.* — C, *la bele.*
429 — A, *Avant .i.*
430 — C, *estes por moi.*
431 — A, *Quar uns mout granz.* — C, *molt talent trés grant.*
433 — B, *Sus ceste herbe en cest vargier.* — C, *Sor ceste herbe en cest biau.* — D, *Desor cel.*
434 — D, *fait.*
435 — A, B, *Qu'il ait sor vo* [B, *vos*] *dos.*
436 — A, *Si serai plus honestement;* B, *S'iré plus honoréemant.* — D, *S'iere plus.*
437 — A, *li respont briefment.* — D, *li viellarz.*
439 — A, *Com cil... toz entiers.* — B, C, *Si com cil.*
440 — B, C, *nature.* — D, *l'a amors mis.* — A, *desroi.*
441 — C, *du.*
442 — A, *comporter.* — D, *Aporte el vergier en.*
443 — A, B, C, *Bien fet amors de* [B, *du;* C, *d'un*] *sage fol.*

444 — * dos li ert; D, *col li est.* — Ce vers et les trois suivants manquent à A, B et C.

449 — A, *Que tout.* — B, *Quant lo meilleur clerc de cest mont.*

452 — D, *Tot chatonant par desor.*

453 — B, *Si.* — C, *Prenez essample à cest.* — D, *Ci convient.*

454 — B, *S'an.* — C, *Que bien savrei.* — D, *Gel savrai.*

456 — A, *le.*

457 — A, *Parmi le vergier*; B, C, *La damoisele.*

458-461 — Ces quatre vers manquent à A, B et C.

462-463 — Ces deux vers manquent dans A et sont intervertis dans B et C :

> En lui chevauchier [B, chevachant] et deduit,
> Par mi le vergier le [B, se] conduit.

464 — D, *Et chante haut.* — B, *sainne.*

465 — C, *Ainsint vait.* — B, *qu'amours.* — D, *mainent.* — Nous ne retrouvons nulle part ailleurs ce refrain.

466 — Ce vers manque dans B et C. — A, *Pucele blanche que laine.*

468 — C, *Ainsint vait.* — D, *mainent.*

469 — D, *Et qui bone amor.*

467-469 — Ces vers sont réduits dans B à ces deux vers :

> Et ainsit qui la maintient,
> Meistres musars me sostient.

470-473 — Ces vers manquent à D.

471 — B, *le tour.*

472-473 — Ces vers manquent à B et C.

474 — B, *que vat ce.* — C, *Mestres,* » ce dist li « rois, *que vaut ce*; D, *Maistres,* » dist li rois, « *que volez.*

475 — B, *Bien ai vehu que vos chevache*. — C, *Je voi bien que on*. — D, *Ge voi bien que vos chevachiez*.

477 — D, *vos maintenez*.

479 — A, *veïr*.

482 — A, B, *metez*. — C, *Einz estes mis*.

483 — B, *lieve*.; D, *dreça*.

485 — D, *Puis*. — A, *honestement*.

486-487 — Ces deux vers manquent à A B et C.

488 — C, *Droit oi*. — D, *Ge oi droit et*.

489 — A, *Que en droit*. — B, *Que*. — A, *vous*.

491 — D, *qui plains sui*.

492 — D, *ne puet*.

493 — D, *mené*.

495 — D, *Ce que*.

496 — A, *Me*. — D, *M'a amors deffait en eure*. — * *M'a deffet amours*; A, B, C, *M'a deffet nature*; D, *M'a amours deffet*.

497-511 — Ces quinze vers manquent à D, qui ajoute ce vers de raccord : *Li rois fu liez en iceste eure*.

497 — C, *prent*. — B, *trestot devoure*.

502 — B, *nostre*.

503 — *Mout se rescuet*.

506 — B, *quanqu'ele enprise a*. — A partir du vers 507, C supprime la fin du poème et la remplace par ces six vers :

> Miex velt estre sanz compaignie
> Qu'avoir compaignon à amie.
> Par cest lai vos di en la fin :
> Tex cuide avoir le cuer molt fin
> Et molt sachant tot sanz essoine,
> Qui l'a molt povre à la besoingne.

510 — B, *Mès bien s'an fu tant*.

511 — B, *De ce que si*.

515 — B, *au tenir.*
519 — B, *Qu'a fait;* D, *Qui fist.*
520 — Ce vers manque à D.
521 — D, *Turpe est doctum.*
522 — A, *Caton dit en ce vers.* — D, *et cist vers le glose.*
523 — D, *Fox est qui blasme à autri chose.* — Ce vers et le suivant manquent à D.
524 — B, *à annui.*
526 — B, *que.* — D, *Dont est repris et qui.*
528 — D, *est.* — B, *Alixandre.*
529 — B, *Aristotes et mesama;* D, *Son seignor et mesaama.*
532 — D, *En amor si.*
533 — B, *Qu'i.* — D, *Qu'il n'i mist onques nul deffaiz.*
534-535 — Ces deux vers manquent à D.
535 — B, *à.*
536 — B, *la força.* — D, *Ce fist amors qui l'efforça.*
537 — A, B, *Qui sa volenté li dona.*
538 — D, *De toz et de totes.*
539 — B, *moi.*
541 — *Quant ne mesprit par.* — B, *esprinsure.*
542 — A, B, *droiture.*
543 — D, *cest.*
544 — D, *Li dist et demoustre.*
545 — D, *dessevrer.* — Le poème finit en D à ce vers, au-dessous duquel on lit : *Explicit d'Aristote et d'Alixandre.*
550 — B, *laiaus ameres.*
556 — A, *li mal.* — B, *traient.*
557 — B, *Qu'ainsi amours vont et essaient.*
559 — B, *loiauté.*
560 — B, *S'estande et suffre.*
562 — B, *par deduit.*

567 — B, *Et deffait ses volumtez.*
569 — B, *Dois puis.*
575 — B, *siet merir cest.*
576 — A, *Que li amant sueffrent.*
579 — Après ce vers, on lit dans B : *Explicit d'Aristotes.*

Nous empruntons notre texte et la plupart des variantes, sauf quelques corrections, à l'édition de M. Héron, citée plus haut, à laquelle nous renvoyons pour tout l'historique de ce conte bien connu et tant de fois imité; de même pour les notes et éclaircissements dont le savant éditeur a enrichi son travail.

APPENDICE

Aux nombreux manuscrits que nous avons utilisés jusqu'ici pour notre *Recueil général des Fabliaux*, il faut en ajouter un nouveau, qui appartenait autrefois à la collection Hamilton et a été acquis dernièrement par le gouvernement prussien[1]. Ce manuscrit (vélin, XIIIe siècle), qui fournira à notre prochain volume un certain nombre de pièces inédites, contient aussi plusieurs fabliaux déjà publiés dans les tomes précédents. Nous donnons ci-dessous le titre de ces fabliaux, auxquels nous joignons le numéro d'ordre que chaque pièce occupe dans notre série, et la mention du folio correspondant du manuscrit Hamilton.

PREMIER VOLUME.

	folio
VI. — De sire Hain et de dame Anieuse.	5 c— 7 c
VIII. — De la Borgoise d'Orliens.	32 c—34 a
XXII. — De Gombert et des .II. Clers.	10 d—11 d

TROISIÈME VOLUME.

LVII. — Du Chevalier à la robe vermeille.	29 a—30 d
LIX. — De Gauteron et de Marion.	48 d—49 a

---

1. Voyez la notice de ce manuscrit par Gaston Raynaud, dans la *Romania*, t. XII (1883), p. 209-214.

folio

LXIII. — Du Pescheor de Pont seur Saine. 27 *a*—28 *a*

LXV. — De la Damoisele qui ne pooit oïr parler de foutre. . . . . . . 45 *a*—45 *c*

LXVII. — De Pleine Bourse de sens. . . 35 *b*—37 *c*

LXX. — De Celle qui se fist foutre seur la fosse de son mari. . . . . . 26 *c*—27 *a*

LXXIV. — Du Vilain Mire. . . . . . . 11 *d*—13 *c*

LXXVIII. — Du Vallet aus .XII. fames. . 18 *d*—19 *d*

LXXXI. — Du Vilain qui conquist paradis par plait. . . . . 2 *d*— 3 *d*

LXXXIV. — Du Bouchier d'Abevile. . . 19 *d*—22 *b*

QUATRIÈME VOLUME.

XCVII. — De Barat et de Haimet. . . . 86 *a* - 88 *c*

CIX. — Du Vilain de Bailluel. . . . . . 28 *a*—28 *c*

CINQUIÈME VOLUME.

CX. — D'Auberée, la vielle maquerelle. . 45 *c*—48 *d*

CXIX. — Le Meunier et les .II. Clers. . 50 *c*—52 *a*

CXXV. — Du Prestre qui ot mere à force. 4 *c*— 5 *c*

CXXIX. — De la Vielle Truande . . . . 85 *a* - 86 *a*

CXXXV.—Du Couvoiteus et de l'Envieus. 28 *d*—29 *a*

CXXXVI. — Du Segretain Moine. . . . 22 *b* - 26 *c*

TABLE DES FABLIAUX

CONTENUS DANS CE VOLUME

         Pages

FABLIAU   CX. D'Auberée la vielle maquerelle.   1

—   CXI. De la Damoiselle qui n'ot parler de fotre qui n'aüst mal au cuer. . . .   24

—   CXII. De .III. Dames qui troverent .I. vit.   32

—   CXIII. Do Preste qui manja mores.   37

—   CXIV. Du Vilain Asnier. . . .   40

—   CXV. De l'Espervier.   43

—   CXVI. De Boivin de Provins. . .   52

—   CXVII. De Saint Piere et du Jougleur.   65

—   CXVIII. Du Prestre qui dist la Passion.   80

—   CXIX. Le Meunier et les .II. Clers.   83

		Pages
Fabliau	CXX. La male Honte (par Hugues de Cambrai).	95
—	CXXI. De l'Escuiruel.	101
—	CXXII. Le Jugement des cons.	109
—	CXXIII. Du Segretain ou du Moine.	115
—	CXXIV. De la Dame qui fist entendant son mari qu'il sonjoit (par Garin).	132
—	CXXV. Du Prestre qui ot mere à force.	143
—	CXXVI. De la Grue (par Garin).	151
—	CXXVII. De la Vielle qui oint la palme au chevalier.	157
—	CXXVIII. De Connebert (par Gautier).	160
—	CXXIX. De la Viellete ou de la Vielle Truande.	171
—	CXXX. Do Maignien qui foti la dame.	179
—	CXXXI. Li Sohaiz desvez (par Jehan Bedel).	184
—	CXXXII. Le povre Clerc.	192
—	CXXXIII. Les .IIII. Souhais saint Martin.	201
—	CXXXIV. De la Damoisele qui sonjoit.	208
—	CXXXV. Del Couvoiteus et de l'Envieus (par Jean de Boves).	211
—	CXXXVI. Du Segretain Moine.	215

Fabliau CXXXVII. Le Lai d'Aristote (par Henri d'Andeli). 243

Notes et Variantes du cinquième volume. . 263

Appendice (ms. Hamilton, de Berlin). . . . 411

A PARIS

DES PRESSES DE JOUAUST ET SIGAUX

Rue Saint-Honoré, 338.

MDCCCLXXXIII

www.ingramcontent.com/pod-product-compliance
Lightning Source LLC
Chambersburg PA
CBHW052122230426